NomosPraxis

Dr. Thomas Meysen
Fachlicher Leiter Deutsches Institut für Jugendhilfe und Familienrecht e.V. (DIJuF), Heidelberg

Janna Beckmann
Deutsches Institut für Jugendhilfe und Familienrecht e.V. (DIJuF), Heidelberg

Rechtsanspruch U3: Förderung in Kita und Kindertagespflege

Inhalt | Umfang | Rechtsschutz | Haftung

bearbeitet von:

Janna Beckmann, Deutsches Institut für Jugendhilfe und Familienrecht e.V. (DIJuF), Heidelberg | **Petra Birnstengel,** Deutsches Institut für Jugendhilfe und Familienrecht e.V. (DIJuF), Heidelberg | **Diana Eschelbach,** Max-Planck-Institut für Sozialrecht und Sozialpolitik, München | **Stephanie Götte,** Deutsches Institut für Jugendhilfe und Familienrecht e.V. (DIJuF), Heidelberg | **Dr. Thomas Meysen,** Fachlicher Leiter Deutsches Institut für Jugendhilfe und Familienrecht e.V. (DIJuF), Heidelberg | **David Seltmann,** Deutsches Institut für Jugendhilfe und Familienrecht e.V. (DIJuF), Heidelberg

Die Deutsche Nationalbibliothek verzeichnet diese Publikation in der Deutschen Nationalbibliografie; detaillierte bibliografische Daten sind im Internet über http://dnb.d-nb.de abrufbar.

ISBN 978-3-8487-0342-5

1. Auflage 2013

Vorwort

Ab 1. August 2013 haben die Kinder im Alter zwischen einem und drei Jahren in Deutschland endlich einen Anspruch auf Förderung in einer Tageseinrichtung oder in Kindertagespflege. Der Rechtsanspruch U3 war jahrelang Motor für einen zum Teil sehr engagierten, mitunter auch eher schleppenden Ausbau der Betreuungsplätze.

Mit Inkrafttreten des Rechtsanspruchs U3 stellen sich in der Praxis jedoch noch weit mehr Fragen als die bisher dominierenden nach Platzzahl und Bedarfsdeckung. Es geht jetzt auch darum, in welcher Weise und in welchem Umfang Rechtsansprüche auf Kindertagesbetreuung U3 bestehen, wie die Angebote ausgestaltet sein müssen, um den Anforderungen des Rechtsanspruchs gerecht zu werden. Wenn Eltern Wünsche anmelden, stellt sich die Frage, inwieweit sie zu berücksichtigen sind und in welcher Weise beim Betreuungsangebot die Bedürfnisse sowie das Wohl des Kindes zu beachten sind. Steht kein Platz zur Verfügung, dann geht es um die Rechtsschutzmöglichkeiten und darum, wann und in welcher Höhe die Kommunen dafür haften.

Um den Jugendämtern, den freien und kommunalen Trägern von Tageseinrichtungen, den Kindertagespflegepersonen ebenso wie den Bürger/inne/n, ihren Rechtsanwält/inn/en sowie den Gerichten Orientierung zu geben, hat das Deutsche Institut für Jugendhilfe und Familienrecht e.V. (DIJuF) zwei umfassende Gutachten erstellt. Die Ausarbeitungen sollen der Rechtspraxis und den Bürger/inne/n als Unterstützung bei der Auslegung des Rechts dienen.

Teil 1 zu Inhalt und Umfang des Rechtsanspruchs U3 basiert auf einer Expertise, erstellt mit Förderung des Bundesministeriums für Familie, Senioren, Frauen und Jugend (BMFSFJ) im Zeitraum vom 1. Juli bis 2. November 2012 von fünf Jurist/inn/en des DIJuF. Am kritischen Gegenlesen und regen Diskutieren innerhalb des Instituts beteiligt waren insbesondere auch *Lydia Schönecker* und *David Seltmann*. Bei der Recherche der sozialwissenschaftlichen Forschung und Literatur zu Fragen der Förderung und des Kindeswohls hat das Institut Unterstützung erfahren von Dr. *Martina Heitkötter* und Dr. *Karin Jurczyk* aus dem Deutschen Jugendinstitut e.V. (DJI). Die Ergebnisse der juristischen Analyse wurden in Gesprächen mit der Direktorin des Staatsinstituts für Frühpädagogik (IFP), Prof. Dr. *Fabienne Becker-Stoll*, und mit Dr. *Martina Heitkötter*, *Birgit Riedel* und Dr. *Eric van Santen* aus dem Deutschen Jugendinstitut e.V. (DJI) reflektiert. Das BMFSFJ und die kommunalen Spitzenverbände haben einen ersten Entwurf gegengelesen. Die Auseinandersetzung mit diesen Anmerkungen war ebenfalls Grundlage für die weitere Qualifizierung bei der Erstellung eines möglichst praxisgerechten Textes. Für die engagierte Unterstützung danken wir herzlich.

Teil 2 zu Rechtsschutz und Haftung geht zurück auf einen Auftrag des Deutschen Städtetags, ergänzend zu der ersten Praxisunterstützung herauszuarbeiten, worauf sich die Kommunen einstellen können, wenn sie den Rechtsanspruch U3 nicht (rechtzeitig und vollständig) erfüllen. Den weiteren Fragen haben sich im Zeitraum vom 4. November 2012 bis 10. Januar 2013 vier Jurist/inn/en im DIJuF gestellt. Herzlichen Dank schulden wir *Verena Göppert* und *Regina Offer* vom Deutschen Städtetag, die den Erarbeitungsprozess nicht nur mit ihren Detailkenntnissen zu den Praxisfragen, sondern auch durch zahlreiche konstruktiv-kritische Diskussionen enorm bereichert haben.

In beiden Teilen haben sich für die Veröffentlichung in diesem Buch Änderungen ergeben.

Nun sind wir gespannt, wie die Umsetzung des Rechtsanspruchs U3 in der Praxis gelingt, in welcher Form und Schärfe und bei wem die diversen Rechtsfragen Relevanz erlangen. Und vor allem freuen wir uns auf den Diskurs mit der Praxis!

Heidelberg, im Februar 2013

Thomas Meysen & Janna Beckmann

Inhaltsübersicht

Inhaltsverzeichnis

Autorenverzeichnis

Janna Beckmann, Deutsches Institut für Jugendhilfe und Familienrecht e.V. (DIJuF), Heidelberg

Petra Birnstengel, Deutsches Institut für Jugendhilfe und Familienrecht e.V. (DIJuF), Heidelberg

Diana Eschelbach, Max-Planck-Institut für Sozialrecht und Sozialpolitik, München

Stephanie Götte, Deutsches Institut für Jugendhilfe und Familienrecht e.V. (DIJuF), Heidelberg

Dr. Thomas Meysen, Fachlicher Leiter Deutsches Institut für Jugendhilfe und Familienrecht e.V. (DIJuF), Heidelberg

David Seltmann, Deutsches Institut für Jugendhilfe und Familienrecht e.V. (DIJuF), Heidelberg

Literaturverzeichnis

Ahnert, L. (2006). Anfänge der frühen Bildungskarriere, Frühe Kindheit 6/2006, zu finden unter www.LigaeV-kind.de/fruehe/606_ahnert.php (Aufruf 20.01.2013)

Ahnert, L. (2007). Entwicklungspsychologische Aspekte der Erziehung, Bildung und Betreuung von Kleinkindern, Expertise für die Enquete-Kommission „Chancen für Kinder" des Landtages von Nordrhein-Westfalen, zu finden unter www.landtag.nrw.de (Aufruf 20.01.2013)

Ahnert, L. (2009). Chancen und Risiken früher Tagesbetreuung, Frühe Kindheit 6/2009, S. 11-17

Ahrens, M. (Hrsg) (2009). Staatshaftungsrecht, C. F. Müller Verlag, Heidelberg

akjStat (2011). Personalbedarfsberechnung für den Bereich Kindertagesbetreuung für den Zeitraum von März 2011 bis August 2013. Aktualisierung und Erweiterung der Publikation „Der U3-Ausbau und seine personellen Folgen" von Th. Rauschenbach und M. Schilling, München 2010, korrigierte Fassung Mai 2011, zu finden unter http://www.akjstat.tu-dortmund.de/fileadmin/Analysen/Kita/U3-Ausbau_u_personelle_Folgen-Aktualisierung-2012-Korrektur-Mai2012.pdf (Aufruf 20.01.2013)

Autorengruppe Bildungsberichterstattung (2012). Bildung in Deutschland 2012. Ein indikatorengestützter Bericht mit einer Analyse zur kulturellen Bildung im Lebenslauf. Bertelsmann Verlag, Bielefeld

Baldus, M., Grzeszick, B., Wienhues, S. (Hrsg) (2009). Staatshaftungsrecht, 3. Aufl., C.F. Müller, Heidelberg

Bamberger, H.G., Roth, H. (Hrsg) (2012). Kommentar zum Bürgerlichen Gesetzbuch. Band 3 §§ 1297-2385 Rom I-VO • Rom II-VO • EGBGB, 3. Aufl., Verlag C.H. Beck, München

Bayerisches Staatsministerium für Arbeit und Sozialordnung, Familie und Frauen (BayStMAS)/Staatsinstitut für Frühpädagogik (IFP) (2006). Der Bayerische Bildungs- und Erziehungsplan für Kinder in Tageseinrichtungen bis zur Einschulung, 2. Aufl., Berlin

Bayerl, M., Mack, E. (2007). Elternbindung und Fremdbetreuung. Wie lassen sich Kindeswohl und die Interessen junger Mütter und Frauen in eine Balance bringen?, AMOS 02/2007, S. 3-10

Becker-Stoll, F. (2009). Sichere Bindung an die Erzieherin – Voraussetzung für gelingende Bildung, in: Frühe Kindheit 6/2009, S. 18-23

Becker-Stoll, F. (2010). Kindeswohl und Fremdbetreuung, FamRZ 2010, S. 77-81

Becker-Stoll, F. (2010). Kindeswohl und Fremdbetreuung, in: Deutscher Familiengerichtstag eV, Achtzehnter Deutscher Familiengerichtstag, vom 16. bis 19. September 2009 in Brühl, Gieseking Verlag, Bielefeld, S. 79-99

Becker-Stoll, F. (2010). Notwendige Qualität für Kinder unter drei Jahren in Tageseinrichtungen, in: Becker-Stoll ua, Bildungsqualität für Kinder in den ersten drei Jahren, Cornelsen Verlag Scriptor GmbH & Co KG, Berlin, S. 14-28

Becker-Stoll, F. (2012). Bindung – Basis der sozial-emotionalen Entwicklung, Neugier braucht Vertrauen, Zeitschrift für die Arbeit mit Kindern unter 3, Themenheft Kleinstkinder in Kita und Tagespflege, S. 22-26

Becker-Stoll, F., Berkic, J., Kalicki, B. (Hrsg) (2010). Bildungsqualität für Kinder in den ersten drei Jahren, Cornelsen Verlag Scriptor GmbH & Co KG, Berlin

Becker-Stoll, F., Niesel, R., Wertfein, M. (2010). Handbuch Kinder in den ersten drei Lebensjahren, Theorie und Praxis für die Tagesbetreuung, 3. Aufl., Verlag Herder GmbH, Freiburg im Breisgau

Beckmann, K.J., Landua, K. (Hrsg) (2012). 2013 – Rechtsanspruch auf einen Krippenplatz: „Traumquote“ oder erfüllbarer Auftrag mit Qualitätsgarantie, Dokumentation zur Tagung zum Thema Kindertagesbetreuung des Deutschen Instituts für Urbanistik und des Deutschen Städtetags, Difu-Impulse, Bd. 5/2012

Bertelsmann Stiftung (2011). Länderreport Frühkindliche Bildungssysteme 2011 – Profile der Bundesländer, zu finden unter www.laendermonitor.de/downloads ► Landesberichte mit allen Indikatoren (Aufruf 20.01.2013)

Berth, F. (2012). Für eine kluge Ungleichbehandlung, APuZ 22-24/2012, S. 3-8

Bettermann, K.A. (1955). Zur Lehre vom Folgenbeseitigungsanspruch, DÖV, S. 528-536

Bien, W., Rauschenbach, T., Riedenbach, B. (2007). Wer betreut Deutschlands Kinder?, DJI-Kinderbetreuungsstudie, herausgegeben vom Deutschen Jugendinstitut e.V., zu finden unter www.dji.de (Aufruf 20.01.2013)

Blossfeld, H., Bos, W., Daniel, H. ua (2012). Professionalisierung in der Frühpädagogik, Qualifikationsniveau und -bedingungen des Personals in Kindertagesstätten, herausgegeben von der Vereinigung der Bayerischen Wirtschaft eV (vbw), Waxmann Verlag GmbH Münster, zu finden unter www.aktionsrat-bildung.de (Aufruf 20.01.2013)

Buchebner-Ferstl, S. Döfler, S., Kinn, M. (2009). Kindgerechte außerfamiliale Kinderbetreuung für unter 3-Jährige, Eine interdisziplinäre Literaturrecherche, herausgegeben vom Österreichischen Institut für Familienforschung der Universität Wien (OIF), zu finden unter: www.oif.ac.at (Aufruf 20.01.2013)

Bundesarbeitsgemeinschaft der Landesjugendämter (BAG LJÄ) (2004). Das Fachkräftegebot des Kinder- und Jugendhilfegesetzes. Beschluss der 79. Arbeitstagung vom 08.-10.11.1995 in Köln; Aktualisierung durch die 97. Arbeitstagung vom 10. bis 12.11.2004 in Erfurt, zu finden unter www.bagljae.de (Aufruf 20.01.2013)

Bundesministerium für Familie, Senioren, Frauen und Jugend (Hrsg) (1996). Kinderbetreuung in Tagespflege, Tagesmütter-Handbuch, W. Kohlhammer GmbH, Stuttgart

Bundesministerium für Familie, Senioren, Frauen und Jugend (Hrsg) (2003). Auf den Anfang kommt es an! Perspektiven zur Weiterentwicklung des Systems der Tageseinrichtungen für Kinder in Deutschland, Beltz Verlag, Weinheim, Basel, Berlin

Bundesministerium für Familie, Senioren, Frauen und Jugend (2007). Auf den Anfang kommt es an, Familien mit kleinen Kindern wirksam fördern, Monitor Familienforschung, Ausgabe Nr 9, zu finden unter http://www.bmfsfj.de (Aufruf 20.01.2013)

Bundesministerium für Familie, Senioren, Frauen und Jugend (Hrsg) (2008). Bildung, Betreuung und Erziehung für Kinder unter drei Jahren – elterliche und öffentliche Sorge in gemeinsamer Verantwortung, Kurzgutachten Wissenschaftlicher Beirat für Familienfragen beim BMFSFJ, zu beziehen über den Publikationsversand der Bundesregierung, Rostock

Bundesministerium für Familie, Senioren, Frauen und Jugend (Hrsg) (2011). Zweiter Zwischenbericht zur Evaluation des Kinderförderungsgesetzes, Bericht der Bundesregierung 2011 nach § 24 a Abs. 5 SGB VIII über den Stand des Ausbaus für ein bedarfsgerechtes Angebot an Kindertagesbetreuung für Kinder unter drei Jahren für das Berichtsjahr 2010, zu finden unter http://www.bmfsfj.de (Aufruf 20.01.2013)

Deutsche Liga für das Kind (2008). Gute Qualität in Krippe und Kindertagespflege, Positionspapier, zu finden unter http://liga-kind.de/downloads/krippe.pdf (Aufruf 20.01.2013)

Deutsche Liga für das Kind (2009). Orientierungen für Eltern. Die beste Betreuung für mein Kind, zu finden unter http://www.fruehe-tagesbetreuung.de/downloads/QK_Broschuere-web.pdf (Aufruf 20.01.2013)

Deutscher Familiengerichtstag eV (2010). Achtzehnter Deutscher Familiengerichtstag, vom 16. bis 19. September 2009 in Brühl, Gieseking Verlag, Bielefeld

Deutscher Verein für öffentliche und private Fürsorge eV (2005). Überarbeitete Empfehlungen des Deutschen Vereins zur Ausgestaltung der Kindertagespflege nach den §§ 22, 23, 24 SGB VIII, NDV 2005, S. 479-491

Deutscher Verein für öffentliche und private Fürsorge eV (2012). Empfehlungen des Deutschen Vereins zur konzeptionellen und strukturellen Ausgestaltung der Fachberatung im System der Kindertagesbetreuung, zu finden unter www.deutscher-verein.de/05-empfehlungen (Aufruf 20.01.2013)

Deutsches Institut für Jugendhilfe und Familienrecht eV (2006). Gutachten zu Rechtsfragen der Finanzierung von Kindertagespflege aus öffentlicher Hand – unter Einbeziehung arbeits-, steuer- und versicherungsrechtlicher Faktoren, erstellt im Auftrag des Deutschen Vereins für öffentliche und private Fürsorge, zu finden unter www.dijuf.de ► Projekte ► Finanzierung von Tagespflege (Aufruf 20.01.2013)

Deutsches Institut für Jugendhilfe und Familienrecht eV (2012). Unterhaltsrechtliche Leistungsfähigkeit und Einkommen Dritter, DIJuF-Themengutachten, zu finden unter www.dijuf.de (Aufruf 20.01.2013)

Deutsches Jugendinstitut eV (2009). Eignung von Tagespflegepersonen in der Kindertagespflege, Praxismaterialien für die Jugendämter im Auftrag des BMFSFJ, zu finden unter www.dji.de/aktionsprogramm.kindertagespflege.de (Aufruf 20.01.2013)

Deutsches Jugendinstitut eV, Institut für soziale Arbeit eV (2012), Jugendamtsspezifische Elternbefragung zum Betreuungsbedarf von unter 3-jährigen Kindern, zu finden unter http://www.forschungsverbund.tu-dortmund.de/index.php?id=302 oder www.isa-muenster.de (Aufruf 20.01.2013)

Eichenhofer, E. (2011). Der Gegenstand des Kinder- und Jugendhilferechts und der Standort im Rechtssystem, in: Münder ua, Kinder- und Jugendhilferecht. Handbuch, 2. Aufl., Nomos Verlag, Baden-Baden, Kapitel 1.4.

Eicher, W., Spellbrink, W. (Hrsg) (2008). SGB II Grundsicherung für Arbeitsuchende, 2. Aufl., C. H. Beck Verlag, München

Erichsen, H.-U., Ehlers, D. (Hrsg) (2010). Allgemeines Verwaltungsrecht, 14. Aufl., De Gruyter, Berlin/New York

Fahlbusch, J. (2011). Rechtliche Fragestellungen der Kinderbetreuung zwischen SGB II und SGB VIII, NDV 2011, S. 463-467

Fieseler, G., Schleicher, H., Busch, M., Wabnitz, R. J. (Hrsg) (Loseblatt). Kinder- und Jugendhilferecht, Gemeinschaftskommentar zum SGB VIII, Luchterhand, Köln

Fischer, L. (2002). Differenzierte Betrachtung der Selbstbeschaffung bei Leistungen der Tagesbetreuung (§§ 22 bis 24 SGB VIII) und andere Leistungen der Jugendhilfe?, JAmt, S. 492-495

Fuchs-Rechlin, K. (2012). Die flexible KiTa – Pluralisierte Elternwünsche, institutionalisierte Erfordernisse und pädagogische Grenzziehungen, in: Beckmann, K.J., Landua, K., 2013 – Rechtsanspruch auf einen Krippenplatz: „Traumquote“ oder erfüllbarer Auftrag mit Qualitätsgarantie, Dokumentation zur Tagung zum Thema Kindertagesbetreuung des Deutschen Instituts für Urbanistik und des Deutschen Städtetags, Difu-Impulse, Bd. 5/2012, S. 81-92

Georgii, H. (1996). Rechtsanspruch auf einen Kindergartenplatz, NJW, S. 686-691

Grossmann, K. (1998). Merkmale einer guten Gruppenbetreuung für Kinder unter 3 Jahren im Sinne der Bindungstheorie und ihre Anwendung auf berufsbegleitende Supervision, Frühe Kindheit 3/1998, zu finden unter http://liga-kind.de/fruehe/398_gross.php (Aufruf 20.01.2013)

Grossmann, K. E., Grossmann, K. (2006). Bindung und Bildung, Frühe Kindheit 6/2006, zu finden unter www.Liga-kind.de/fruehe/606_grossmann.php (Aufruf 20.01.2013)

Grube, C. (2002). Systemversagen im Sozialleistungsrecht und Kostenerstattung für die selbstbeschaffte Jugendhilfeleistung, JAmt, S. 490-492

Hain, K.-E. (2004). Folgenbeseitigung und Folgenentschädigung, VerwArch 95, S. 498-514

Hauck, K., Noftz, W. (Hrsg) (Loseblatt). SGB I, Sozialgesetzbuch, Allgemeiner Teil, Kommentar, Erich Schmidt, Berlin

Hauck, K., Noftz, W. (Hrsg) (Loseblatt). SGB VIII, Kinder- und Jugendhilfe, 1. Band, Kommentar, Erich Schmidt, Berlin

Hauck, K., Noftz, W. (Hrsg) (Loseblatt). SGB VIII Kommentar, Erich Schmidt Verlag, Berlin

Haug-Schnabel, G. (2009). Alltag, Bildung und Förderung in der Krippe, Frühe Kindheit 6/2009, S. 24-29

Haug-Schnabel, G., Bensel, J., Stetten, S., Weber, S. von, Schnabel, N. (2008). Flexible Betreuung von Unterdreijährigen im Kontext von Geborgenheit, Kontinuität und Zugehörigkeit, Wissenschaftliche Recherche und Analyse, erarbeitet von der Forschungsgruppe Verhaltensbiologie des Menschen (FVM), in: Landschaftsverband Rheinland, Flexible Betreuung von Unterdreijährigen im Kontext von Geborgenheit, Kontinuität und Zugehörigkeit, Wissenschaftliche Recherche, Expertenhearing und Resümee, zu finden unter http://www.kommern.lvr.de/app/resources/fvm_langfassung08052008.pdf, S. 1-53 (Aufruf 20.01.2013)

Hinrichs, K. (2003). Selbstbeschaffung im Jugendhilferecht, Peter Lang, Frankfurt aM

Hinrichs, K. (2003). Selbstbeschaffung, Beurteilungsspielraum und weitere Probleme jugendhilferechtlicher Individualleistungen in der Rechtsprechung, ZfJ, S. 449-457

Hömig, D. (Hrsg.) (2007). Grundgesetz, 8. Aufl., Nomos Verlag, Baden-Baden

Hüther, G. (2012). Verschaltungen im Gestrüpp: kindliche Hirnentwicklung, APuZ 22-24/2012, S. 15-19

Jans, K.-W., Happe, G., Saurbier, H., Maas, U. (Hrsg) (Loseblatt). Kinder- und Jugendhilferecht – mit Sozialgesetzbuch Allg. Teil (SGB I) sowie Sozialverwaltungsverfahren und Sozialdatenschutz (SGB X), Kohlhammer, Stuttgart

Jestaedt, M. (2000). Ein Grundrecht auf Kinderbetreuung?, ZfJ 2000, S. 281-320

Jestaedt, M. (2011). Das Kinder- und Jugendhilferecht und das Verfassungsrecht, in: Münder ua, Kinder- und Jugendhilferecht. Handbuch, 2. Aufl., Nomos Verlag, Baden-Baden, Kapitel 1.5.

Jugend- und Familienministerkonferenz (JFMK) (2012). Beschluss zur Weiterentwicklung und Steuerung der Hilfen zur Erziehung, 31.05./01.06.2012 in Hannover, FORUM Jugendhilfe 2/2012, S. 21-25

Jung, H.-P. (Hrsg) (2008). SGB VIII Kinder- und Jugendhilfe, Kommentar zum SGB VIII mit Schriftsatz- und Vertragsmustern, 2. Aufl., Rudolf Haufe Verlag, Freiburg

Jurczyk, K., Kerl-Wienecke, A. (2010). Qualität und Qualifizierung in der Kindertagespflege, in: Becker-Stoll ua, Bildungsqualität für Kinder in den ersten drei Jahren, Cornelsen Verlag Scriptor GmbH & Co KG, Berlin, S. 96-106

Kemmler, I. (2005). Folgenbeseitigungsanspruch, Herstellungsanspruch und Unterlassungsanspruch, JA, S. 908-911

Kerl-Wienecke, A. (2009). Entwicklung guter Qualität in der Kindertagespflege, Frühe Kindheit 6/2009, S. 30-35

Klinkhammer, N. (2005). Kindertageseinrichtungen mit flexiblen Angebotsstrukturen, Neue Herausforderungen für die Gestaltung des pädagogischen Alltags von ErzieherInnen und Kindern, Projektbericht Deutsches Jugendinstitut eV, zu finden unter www.dji.de/bibs/449_4957_Flexi_KiBe_gesamt.pdf (Aufruf 20.01.2013)

Klinkhammer, N. (2007). Flexibilität ermöglichen, Qualität sichern: Herausforderungen für die Veränderungen in der zeitlichen Angebotsstruktur von Kindertageseinrichtungen, in: Altgeld, K., Klaudy, E., Stöbe-Blossey, S., Flexible Kinderbetreuung – Online Handbuch, zu finden unter www.iaq.uni-due.de (Aufruf 20.01.2013)

Kopp, F. O., Schenke, W.-R. (Hrsg) (2012). Verwaltungsgerichtsordnung, Kommentar, 18. Aufl., C.H. Beck, München

Krug, H., Grüner, H., Dalichau, G. (Hrsg) (Loseblatt). Kinder- und Jugendhilfe Kommentar, Verlag R.S. Schulz, Starnberg

Kunkel, P.-C. (Hrsg) (2011). SGB VIII, Kinder- und Jugendhilfe, Lehr- und Praxiskommentar, 4. Aufl., Nomos, Baden-Baden

Lakies, T. (1996). Neues zum Rechtsanspruch auf einen Kindergartenplatz, ZfJ, S. 299-304

Landschaftsverband Rheinland (Hrsg) (2008). Flexible Betreuung von Unterdreijährigen im Kontext von Geborgenheit, Kontinuität und Zugehörigkeit, Wissenschaftliche Recherche, Expertenhearing, Resümee, zu finden unter www.kommern.lvr.de/app/resources/fvm_langfassung08052008.pdf (Aufruf 20.01.2013)

Maurer, H. (2011). Allgemeines Verwaltungsrecht, 18. Aufl., C.H. Beck, München

Mazur, S. (2011). Restitution der Folgen nicht gerechtfertigter Eingriffe in Grundrechte – Der Folgenbeseitigungsanspruch, ZJS, S. 321-326

Meysen, T. (1998). Der haftungsrechtliche Beamtenbegriff am Ziel?, JuS, S. 404-408

Meysen, T. (2000). Die Haftung aus Verwaltungsrechtsverhältnis, Schriften zum Öffentlichen Recht, Band 830, Duncker & Humblot, Berlin

Meysen, T. (2012). Anspruch auf einen Kita-Platz für unter Dreijährige, DJI-Impulse 98 (02), S. 12-15

Meysen, T., Schindler, G. (2004). Ausbau der Kindertagesbetreuung – Ein Gesetzentwurf zwischen Einigkeit und Reizthema, JAmt 2004, S. 277-289

Micheel, B., Stöbe-Blossey, S., Thiesbrummel, G. (2005). Bedarfsorientierte Kinderbetreuung für Beschäftigte mit atypischen Arbeitszeiten, herausgegeben vom Institut Arbeit und Technik Gelsenkirchen, zu finden unter: www.iat.uni-due.de (Aufruf 20.01.2013)

Mrozynski, P. (2009). SGB VIII, Kinder- und Jugendhilfe, Kommentar, 5. Aufl., C.H. Beck, München

Mrozynski, P. (2010). SGB I, Sozialgesetzbuch, Allgemeiner Teil, Kommentar 4. Aufl., C.H. Beck, München

Münch, I. v./Kunig, P. (Hrsg) (2012). Grundgesetz Kommentar, Band 1, Präambel, Art. 1-69, 6. Aufl., C.H. Beck Verlag, München

Münchener Kommentar zum Bürgerlichen Gesetzbuch (2012). Band 8, Familienrecht II, §§ 1589-1921 • SGB VIII. Säcker, F.J., Rixecker, R. (Hrsg), Schwab, D. (Redakteur), 6. Aufl., Verlag C.H. Beck, München

Münder, J. (2011). Wieder einmal: Sozialraumordnung auf dem rechtlichen Prüfstand, JAmt 2011, S. 69-71

Münder, J. (Hrsg) (2011). Sozialgesetzbuch II, Grundsicherung für Arbeitsuchende, Lehr- und Praxiskommentar, 4. Aufl., Nomos Verlag, Baden-Baden

Münder, J. (2012). Leistungsbeziehungen im Kinder- und Jugendhilferecht, ZKJ 2012, S. 141-147

Münder, J., Meysen, T., Trenczek, T. (Hrsg) (2012), Frankfurter Kommentar SGB VIII, Kinder- und Jugendhilferecht, 7. Aufl., Nomos, Baden-Baden

Münder, J., Wiesner, R., Meysen, T. (Hrsg) (2011), Kinder- und Jugendhilferecht. Handbuch, 2. Aufl., Nomos Verlag, Baden-Baden

National Institute of Child Health and Human Development (2006). The NICHD Study of Early Child Care and Youth Development, Findings for Children up to Age 4,5 Years, zu finden unter www.nichd.nih.gov/publications/pubs/upload/seccyd_051206.pdf (Aufruf 20.01.2013)

Oehlmann-Austermann, A. (1996). Rechtsanspruch auf einen Kindergartenplatz vor der Haustür – oder was?, ZfJ 1996, S. 7-10

Oehlmann-Austermann, A. (1997). § 5 SGB VIII – Wunsch- und Wahlrecht (Selbstbeschaffung ohne Grenzen?, ZfJ 1997, S. 455-460

Palandt, O. (Begr.) (2012). Bürgerliches Gesetzbuch mit Nebengesetzen. Beck'sche Kurz-Kommentare, 71. Aufl., Verlag C.H. Beck, München

Pauen, S. (2012). Wie lernen Kleinkinder? Entwicklungspsychologische Erkenntnisse und ihre Bedeutung für Politik und Gesellschaft, APuZ 22-24/2012, S. 8-14

Prütting, H., Wegen, G., Weinreich, G. (Hrsg) (2012), BGB, Kommentar, 7. Aufl., Luchterhand, Köln

Quellet, M., Tremblay, R., Boivin, M., Meaney, M., Kramer, M., Coté, S. (2010). Diurnal cortisol secretion at home and in child care: a prospective study of 2-year-old toddlers, Journal of Child Psychology and Psychiatry 51:3, S. 295-303

Rauschenbach, T., Schilling, M. (2010). Der U3-Ausbau und seine personellen Folgen. Empirische Analysen und Modellrechnungen. Studie im Rahmen des Projektes Weiterbildungsinitiative Frühpädagogischer Fachkräfte (WiFF), Eigenverlag des DJI, München

Rixen, S. (2012). Kein Kita-Platz trotz Rechtsanspruch? Zum Aufwendungsersatz bei selbst organisierter Kinderbetreuung. NJW, S. 2839-2844

Scheerer, A. (2012). Chancen und Risiken früher Tagesbetreuung aus der Sicht des Kindes, aus: Frühe Kindheit 6/2009, S. 36-41

Schellhorn, W., Fischer, L., Mann, H., Schellhorn, H., Kern, C. (Hrsg) (2012). SGB VIII, Kinder- und Jugendhilfe, Kommentar, 4. Aufl., Luchterhand, Köln

Schmid, H., Wiesner, R. (2005). Rechtsfragen der Kindertagespflege nach dem Tagesbetreuungsausbaugesetz, ZfJ 2005, S. 274-282

Schmid-Obkirchner, H. (2011). Förderung von Kindern in Tageseinrichtungen und in Kindertagespflege, §§ 22 bis 26 SGB VIII, in: Münder ua, Kinder- und Jugendhilferecht. Handbuch, 2. Aufl., Nomos Verlag, Baden-Baden, Kapitel 3.4.

Schmid-Obkirchner, H. (2011). Kinder- und Jugendhilfe als personenbezogene Sozialleistung, in: Münder ua, Kinder- und Jugendhilferecht. Handbuch, 2. Aufl., Nomos Verlag, Baden-Baden, Kapitel 2.1.

Schoch, F. (2003). Kompetenz- und Finanzierungsfragen für (Tages-)Einrichtungen zwischen Schule und Jugendhilfe, ZfJ 2003, S. 301-310

Schoch, F., Schmidt-Aßmann, E., Pietzner, R. (Hrsg) (Loseblatt). Verwaltungsgerichtsordnung, Kommentar, Band II, C.H. Beck, München

Schoch, F., Wieland, J. (2004). Aufgabenzuständigkeit und Finanzierungsverantwortung verbesserter Kinderbetreuung, Boorberg, Stuttgart

Schone, R. (2008). Kontrolle als Element von Fachlichkeit in den sozialpädagogischen Diensten der Kinder- und Jugendhilfe. Expertise. Arbeitsgemeinschaft für Kinder- und Jugendhilfe – AGJ (Hrsg), Berlin

Schoyerer, G. (2011). Kindertagespflege für unter Dreijährige – Skizzen eines Bildungsprofils, Frühe Kindheit 01/2011, S. 15-19

Schulze, R. (Hrsg) (2012). Bürgerliches Gesetzbuch, Handkommentar, 7. Aufl., Nomos, Baden-Baden

Sell, S. (2012). Klasse und/oder Masse. Die Qualität von Kindertageseinrichtungen zwischen Theorie und Praxis, APuZ 22-24/2012, S. 27-33

Sell, S., Kukula, N. (2012). Leistungsorientierte Vergütung in der Kindertagespflege. Von der aktuellen Praxis zu einem zukunftsfähigen Modell?, hrsg vom Institut für Bildungs- und Sozialpolitik der Hochschule Koblenz (ibus), Koblenz

Senatsverwaltung für Bildung, Jugend und Sport Berlin (SenBJS Berlin) (2004). Das Berliner Bildungsprogramm für die Bildung, Erziehung und Betreuung von Kindern in Tageseinrichtungen bis zu ihrem Schuleintritt, Berlin

Spieß, C. K. (2012). Eine ökonomische Perspektive auf das deutsche System der frühkindlichen Bildung, APuZ 22-24/2012, S. 20-26

Staatsinstitut für Frühpädagogik (IFP) (Hrsg) (Online-Handbuch). Das Familienhandbuch, zu finden unter www.familienhandbuch.de (Aufruf 20.01.2013)

Statistische Ämter des Bundes und der Länder, Demographischer Wandel in Deutschland. Auswirkungen auf Kindertagesbetreuung und Schülerzahlen im Bund und in den Ländern, zu finden unter www.destatis.de (Aufruf 20.01.2013)

Staudinger, J. von (Hrsg) (2002). Kommentar zum Bürgerlichen Gesetzbuch, Buch 2, 13. Aufl., Sellier – de Gruyter, Berlin

Staudinger, J. von (Begr.) (2006). Kommentar zum Bürgerlichen Gesetzbuch mit Einführungsgesetz und Nebengesetzen. Buch 4 Familienrecht §§ 1684-1717 (Elterliche Sorge 3 – Umgangsrecht), Peschel-Gutzeit, L. (Redakteurin), Sellier – de Gruyter, Berlin

Stöbe-Blossey, S. (2004). Arbeitszeit und Kinderbetreuung: Ergebnisse einer Repräsentativbefragung in NRW, herausgegeben vom Wissenschaftszentrum Nordrhein-Westfalen, Wuppertal Institut für Klima, Umwelt, Energie, Kulturwissenschaftliches Institut und Institut Arbeit und Technik) zu finden unter www.iatge.de/iat-report/2004/report2004-01.pdf (Aufruf 20.01.2013)

Stöbe-Blossey, S. (2007). Rahmenbedingungen für flexible Betreuungsformen im Bundesländer-Vergleich, zu finden unter www.iaq.uni-due.de/projekt/hp/flexible-kinderbetreuung/documents/laendervergleich.pdf (Aufruf 20.01.2013)

Struck J., Wiesner J. (1992). Der Rechtsanspruch auf einen Kindergartenplatz, ZRP 1992, S. 452-456

Textor, M. R. (2003). Der Kindergarten sucht Heimat, ZfJ 2003, S. 310-313

Textor, M. R. (Online-Handbuch). Kindergartenpädagogik – Online-Handbuch, Flexible Angebotsformen in der Kindertagesbetreuung, zu finden unter www.kindergartenpaedagogik.de/2143.html (Aufruf 20.01.2013)

Textor, M. R. (Online-Handbuch). Kindergartenpädagogik – Online-Handbuch, Familienerziehung, Kinderkrippe oder Tagesmutter, zu finden unter www.kindergartenpaedagogik.de/1808.html (Aufruf 20.01.2013)

Textor, M. R. (Online-Handbuch). Kindergartenpädagogik – Online-Handbuch, Kind, Familie, Kindergarten, zu finden unter www.kindergartenpaedagogik.de/44.html (Aufruf 20.01.2013)

Tietze, W. (1998). Pädagogische Qualität in Kindertagesstätten. Was ist das? Welche Auswirkungen bei Kindern hat sie? Können wir sie steuern und entwickeln?, Frühe Kindheit 3/1998, zu finden unter www.liga-kind.de/fruehe/398_tiet.php (Aufruf 20.01.2013)

Tietze, W., Becker-Stoll, F., Bensel, J., Eckhardt, A., Haug-Schnabel, G., Kalicki, B., Keller, H., Leyendecker, B. (Hrsg) (2012). NUBBEK, Nationale Untersuchung zur Bildung, Betreuung und Erziehung in der frühen Kindheit, Fragestellungen und Ergebnisse im Überblick, verlag das netz, Weimar

Vermeer, H., IJzendoorn, M. (2006). Children's elevated cortisol levels at daycare: A rewiew and meta-analysis, Early Childhood Research Quarterly 21, S. 390-401.

Viernickel, S. (2003/2010). Soziale Kontakte und Beziehungen zwischen Kleinkindern, zu finden unter https://www.familienhandbuch.de/kindheitsforschung/fruhekindheit/soziale-kontakte-und-beziehungen-zwischen-kleinkindern (Aufruf 20.01.2013)

Viernickel, S. (2012). Krippen im Spiegel der Wissenschaft: Diskurslinien und Forschungsfragen, in: Viernickel ua, Krippenforschung, Methoden Konzepte, Beispiele, Ernst Reinhardt Verlag, München, Basel, S. 15-23

Viernickel, S., Edelma, D., Hoffmann, H., König, A. (Hrsg) (2012). Krippenforschung, Methoden, Konzepte, Beispiele, Ernst Reinhardt Verlag, München, Basel

Viernickel, S., Schwarz, S. (2009). Schlüssel zu guter Bildung, Erziehung und Betreuung – Wissenschaftliche Parameter zur Bestimmung der pädagogischen Fachkraft-Kind-Relation, herausgegeben von: Der Paritätische Gesamtverband, Diakonie, Gewerkschaft Erziehung und Wissenschaft, zu finden unter www.der-paritaetische.de/uploads/tx_pdforder/expertise_gute_betreuung_web2_02.pdf (Aufruf 20.01.2013)

Viernickel, S., Stenger, U. (2011). Bildung in der Krippe. Didaktik einer Pädagogik für Kinder zwischen null und drei Jahren, Frühe Kindheit 01/2011, S. 6-14

Wabnitz, R. J. (2009). Vom KJHG zum Kinderförderungsgesetz, Arbeitsgemeinschaft für Kinder- und Jugendhilfe, Berlin

Walz, C. (2010). Das Ziel der Auslegung und die Rangfolge der Auslegungskriterien, ZfJ 2010, S. 482-490

Weinreich, G., Klein, M. (Hrsg) (2005). Familienrecht. Kompaktkommentar, 2. Aufl., Luchterhand Verlag, München

Weiss, K. (2007). Kindertagespflege nach §§ 22, 23, 24 SGB VIII, 2. Aufl., Richard Boorberg Verlag, Stuttgart ua

Wendl, P., Dose H.-J. (Hrsg) (2011). Das Unterhaltsrecht in der familienrichterlichen Praxis, 8. Aufl., C.H. Beck, München

Wertfein, M. (2012). Die Rolle der Bezugspersonen bei der Emotionsentwicklung. Gemeinsam statt einsam, Zeitschrift für die Arbeit mit Kindern unter 3, Themenheft Kleinstkinder in Kita und Tagespflege, S. 14-21

Wiesner, R. (2003), Die Förderung von Kindern in Tageseinrichtungen und die Einheit der Jugendhilfe, ZfJ 2003, S. 293-300

Wiesner, R. (Hrsg) (2006). SGB VIII, Kinder- und Jugendhilfe, Kommentar, 3. Aufl., C.H. Beck, München

Wiesner, R. (Hrsg) (2011), SGB VIII, Kinder- und Jugendhilferecht, 4. Aufl., C.H. Beck, München

Wiesner, R., Schindler, G., Schmid, H. (2006). Das neue Kinder- und Jugendhilferecht, Bundesanzeiger Verlag, Köln, Limburg

Wolf, H., Bachof, O., Stober, R., Kluth, W. (Hrsg) (2010). Verwaltungsrecht II, 7. Aufl., C.H. Beck, München

Teil 1: Rechtsanspruch U3

Voraussetzungen und Umfang des Rechtsanspruchs auf Förderung in Tageseinrichtungen und in Kindertagespflege für Kinder unter drei Jahren

Thomas Meysen, Janna Beckmann
Petra Birnstengel, Diana Eschelbach, Stephanie Götte

A. Einordnung des Rechtsanspruchs ab 1. August 2013

I. Stellung in der Rechtsordnung

Ab August 2013 haben nicht nur Kinder ab dem Alter von drei Jahren bis zum Schuleintritt, sondern auch im Alter von über einem Jahr und unter drei Jahren einen Rechtsanspruch auf Tagesbetreuung („Rechtsanspruch U3"). Er richtet sich auf Förderung von Kindern in Tageseinrichtungen und in Kindertagespflege (§ 24 Abs. 2 SGB VIII F. 2013). Hierbei handelt es sich um eine **Sozialleistung**, geregelt im dritten Abschnitt des zweiten Kapitels des Sozialgesetzbuches Achtes Buch – Kinder- und Jugendhilfe (SGB VIII), in den §§ 22 bis 26 SGB VIII. Grundlage für die konkurrierende Gesetzgebungskompetenz des Bundes im Bereich der Tagesbetreuung ist die öffentliche Fürsorge.[1] 1

Rechtsanspruch auf Förderung: Am 1. August 2013 tritt der so genannte „Rechtsanspruch U3" in Kraft. Gemeint ist die Förderung von Kindern in Tageseinrichtungen und in Kindertagespflege, auf die Kinder mit Vollendung des ersten Jahres bis zum Alter von drei Jahren ab dann einen Anspruch haben. Es handelt sich um eine Sozialleistung der Kinder- und Jugendhilfe, die in den §§ 22 bis 26 des Sozialgesetzbuch Achtes Buch – Kinder- und Jugendhilfe (SGB VIII) geregelt ist. 2

Verfassungsrechtlich konkretisiert der Gesetzgeber, dem Urteil des Bundesverfassungsgerichts aus dem Jahr 1993 zum Schwangerschaftsabbruch und § 218 StGB folgend,[2] auch mit dem „Rechtsanspruch U3" seine **Schutzpflicht** für das ungeborene Leben (Art. 2 Abs. 2 GG), seinen Schutzauftrag für Ehe und Familie (Art. 6 Abs. 1 GG) und seine Verpflichtung zur Gleichstellung von Frau und Mann in der Teilhabe am Arbeitsleben (Art. 3 Abs. 3 S. 2 GG)[3] (siehe Rn 29 ff).[4] 3

Die gesetzliche Umsetzung der Förderung von Kindern in Tageseinrichtungen und in Kindertagespflege ist aus rechtssystematischer Sicht durch **zwei Sonderstellungen** geprägt. Zum einen weist das SGB VIII innerhalb der Sozialgesetzbücher und somit als Teil des Sozialrechts spezifische Besonderheiten auf, die sich in keinem anderen Sozialleistungsbereich wiederfinden. Zum anderen nimmt die Förderung in Tageseinrich- 4

---

1 Zur kompetenzrechtlichen Zuordnung der Kindertagesbetreuung zur öffentlichen Fürsorge in Abgrenzung zur Bildungskompetenz der Länder sowie zur Frage der Erforderlichkeit von Neukonzeptionen zur Herstellung gleichwertiger Lebensverhältnisse ausführlich *Schoch* ZfJ 2003, 301, 303 ff; *Meysen/Schindler* JAmt 2004, 277, 287 ff; *Jestaedt,* in: Münder ua, Handbuch Kinder- und Jugendhilferecht, Kap. 1.5 Rn 38 ff; *Schmid-Obkirchner*, in: Münder ua, Handbuch Kinder- und Jugendhilferecht, Kap. 3.4 Rn 7 f; *Lakies*, in: Münder ua, FK-SGB VIII, Vor §§ 22-26 Rn 27 ff.

2 BVerfG 28.5.1993, 2 BvF 2/90, 4/92, 5/92 = E 88, 203 = NJW 1993, 1751.

3 *Lakies*, in: Münder ua, FK-SGB VIII, Vor §§ 22-26 Rn 25.

4 *Meysen/Schindler* JAmt 2004, 277, 278; *Lakies*, in: Münder ua, FK-SGB VIII, Vor §§ 22 bis 26 Rn 15.

tungen und Kindertagespflege innerhalb der Leistungen des SGB VIII selbst eine Sonderstellung ein.[5]

5 Zunächst unterscheidet sich das Kinder- und Jugendhilferecht im Hinblick auf **Aufgabe und Leistungsgehalt** deutlich von anderen Bereichen des Sozialrechts.[6] Sind Sozialleistungen vom Grundsatz geprägt, dass sie davon abhängig sind, ob die Leistungsberechtigten sie in Anspruch nehmen wollen (*beneficia non obtruduntur*),[7] so ist für die Inanspruchnahme der Leistungen der Kinder- und Jugendhilfe im Dreieck zwischen Kindern, Eltern und Sozialleistungsträgern und im Spannungsfeld zwischen Hilfe und Kontrolle[8] häufig erhebliche Motivationsarbeit nötig, um die Förderung der Entwicklung von jungen Menschen und ihr Recht auf Erziehung zu einer eigenverantwortlichen und gemeinschaftsfähigen Persönlichkeit unterstützen zu können (§ 1 Abs. 1 SGB VIII).[9] Für die Förderung in Tagesbetreuung gilt dies indes nur eingeschränkt, die Erziehungsberechtigten erkennen das hohe Eigeninteresse an der Inanspruchnahme, der Besuch einer Tageseinrichtung oder Tagespflegestelle ist gesellschaftlich anerkannt und nicht stigmatisierend, Motivationsarbeit[10] ist nur in Ausnahmefällen erforderlich.

6 Ein weiterer struktureller Unterschied des SGB VIII im Vergleich zu den anderen Sozialgesetzbüchern liegt darin, dass es sich bei den Leistungen der Kinder- und Jugendhilfe meistens um **individuelle personenbezogene Dienstleistungen** handelt, während Sach- oder Geldleistungen, die oft standardisiert erbracht werden, in den Hintergrund treten.[11] Diese Personenbezogenheit der Leistungen als strukturelle Besonderheit spiegelt sich vor allem in der partizipativen Gestaltung der Hilfeprozesse, besonders in der großen Bedeutung der Wünsche und der Beteiligung der Betroffenen (§§ 5, 36 SGB VIII) sowie strukturell in der Gestaltung der Hilfeplanung als Prozess zwischen Aushandeln und Entscheiden wider.[12] Dieser Strukturunterschied gilt vor allem in Bezug auf die Wahl und somit Mitgestaltung der Betreuung für das Kind in verschiedener Weise auch für die Förderung von Kindern in Tageseinrichtungen und in Kindertagespflege.

7 Die Sonderstellung der Förderung in Tageseinrichtungen und in Kindertagespflege innerhalb der Leistungen des SGB VIII besteht allerdings darin, dass die Erbringung der Leistung hier nicht an einen speziellen individuellen Bedarf im Einzelfall geknüpft ist (wie etwa die Hilfen zur Erziehung nach den §§ 27 ff SGB VIII), also zB kein erzieherisches Defizit oder eine sonstige Mangellage vorliegen muss. Vielmehr handelt es sich bei der Tagesbetreuung um ein **Infrastrukturangebot**, das losgelöst von einer **Einzelfallindizierung** allen Kindern bedarfsunabhängig zur Verfügung steht.[13] Damit sind Tageseinrichtungen und Kindertagespflege Regelangebote für alle Kinder, die auch von der großen Mehrheit aller Kinder genutzt werden.[14] Dabei werden im bundesweiten Durchschnitt bereits 36,7 % aller Kinder zwischen einem und drei Jahren

5 *Fischer*, in: Schellhorn ua, SGB VIII § 22 Rn 1.
6 *Eichenhofer*, in: Münder ua, Handbuch Kinder- und Jugendhilferecht, Kap. 1.4.3 Rn 17.
7 *Münder* ZKJ 2012, 141.
8 *Schone*, Kontrolle als Element von Fachlichkeit in den sozialpädagogischen Diensten der Kinder- und Jugendhilfe. Expertise 2008; *Münder* ZKJ 2012, 141.
9 *Münder*, in: ders. ua, FK-SGB VIII, VorKap 2 Rn 1; *Münder* ZKJ 2012, 141.
10 *Münder*, in: ders. ua, FK-SGB VIII, VorKap 2 Rn 1.
11 *Münder* ZKJ 2012, 141, 142.
12 *Schmid-Obkirchner*, in: Münder ua, Handbuch Kinder- und Jugendhilferecht, Kap. 2.1 Rn 3 f, 17 f.
13 *Lakies*, in: Münder ua, FK-SGB VIII, Vor §§ 22 bis 26 Rn 3.
14 *Bien* ua, Wer betreut Deutschlands Kinder? DJI-Kinderbetreuungsstudie, S. 5 ff; für den Kindergarten *Textor* ZfJ 2003, 310, 311.

in Tagesbetreuung gefördert (25,9 % der Einjährigen und 47,2 % der Zweijährigen),[15] die Betreuungsquote der über Dreijährigen ist mit 81 % noch deutlich höher.[16]

Bei allen Besonderheiten konkretisiert auch die Tagesbetreuung, bei der es sich schon nach dem Wortlaut des Gesetzes um „Förderung" von Kindern handelt, wie alle anderen Leistungen und Aufgaben der Kinder- und Jugendhilfe die Verwirklichung der Leitziele des § 1 SGB VIII: „Jeder junge Mensch hat ein Recht auf Förderung seiner Entwicklung und auf Erziehung zu einer eigenverantwortlichen, gemeinschaftsfähigen Persönlichkeit." Die **zentralen Aufträge der Kinder- und Jugendhilfe**, die Entwicklung junger Menschen und ihre Integration in die Gesellschaft durch allgemeine Leistungen und Angebote zu fördern, Eltern bei der Erziehung zu beraten und zu unterstützen, den Kindern Schutz vor Gefahren zu gewähren und mit den Angeboten der Kinder- und Jugendhilfe dazu beizutragen, positive Lebensbedingungen für junge Menschen und ihre Familien sowie eine kinder- und familienfreundliche Umwelt zu erhalten und zu schaffen (§ 1 Abs. 3 SGB VIII),[17] gilt selbstverständlich auch in vollem Umfang für die Tagesbetreuung von Kindern (näher konkretisiert in § 22 SGB VIII). 8

Grundsätzlich keine einzelfallindizierte Bedarfsprüfung: Die Tagesbetreuung nimmt innerhalb der Leistungen des SGB VIII eine Sonderstellung ein, die vor allem darin besteht, dass die Erbringung der Leistung nicht an einen individuellen Bedarf im Einzelfall geknüpft ist. Vielmehr handelt es sich bei der Kindertagesbetreuung um ein von einer Einzelfallindizierung losgelöstes Infrastrukturangebot, das allen Kindern der betreffenden Altersgruppe zur Verfügung steht. 9

II. Rechtshistorische und rechtspolitische Einordnung

1. Rechtslage seit dem Kinder- und Jugendhilfegesetz (KJHG)

a) Kinder- und Jugendhilfegesetz (KJHG) 1990/1991

Schon in der **ersten Fassung des SGB VIII**, eingeführt mit dem Kinder- und Jugendhilfegesetz (KJHG) 1990/1991,[18] war im Dritten Abschnitt die Förderung von Kindern in Tageseinrichtungen und in Tagespflege als Aufgabe der Kinder und Jugendhilfe enthalten. Eine Differenzierung nach Altersgruppen war nicht vorgesehen, allerdings war die Vermittlung einer Tagespflegeperson „insbesondere in den ersten Lebensjahren" vorgesehen (§ 23 Abs. 1 SGB VIII F. 1991). 10

b) Rechtsanspruch auf einen Kindergartenplatz 1992/1996

Zum 1. Januar 1996 trat der mit dem **Schwangeren- und Familienhilfegesetz** aus dem Jahr 1992[19] geschaffene Rechtsanspruch auf einen Kindergartenplatz für alle Kinder ab drei Jahren bis zum Schuleintritt in Kraft. Hinsichtlich der anderen Altersgruppen wurden die örtlichen Träger mit diesem Gesetz verpflichtet, ein bedarfsgerechtes An- 11

15 BMFSFJ, Dritter Zwischenbericht zur Evaluation des Kinderförderungsgesetzes, S. 5.

16 Statistische Ämter des Bundes und der Länder, Demographischer Wandel in Deutschland. Auswirkungen auf Kindertagesbetreuung und Schülerzahlen im Bund und in den Ländern, S. 7.

17 *Schmid-Obkirchner*, in: Münder ua, Handbuch Kinder- und Jugendhilferecht, Kap. 2.1 Rn 1.

18 Kinder- und Jugendhilfegesetz vom 26.6.1990, BGBl I, 1163.

19 Gesetz zum Schutz des vorgeburtlichen/werdenden Lebens, zur Förderung einer kinderfreundlicheren Gesellschaft, für Hilfen im Schwangerschaftskonflikt und zur Regelung des Schwangerschaftsabbruchs vom 27.7.1992, BGBl I 1398.

gebot zu schaffen, ohne dass das Gesetz den Kindern einen Rechtsanspruch zugesprochen hat.[20]

c) Tagesbetreuungsausbaugesetz (TAG) und Kinder- und Jugendhilfeweiterentwicklungsgesetz (KICK) 2005

12 Nach dem Rechtsanspruch auf einen Kindergartenplatz dauerte es knapp zehn Jahre, bis zum nächsten Schritt des Gesetzgebers. Mit dem **Tagesbetreuungsausbaugesetz (TAG)**,[21] in Kraft getreten zum 1. Januar 2005, wurden der gesetzliche Auftrag zur Deckung des Bedarfs an Kindertagesbetreuung ausgedehnt und die Förderkriterien konkretisiert. § 22 SGB VIII hat unter der Überschrift „Grundsätze der Förderung" eine Neufassung erfahren. Das TAG hat Legaldefinitionen für beide Formen der Kindertagesbetreuung eingeführt – die Förderung in (nun so benannter) Kindertagespflege und in Tageseinrichtungen – und allgemeine Grundsätze der Förderung festgelegt.[22]

13 Das TAG hat erstmals die **Gemeinsamkeiten zwischen beiden Formen der Tagesbetreuung** von Kindern herausgestellt und ist damit einen ersten Schritt hin zu einem integrierten Angebot gegangen.[23] Kindertagespflege wird als gleichwertige Möglichkeit der Tagesbetreuung verstanden, die durch den Träger der öffentlichen Jugendhilfe bereitgestellt werden soll.[24] Eltern sollen die für sich und ihr Kind passende Betreuungsform aussuchen können.[25] In § 22 a SGB VIII F. 2005 erfolgte eine Beschreibung der Förderung in Tageseinrichtungen und in § 23 SGB VIII F. 2005 der Förderung in Kindertagespflege. Der neue § 24 SGB VIII F. 2005 regelte die Inanspruchnahme der Kindertagesbetreuung für beide Formen: Die objektiv-rechtliche Verpflichtung bei Vorliegen des „Bedarfs" für eine Förderung von Kindern unter drei Jahren aus der Zeit vor 2005 wurde konkretisiert und je nach Alter des Kindes differenziert.[26]

14 § 24 Abs. 2 SGB VIII F. 2005 gibt vor: „Für Kinder im Alter unter drei Jahren und im schulpflichtigen Alter ist ein bedarfsgerechtes Angebot an Plätzen in Tageseinrichtungen und in Kindertagespflege vorzuhalten." Im folgenden Abs. 3 finden sich die Kriterien für die Mindestvorhaltepflicht der öffentlichen Jugendhilfeträger. Jedenfalls für Kinder von Eltern(teilen), die erwerbstätig, in Ausbildung oder in einer Maßnahme nach dem SGB II sind, und für diejenigen Kinder, für die ansonsten eine ihrem Wohl entsprechende Förderung nicht gewährleistet ist, sind Plätze vorzuhalten. Hintergrund der **Festlegung konkreter Bedarfskriterien** war der Umstand, dass in den westlichen Bundesländern die Tagesbetreuung für unter dreijährige Kinder trotz der objektiven Verpflichtung zur Schaffung eines bedarfsgerechten Angebots kaum ausgebaut worden war und bei einer Quote von Plätzen für lediglich unter 4 % der Kinder lag.[27]

15 Im Regelungsbereich des **Kinder- und Jugendhilfeweiterentwicklungsgesetzes (KICK)**,[28] in Kraft getreten am 1. Oktober 2005, finden sich in Bezug auf die Kindertagesbetreuung einige ergänzende Aspekte: Information und Beratung über das Ange-

20 *Struck*, in: Wiesner, SGB VIII, Vor § 22 Rn *20; Wabnitz*, Vom KJHG zum Kinderförderungsgesetz, S. 256.
21 Gesetz zum qualitätsorientierten und bedarfsgerechten Ausbau der Tagesbetreuung für Kinder vom 27.12.2004, BGBl I 2004, 3852.
22 *Schmid/Wiesner* ZfJ 2005, 274, 276.
23 *Wiesner/Schindler/Schmid*, Das neue Kinder- und Jugendhilferecht, S. 39.
24 *Meysen/Schindler* JAmt 2004, 277, 283.
25 BT-Drucks. 15/3676, 31.
26 *Wiesner/Schindler/Schmid*, Das neue Kinder- und Jugendhilferecht, 47; *Schmid/Wiesner* ZfJ 2005, 274, 277.
27 BT-Drucks. 15/3676, 34; *Meysen/Schindler* JAmt 2004, 277, 281.
28 Gesetz zur Weiterentwicklung der Kinder- und Jugendhilfe vom 8.9.2005, BGBl I 2729.

bot an Kindertagesbetreuung, Zusammenarbeit von Fachkräften in Einrichtungen mit Erziehungsberechtigten, Kindertagespflegepersonen sowie Organisationen im Gemeinwesen und den Schulen.

Ziel von TAG und KICK war somit in erster Linie der **bedarfsgerechte Ausbau der Kindertagesbetreuung** vor allem für unter Dreijährige in den westdeutschen und gleichzeitig die Sicherung und Weiterentwicklung in den ostdeutschen Bundesländern.[29] Dennoch wurden lediglich Mindestanforderungen aufgestellt und den Ländern und Kommunen wurde auf diese Weise ein weiter Spielraum hinsichtlich des Begriffs „bedarfsgerecht" bewahrt.[30] 16

Objektiv-rechtliche Verpflichtung: Über 17 Jahre nach Schaffung des Rechtsanspruchs auf einen Kindergartenplatz für Kinder im Alter von über drei Jahren bis zum Schuleintritt, eingeführt zum 1. Januar 1996, erhalten Kinder mit dem „Rechtsanspruch U3" nunmehr ab dem Alter von einem Jahr in ganz Deutschland ein rechtlich gesichertes und einklagbares Förderungsangebot in Tageseinrichtungen oder in Kindertagespflege. Angebahnt hat den „Rechtsanspruch U3" das Tagesbetreuungsausbaugesetz (TAG), in Kraft getreten zum 1. Januar 2005, mit einer objektiv-rechtlichen Verpflichtung zur Deckung des Bedarfs an Tagesbetreuung für die betreffende Altersgruppe, dh, einer Pflicht zur Vorhaltung entsprechender Plätze, ohne dass Eltern eine Handhabe hätten, dagegen vorzugehen, wenn die Pflicht nicht erfüllt wird. 17

d) Kinderförderungsgesetz (KiföG) 2008

Da der Ausbau nur schleppend voranging, trafen sich Bund, Länder und kommunale Spitzenverbände bereits rund zwei Jahre nach TAG und KICK am 2. April 2007 zum so genannten **„Krippengipfel"**, auf dem sie übereinkamen, bis zum Jahr 2013 das Angebot (weiter) auszubauen.[31] Das in der Folge auf den Weg gebrachte Kinderförderungsgesetz (KiföG),[32] in Kraft getreten am 16. Dezember 2008, sollte insbesondere den quantitativen Ausbau der Kindertagesbetreuung für unter Dreijährige voranbringen, mit der Zielgröße eines Angebots von Plätzen für 35 % aller Kinder im Alter zwischen einem Jahr und drei Jahren.[33] 18

Im Gesetz enthalten ist eine **dreistufige Änderung von § 24 SGB VIII.** Zunächst besteht in der ersten Phase die Verpflichtung, für unter Dreijährige in Tageseinrichtungen und in Kindertagespflege Plätze bereitzustellen. Der Anwendungsbereich ist erweitert, insoweit Kindern auch dann Plätze anzubieten sind, wenn die Erziehungsberechtigten (nur) arbeitsuchend sind oder wenn die Förderung in Kindertagespflege oder Tageseinrichtungen allgemein zur Unterstützung der individuellen und sozialen Kompetenzen des Kindes geboten ist. 19

Die Träger der öffentlichen Jugendhilfe werden zum **stufenweisen Ausbau** verpflichtet.[34] Dafür wurde die Übergangsregelung in § 24 a SGB VIII angepasst. Ab dem 1. Oktober 2010 hätte zumindest für die Kinder ein Platz zur Verfügung stehen müssen, bei denen die Bedarfskriterien des § 24 Abs. 3 SGB VIII F. 2005 erfüllt sind, also bei Erforderlichkeit der Förderung wegen Erwerbstätigkeit, Ausbildung oder Teilnahme an Maßnahmen nach SGB II der Eltern oder bei Kindern, deren Wohl ohne entsprechende Förderung nicht gewährleistet wäre (§ 24 a Abs. 3 SGB VIII F. 2008). 20

29 *Wiesner/Schindler/Schmid*, Das neue Kinder- und Jugendhilferecht, S. 35.
30 *Schmid/Wiesner* ZfJ 2005, 274, 275.
31 BT-Drucks. 16/9299, 1.
32 Gesetz zur Förderung von Kindern unter drei Jahren in Tageseinrichtungen vom 10.12.2008, BGBl I, 2403.
33 *Wabnitz*, Vom KJHG zum Kinderförderungsgesetz, S. 155.
34 BT-Drucks. 16/9299, 2.

21 Auf der letzten Stufe haben ab dem 1. August 2013 nicht nur Kinder ab Vollendung des dritten Lebensjahrs bis zum Schuleintritt einen **Rechtsanspruch**, sondern auch Kinder ab dem ersten Geburtstag bis zum Alter von drei Jahren:

- Was bis dahin für ein- bis dreijährige Kinder für die Schaffung eines bedarfsgerechten Angebots an Förderung in Kindertagesbetreuung galt, gilt ab Spätsommer 2013 für unter Einjährige, wobei sich der Umfang der täglichen Förderung nach dem individuellen Bedarf richtet (Abs. 1).
- Vom ersten bis dritten Geburtstag besteht ein Anspruch auf frühkindliche Förderung in einer Tageseinrichtung oder in Kindertagespflege (Abs. 2). Der Umfang des Rechtsanspruchs auf tägliche Förderung richtet sich ebenfalls nach dem individuellen Bedarf (Abs. 2 S. 2 iVm Abs. 1 S. 3).
- Für Kinder ab dem Alter von drei Jahren besteht bis zum Schuleintritt nach wie vor der Anspruch auf Förderung in einer Tageseinrichtung. Die Schaffung eines bedarfsgerechten Angebots an Ganztagesplätzen bleibt objektiv-rechtliche Rechtspflicht, ist also nicht mit einem Rechtsanspruch hinterlegt; ergänzend oder bei besonderem Bedarf besteht die ebenfalls objektiv-rechtliche Pflicht, auch Förderung in Kindertagespflege vorzuhalten (Abs. 3).
- Schließlich soll weiterhin auch für schulpflichtige Kinder ein bedarfsgerechtes Angebot vorgehalten werden (Abs. 4).

22 Begleitend wurde eine „politische Absichtserklärung“ ins SGB VIII aufgenommen, monetäre Leistungen („zum Beispiel **Betreuungsgeld**“) für diejenigen einzuführen, die ihr Kind im Alter zwischen ein und drei Jahren nicht in Einrichtungen betreuen lassen wollen oder können (§ 16 Abs. 4 SGB VIII, seit 1. Januar 2012 § 16 Abs. 5 SGB VIII).[35]

23 **Ausbaustufen:** Da der Ausbau nur schleppend voranging, haben sich Bund, Länder und kommunale Spitzenverbände auf dem so genannten „Krippengipfel“ am 2. April 2007 auf einen schrittweisen weiteren Ausbau bis zum Jahr 2013 geeinigt. Das in der Folge auf den Weg gebrachte **Kinderförderungsgesetz** (KiföG), in Kraft getreten am 16. Dezember 2008, hat die Zielgröße eines Angebots von 750.000 Plätzen für Kinder im Alter zwischen eins und drei ausgegeben. Die Einführung des Rechtsanspruchs U3 ab dem 1. August 2013 steht auf der letzten Stufe des Ausbaus.

2. Ziele des Gesetzgebers

a) „Auftrag von Verfassungsrang“

24 Die Bunderegierung bezeichnet im Entwurf des TAG die Umsetzung der Forderung nach einer **Verbesserung der Kinderbetreuung als einen „Auftrag von Verfassungsrang“**[36] und beruft sich auf eine Entscheidung des Bundesverfassungsgerichts aus dem Jahr 1998:[37]

„Die Kinderbetreuung ist eine Leistung, die auch im Interesse der Gemeinschaft liegt und deren Anerkennung verlangt (vgl. BVerfGE 87, 1 [38 f.]; 88, 203 [258 f.]). Der Staat hat dementsprechend dafür Sorge zu tragen, dass es den Eltern gleichermaßen möglich ist, teilweise und zeitweise auf eine eigene Erwerbstätigkeit zugunsten der persönlichen Betreuung ihrer Kinder zu verzichten wie auch Familientätigkeit und Er-

35 *Wabnitz*, Vom KJHG zum Kinderförderungsgesetz, S. 161.
36 BT-Drucks. 15/3676, 21.
37 BVerfG 10.11.1998, 2 BvR 1057/91, 2 BvR 1226/91, 2 BvR 980/91 = E 99, 216, 234, zit. in BT-Drucks. 15/3676, 21.

werbstätigkeit miteinander zu verbinden. Der Staat muss auch Voraussetzungen schaffen, dass die Wahrnehmung der familiären Erziehungsaufgabe nicht zu beruflichen Nachteilen führt, dass eine Rückkehr in eine Berufstätigkeit ebenso wie ein Nebeneinander von Erziehung und Erwerbstätigkeit für beide Elternteile einschließlich eines beruflichen Aufstiegs während und nach Zeiten der Kindererziehung ermöglicht und dass die Angebote der institutionellen Kinderbetreuung verbessert werden (BVerfGE 88, 203, 260)."

Darüber hinaus benennt der Gesetzgeber, welche **Ziele** er mit dem Ausbau der Kindertagesbetreuung für unter Dreijährige verfolgt:[38] 25

- „den Anspruch von Kindern auf Betreuung, Bildung und Erziehung einzulösen,
- die Eltern bei der Wahrnehmung ihrer Erziehungsverantwortung zu unterstützen und zu ergänzen,
- Eltern die Möglichkeit zu eröffnen, Erwerbstätigkeit und Familie miteinander zu vereinbaren und
- eine wesentliche Voraussetzung für die Verwirklichung des Kinderwunschs junger Paare und damit für die Zukunftsfähigkeit unserer Gesellschaft zu schaffen."

Die Bundesregierung betrachtet – vor allem auch im Vergleich mit dem Angebot in anderen europäischen Ländern[39] – den Ausbau der Kindertagesbetreuung als notwendige Anpassung des Kinder- und Jugendhilferechts an die heutige Welt, in der sich die Lebenslagen und Lebenspläne junger Menschen gewandelt haben und in der die Erwerbstätigkeit neue Anforderungen stellt.[40] Ziele des Ausbaus sind also auf der einen Seite die als notwendig erkannte frühe Förderung – in der Begründung zum Regierungsentwurf des KiföG die **Erfüllung des Rechts auf frühkindliche Förderung**[41] – sowie die Verbesserung der Bedingungen des Aufwachsens und auf der anderen Seite die **Vereinbarkeit von Familienleben und Arbeitswelt.**[42] 26

Erforderlich zur Erfüllung dieser Ziele ist ein quantitativer und qualitativer Ausbau. Internationale Vergleiche zeigen, dass der Ausbau der Infrastruktur der Tagesbetreuung ein wichtiger Schritt ist, damit die Entscheidung, den eigenen Kinderwunsch zu erfüllen, erleichtert wird, wodurch sich bessere Entwicklungschancen für die Gesellschaft insgesamt ergeben. Steht der Familie ein Betreuungsplatz zur Verfügung, können beide Eltern einer Erwerbstätigkeit nachgehen, was in Anbetracht der gesellschaftlichen Realität, in der meist die Mutter das gemeinsame Kind betreut, einen Beitrag zu mehr **Geschlechtergerechtigkeit** bedeutet.[43] 27

Auftrag von Verfassungsrang: Bei der Verbesserung der Kinderbetreuung handelt es sich um einen „Auftrag von Verfassungsrang". Konkretisiert werden die Verpflichtung des Gesetzgebers zum Schutz des ungeborenen Lebens (Art. 2 Abs. 2 GG), der Auftrag zum Schutz von Ehe und Familie (Art. 6 Abs. 1 GG) und die Verpflichtung zur Gleichstellung von Frau und Mann bei der Teilhabe am Arbeitsleben (Art. 3 Abs. 3 S. 2 GG). Nach dem Bundesverfassungsgericht liegt die Kinderbetreuung auch im öffentlichen Interesse. Staat und Gesetzgeber obliegt es, eine kinderfreundliche Gesellschaft zu fördern, Möglichkeiten der Entlastung zu schaffen und dafür Sorge zu tragen, dass ein Nebeneinander von Familientätigkeit und Erwerbstätigkeit möglich ist (BVerfGE 88, 203). Die 28

38 BT-Drucks. 15/3676, 23.
39 BT-Drucks. 16/9299, 1.
40 BT-Drucks. 15/3676, 1.
41 BT-Drucks. 16/9299, 10.
42 BT-Drucks. 16/9299, 1.
43 BT-Drucks. 15/3676, 1.

Wahrnehmung der familiären Erziehungsaufgabe darf nicht zu beruflichen Nachteilen führen und eine Rückkehr in eine Berufstätigkeit muss ebenso wie ein beruflicher Aufstieg während und nach Zeiten der Kindererziehung möglich sein (BVerfGE 99, 216, 234).

b) Wirtschaftsstandort Deutschland

29 Der Gesetzgeber hat beim Ausbau der Kindertagesbetreuung und der Einführung des Rechtsanspruchs für Kinder im Alter unter drei Jahren vor allem auch die deutsche Wirtschaft im Blick[44] und misst diese mit dem Ausland: Um im **internationalen Wettbewerb als Wissensgesellschaft** bestehen zu können, sei die bestmögliche Bildung aller Kinder von früher Kindheit an wichtig,[45] denn frühe Förderung wirke sich nach Ergebnissen der Hirnforschung positiv auf die darauf aufbauende Bildung im weiteren Lebenslauf aus.[46] Durch den Ausbau und die verstärkte Inanspruchnahme soll die Innovationsfähigkeit der Gesellschaft erhöht und allgemein an den westeuropäischen Standard herangeführt werden.[47] Denn im Gegensatz zu vielen anderen Staaten wurde (und wird) in Deutschland bislang das Familienmodell des Ein-Verdiener-Haushalts propagiert.[48] Entsprechend war Deutschland im europäischen Vergleich mit seinen 10 % der institutionell betreuten unter dreijährigen Kinder, in den alten Bundesländern sogar nur 2,7 %, fast Schlusslicht.[49] Zu der allgemeinen Betreuungsquote kamen die Unterschiede in der Stundenzahl pro Tag, die sich in vielen Bundesländern auf den Vormittag beschränkte.[50]

30 Mit dem bundesgesetzlich geregelten Ausbau sollten zudem die Bedingungen in den Bundesländern vereinheitlicht werden, denn die Voraussetzungen für den Zugang zu Kinderbetreuung waren höchst unterschiedlich und es gab bis zum TAG keine verlässliche Rechtsgrundlage für die Kindertagespflege.[51] Vielmehr wurde die Kindertagespflege meist als private Angelegenheit betrachtet und der Ersatz von Aufwendungen für die Betreuung durch eine Kindertagespflegeperson stand im pflichtgemäßen Ermessen des Jugendamts.[52] Erhebliche Unterschiede bestanden (und bestehen) vor allem zwischen den westlichen und östlichen Bundesländern. Für die Wirtschaft stellt sich das Problem, dass sie nicht überall **qualifiziertes weibliches Personal** vorfindet, da häufig kein Betreuungsplatz vorhanden ist. So kann sich ein für den einen Elternteil beruflich bedingter Umzug der Familie existenziell auswirken, wenn mangels Kinderbetreuungsmöglichkeiten der andere Elternteil die Erwerbstätigkeit aufgeben muss und daher das Familieneinkommen sinkt.[53] Dies wirkt sich negativ auf die Wettbewerbsfähigkeit der betreffenden Region aus.[54] Der Wirtschaftsstandort Deutschland ist in einer globalisierten Welt aber auch insgesamt auf gut ausgebildete Fachkräfte angewiesen.[55] Der Ausbau der Kindertagesbetreuung schafft die grundlegende Voraussetzung für die potenzielle Erwerbstätigkeit von Frauen.[56]

44 *Meysen/Schindler* JAmt 2004, 277, 278.
45 BT-Drucks. 15/3676, 1.
46 BT-Drucks. 15/3676, 24, 33.
47 BT-Drucks. 15/3676, 2.
48 *Meysen/Schindler* JAmt 2004, 277, 279.
49 *Meysen/Schindler* JAmt 2004, 277, 279.
50 *Meysen/Schindler* JAmt 2004, 277, 279.
51 BT-Drucks. 15/3676, 22.
52 *Schmid/Wiesner* ZfJ 2005, 274, 275 f.
53 *Meysen/Schindler* JAmt 2004, 277, 278, 288.
54 BT-Drucks. 15/3676, 23.
55 BT-Drucks. 16/9299, 12.
56 BT-Drucks. 16/9299, 12.

c) Beitrag zur Geschlechtergerechtigkeit

Studien hatten gezeigt, dass sich nur sehr wenige Mütter die Rolle der „Nur-Hausfrau" selbst wünschen und dass die Verfügbarkeit von Betreuungsangeboten den Wunsch nach Erwerbstätigkeit erhöht.[57] Der Ausbau der Tagesbetreuung insbesondere für unter dreijährige Kinder hat somit positive Auswirkungen auf die **Gleichstellung von Frauen.** Da überwiegend die Mütter die Kinder betreuen, versorgen und erziehen, haben sie meist keine Möglichkeit, erwerbstätig zu sein, sich fortzubilden und beruflich selbst zu verwirklichen, wenn kein ausreichendes Angebot an Betreuungsplätzen zur Verfügung steht.[58] 31

d) Förderungsanspruch und Chancengleichheit

In Bezug auf die Kinder und deren Entwicklungschancen heißt es in der Begründung zum KiFöG: „Jedes Kind braucht von Geburt an die realistische Chance auf eine optimale Förderung seiner individuellen und sozialen Entwicklung."[59] Aufgrund der unterschiedlichen Lebenssituationen von Familien sind Betreuungsangebote in großer Vielfalt auch für unter Dreijährige erforderlich, um den jeweiligen Bedürfnissen gerecht zu werden.[60] Ein breites Angebot erhöht die Chancengleichheit der Kinder, damit **soziale Herkunft weniger entscheidend für den Bildungserfolg** ist, insbesondere auch für Kinder mit Migrationshintergrund.[61] 32

e) Verwirklichung des Elternrechts und Förderung in Kindertagesbetreuung

Ein vielfältiges und qualitativ hochwertiges Angebot ist notwendig, um den unterschiedlichen Bedürfnissen von Kindern und Familien Rechnung zu tragen.[62] Insofern soll wiederum ein Rechtsanspruch der Familien erfüllt werden, denn „nur durch eine vielfältige Betreuungslandschaft kann das Wahlrecht der Eltern vollständig realisiert werden".[63] Die Geltung des Wunsch- und Wahlrechts nach § 5 SGB VIII für die **Entscheidung zur Inanspruchnahme** und die **Wahl der Betreuungsform** gründet sich auf dem verfassungsrechtlichen Erziehungsprimat der Eltern gegenüber öffentlicher Erziehung (Art. 6 Abs. 2 S. 1 GG, § 1 Abs. 2 SGB VIII).[64] In der Gesetzesbegründung zum KiföG heißt es, der Rechtsanspruch ab 2013 könne entsprechend den Wünschen und Bedürfnissen des Kindes sowohl in Tageseinrichtungen als auch in Kindertagespflege erfüllt werden.[65] Mit dem vor allem auch qualitativen Ausbau der Kindertagespflege „soll auch dem Wunsch vieler Eltern entsprochen werden, ihr Kind in einem familienähnlichen Rahmen betreuen zu lassen."[66] Hinsichtlich der täglichen Betreuungszeit nimmt der Gesetzgeber Bezug auf den individuellen Bedarf: „Damit ist gewährleistet, dass alle Eltern, insbesondere auch in zeitlicher Hinsicht, ein Förderangebot für ihr Kind erhalten, das ihren individuellen Betreuungswünschen entspricht."[67] 33

57 *Meysen/Schindler* JAmt 2004, 277, 280.
58 BT-Drucks. 16/9299, 12.
59 BT-Drucks. 16/9299, 12.
60 BT-Drucks. 16/9299, 2.
61 BT-Drucks. 15/3676, 24, 33.
62 BT-Drucks. 16/9299, 2.
63 BT-Drucks. 16/9299, 10.
64 *Jestaedt*, in: Münder ua, Handbuch Kinder- und Jugendhilferecht, Kap. 1.5 Rn 11 ff.
65 BT-Drucks. 16/9299, 15.
66 BT-Drucks. 16/9299, 10.
67 BT-Drucks. 16/9299, 15.

34 Die Regelung der Finanzierung von Tageseinrichtungen ist Ländersache. Wenn es nach dem Bundesgesetzgeber geht, sollte landesgesetzlich die Möglichkeit eingeräumt werden, auch die **Betreuung in Einrichtungen von privatgewerblichen Trägern und in betrieblichen Einrichtungen** zu fördern. Für die Bundesregierung ist „[d]eren Engagement [...] zur Erreichung des Ausbauziels unverzichtbar. Nur so kann auch eine Vielfalt in der Kinderbetreuung geschaffen werden, die den Eltern hinreichende Auswahlmöglichkeiten verschafft, um das für ihre und die Bedürfnisse ihres Kindes passende Betreuungsangebot zu finden.“[68]

35 Die Leistungsberechtigten können eine für sie passende und für die Förderung im Sinne der §§ 22 bis 24 SGB VIII geeignete Tageseinrichtung oder Kindertagespflegeperson selbst suchen bzw aus dem vom Träger der öffentlichen Jugendhilfe bereitgestellten Angebot aussuchen. Darüber hinaus können sie auch selbst entscheiden, ob sie überhaupt Angebote der Kindertagesbetreuung in Anspruch nehmen wollen. Entsprechend hob die Bundesregierung hervor, dass es **kein Betreuungsangebot für alle Kinder unter drei Jahren** geben werde, da dies weder den Bedürfnissen von Eltern noch denen ihrer Kinder entspräche.[69]

f) Zukunftsfähigkeit der Gesellschaft: Erhöhung der Geburtenquote

36 Die Gesetzesbegründung geht auch auf die im internationalen Vergleich niedrige Geburtenquote in Deutschland ein. Damit sich Paare ihren Kinderwunsch erfüllen können, benötigten sie in der heutigen Gesellschaft bestimmte Rahmenbedingungen. Denn häufig bekämen sie keine Kinder, weil es ihnen nicht möglich ist, ihr berufliches Engagement mit dem Familienleben zu verbinden.[70] Mit einem quantitativen und qualitativen Ausbau der Kindertagesbetreuung werden, so die Erwartung des Gesetzgebers, die **Entwicklungschancen von Familien** und der Gesellschaft insgesamt verbessert.[71]

37 **Wirtschafts- und gleichstellungspolitische Ziele:** Der Ausbau der Tagesbetreuung ist und war auch wirtschafts- und gleichstellungspolitisch motiviert. Die Förderung von Kindern in Tageseinrichtungen und in Kindertagespflege

- ermöglicht die bestmögliche Bildung aller Kinder von früher Kindheit an,
- stärkt die Beteiligung gut ausgebildeter Frauen am Erwerbsleben und
- leistet somit einen Beitrag zur Chancengleichheit von Kindern sowie zur Gleichstellung von Frauen.

B. Rechtsanspruch auf frühkindliche Förderung

I. Rechtsanspruch für alle Kinder und individueller Bedarf

38 Rechtsansprüche in der Kindertagesbetreuung beschränken sich bislang auf Kindergartenplätze. Ein Kind hat vom vollendeten dritten Lebensjahr an bis zum Schuleintritt einen Rechtsanspruch auf den Besuch einer Tageseinrichtung (§ 24 Abs. 1 S. 1 SGB VIII). Der **Kindergartenplatz** besteht damit seit 1999 als einschränkungslos zur Verfügung zu stellendes Infrastrukturangebot für alle Kinder ohne Einzelfallindizie-

68 BT-Drucks. 16/9299, 18.
69 BT-Drucks. 15/3676, 34.
70 BT-Drucks. 16/9299, 1.
71 BT-Drucks. 16/9299, 10.

rung,[72] also losgelöst von speziellen objektivierbaren Bedarfskriterien und unabhängig von Kindeswohlgesichtspunkten.

Ab 1. August 2013 sichert der Rechtsanspruch U3 eine **vergleichbare Infrastruktur im Regelsystem Kindertagesbetreuung** auch für jedes Kind nach Vollendung des ersten bis zur Vollendung des dritten Lebensjahrs. Allen Kindern dieser Altersgruppe steht ein subjektiver, einklagbarer Rechtsanspruch auf frühkindliche Förderung in einer Tageseinrichtung oder in Kindertagespflege zu (zum Inhalt des Anspruchs auf Förderung Rn 46 ff). 39

Dieser Rechtsanspruch ist allerdings nicht parallel zum Rechtsanspruch auf einen Kindergartenplatz geregelt, sondern weist Besonderheiten auf. Der Umfang des Anspruchs auf Förderung richtet sich nach dem **individuellen Bedarf** (§ 24 Abs. 2 S. 2 iVm Abs. 1 S. 3 SGB VIII F. 2013). Was genau als individueller Bedarf anzuerkennen ist, und was damit vom Förderungsanspruch umfasst ist, muss durch Auslegung ermittelt werden. 40

> **Infrastruktur und individueller Bedarf:** Als bedarfsunabhängiges Infrastrukturangebot steht der „Rechtsanspruch U3" allen Kindern zu. Der Umfang des Rechtsanspruchs richtet sich aber nach dem individuellen Bedarf (§ 24 Abs. 2 S. 2 iVm Abs. 1 S. 3 SGB VIII F. 2013). 41

Es entsteht somit ein gemischtes System. Einerseits wird über den Rechtsanspruch ein bedarfsunabhängiger **Grundanspruch als Infrastrukturangebot** für alle Kinder gesichert (zum Umfang dieses Angebots Rn 129 ff). Andererseits bestimmt sich der Umfang des Rechtsanspruchs für einen Teil der Kinder gleichwohl nach **individuellen Bedarfskriterien** (dazu Rn 138 ff). Kommunen sind somit nicht nur verpflichtet, ein Angebot an Plätzen vorzuhalten, sondern haben die Ausgestaltung ihres Angebots für unter Dreijährige den divergierenden, individuellen Bedürfnissen und Interessen der Leistungsberechtigten anzupassen. 42

Für die Kindertagesbetreuung wird damit ein **Paradigmenwechsel bei der Planung und Ausgestaltung des Platzangebots** eingeleitet und es stellt sich die Frage, wann jeweils der Punkt erreicht ist, an dem die individuellen Wünsche nicht mehr mit einem Förderungsanspruch einhergehen, wann die Tagesbetreuung aus Gründen des Kindeswohls zeitlich zu begrenzen ist und persönliche Vorstellungen nach zeitlicher Flexibilität und Dauer nicht (mehr) zu berücksichtigen sind (dazu Rn 196 ff). 43

Die Gesetzessystematik mit ihrer Kombination von bedarfsunabhängigem Grundanspruch als **Infrastrukturangebot und einzelfallindizierter Bedarfsausrichtung** erfordert somit die Herausarbeitung, inwieweit die rechtsanspruchsgesicherten Angebote auf der einen Seite einer Steuerung durch die Kommunen unterliegen und inwieweit auf der anderen Seite die Eltern Umfang und Grenzen einer Förderung in Tageseinrichtungen oder in Kindertagespflege anhand des familien-individuellen Bedarfs ihrer Kinder (mit)steuern. Zu klären ist, wann die Erziehungsberechtigten für das Kind auf die Inanspruchnahme eines Platzes in den vorgegebenen Zeiten verwiesen werden können und wann sie den zeitlichen Umfang, die Tageszeiten sowie die Ausgestaltung des Angebots – unterstützt durch einen individuellen Bedarf und gesichert über einen Rechtsanspruch – abweichend einfordern können. 44

> **Kombination von Grundanspruch und einzelfallindizierter Erweiterung:** Gesetzessystematisch entsteht damit eine Kombination von bedarfsunabhängigem Grundanspruch 45

72 *Lakies*, in: Münder ua, FK-SGB VIII, Vor §§ 22 bis 26 Rn 3.

und einzelfallindizierter Erweiterung des Grundanspruchs. Umfang und Zeiten des Grundanspruchs können von den Kommunen im Zusammenspiel mit den freien Trägern vorgegeben werden (infrastrukturelles Regelangebot). Die Erweiterung des Grundanspruchs richtet sich nach dem individuellen Bedarf der Beteiligten aus der Familie (einzelfallindizierte Erweiterung des Regelangebots).

II. Frühkindlicher Förderungsauftrag: Qualität, Mindestumfang und Tageszeiten

1. Frühkindliche „Förderung" als konstitutives Element der Leistung

46 Der Rechtsanspruch U3 bezieht sich auf frühkindliche **„Förderung"**. Eine Leistung iSd § 24 Abs. 2 SGB VIII F. 2013 liegt somit nur dann vor, wenn das Kind während der Betreuung tatsächlich im Sinne des SGB VIII gefördert wird. Ein Rechtsanspruch besteht auf Förderung in Tageseinrichtungen oder in Kindertagespflege und erstreckt sich auch nur auf Tagesbetreuung, die diesen Anforderungen genügt.

47 Schon begrifflich grenzen sich die Leistungen der Tagesbetreuung nach § 24 SGB VIII von der schlichten Beaufsichtigung ab. Förderung setzt vielmehr ein **Mindestmaß an qualitativen und zeitlichen Ressourcen** voraus, um den gesetzlichen Auftrag erfüllen zu können. Hinweise, was das SGB VIII unter Förderung versteht, finden sich insbesondere in § 22 SGB VIII, der die Grundsätze der Förderung von Kindern in Tageseinrichtungen und in Kindertagespflege regelt. Danach umfasst der Förderungsauftrag „Erziehung, Bildung und Betreuung des Kindes und bezieht sich auf die soziale, emotionale, körperliche und geistige Entwicklung des Kindes" (§ 22 Abs. 3 S. 1 SGB VIII).

48 Die Förderung bezieht sich hierbei auf das **einzelne Kind** und hat sich an dessen jeweiligem Alter und Entwicklungsstand, den sprachlichen und sonstigen Fähigkeiten, der Lebenssituation, den Interessen und Bedürfnissen sowie der ethnischen Herkunft zu orientieren (§ 22 Abs. 3 S. 3 SGB VIII). Tageseinrichtungen und Kindertagespflegepersonen sollen die Entwicklung des Kindes zu einer eigenverantwortlichen und gemeinschaftsfähigen Persönlichkeit fördern (§ 22 Abs. 2 Nr 1 SGB VIII).

49 Die Verwirklichung dieser Ziele erfordert eine **ganzheitliche Förderung des Kindes**,[73] wie sie mit den Elementen Erziehung, Bildung und Betreuung zum Ausdruck gebracht werden.[74] Von Förderung im Sinne der Leistungen nach §§ 22 ff SGB VIII kann somit nur dann gesprochen werden, wenn diese Förderungstrias umfasst ist. Dies verdeutlicht, dass der gebräuchliche Begriff „Tagesbetreuung" verkürzend und irreführend sein kann.[75]

50 Die Interpretation der Begriffe **Erziehung, Bildung und Betreuung** und damit die Beantwortung der Frage, ob ein betreutes Kind tatsächlich auch im Verständnis der Kinder- und Jugendhilfe und des Rechtsanspruchs U3 gefördert wird, muss insbesondere im Hinblick auf die unter Dreijährigen pädagogische, psychologische und neurowissenschaftliche Forschungsbefunde berücksichtigen.[76] Mit der Reihenfolge der Aufzählung und damit der Betonung von Erziehung und Bildung als konstitutive Wesensmerkmale der Tagesbetreuung nach SGB VIII, wird der Förderungsauftrag abgegrenzt von der „bloßen" Betreuung ohne pädagogisches Angebot:[77]

---

73 *Foerster*, in: Jans ua, Kinder- und Jugendhilferecht, Stand: 6/2007, Vorbem. §§ 22-26 Rn 11.
74 *Struck*, in: Wiesner, SGB VIII, § 22 Rn 17.
75 *Struck*, in: Wiesner, SGB VIII, § 22 Rn 17.
76 Wissenschaftlicher Beirat für Familienfragen beim BMFSFJ, Bildung, Betreuung und Erziehung für Kinder unter drei Jahren, S. 8.
77 *Lakies*, in: Münder ua, FK-SGB VIII, § 22 Rn 14.

Die **Erziehung** beinhaltet einen Kulturtransfer zwischen den Generationen sowie auch zwischen Kindern und ist unter anderem auf Verhaltensweisen, Fähigkeiten, Regeln und Werte bezogen.[78] 51

Dem **Bildungsauftrag** kommt im Hinblick auf das Ziel, nämlich die Entwicklung des Kindes hin zu einer eigenverantwortlichen Persönlichkeit zu fördern (§ 1 Abs. 1, Abs. 3 Nr 1, § 22 Abs. 2 Nr 1 SGB VIII), besondere Bedeutung zu. Unter Bildung ist ein Prozess der Aneignung von Wissen, Erkenntnis und Können zu verstehen, der interpersonelle Beziehungen voraussetzt und auf Motivation beruht.[79] Dabei soll nach heutigem Verständnis neben dem kognitiven auch das soziale und emotionale Lernen einbezogen sein. Frühkindliche Bildung ist dabei im Gegensatz zu einer intentionalen, formalisierten Vermittlung spezifischer Wissensinhalte als eine Bildungsbewegung des Kindes zu verstehen, das sich die Welt nach seinem eigenen Rhythmus und seinen individuellen Lerndispositionen erschließt.[80] Dazu benötigt es eine soziale, anregende Umgebung.[81] Eine besondere Dimension der Bildung in der frühen Kindheit ist die Beziehungsbildung, dh der Aufbau stabiler Beziehungen, die bei Kleinkindern die Voraussetzung für eine aufmerksame und aktive Erkundung der Umwelt und damit die Voraussetzung für Bildungsprozesse darstellt.[82] 52

Unter **Betreuung** ist vor allem die Beaufsichtigung und Versorgung zu verstehen,[83] darüber hinaus aber auch die umfassende Sorge für das leibliche und seelische Wohl und Wohlbefinden der Kinder, die von Aufmerksamkeit, Zuwendung und Anerkennung geprägt ist.[84] Diese Betreuung, vor allem auch die Intimität von feinfühlig gestalteten Pflegesituationen (zB beim Wickeln, Füttern oder wenn das Kind weint), fördert den Beziehungsaufbau zwischen Kind und Betreuungsperson und ist damit auch von großer Bedeutung für das Gelingen von gerade frühkindlicher Erziehung und Bildung.[85] 53

Grundbedingung für die Verwirklichung aller drei Bestandteile der Förderung in der Tagesbetreuung ist die **Beziehungsqualität zwischen Kind und Betreuungsperson.**[86] 54

Begriff der Förderung: Inhaltlich bezieht sich der Rechtsanspruch auf frühkindliche „Förderung". Das Gesetz fordert eine ganzheitliche Förderung des Kindes (§ 22 SGB VIII). Wesensmerkmal der Förderung ist, dass Kindern in Tageseinrichtungen und in Kindertagespflege die Förderungstrias von Erziehung, Bildung und Betreuung zu Gute kommt. Die Leistung grenzt sich damit von der „bloßen Betreuung" ohne pädagogisches Angebot ab. 55

Beziehungsqualität: Grundbedingung für die Verwirklichung aller drei Bestandteile der Förderung ist die Beziehungsqualität zwischen Kind und Betreuungsperson.

2. Qualitätsanforderungen an die Verwirklichung der Förderungsziele

Im Rahmen des Rechtsanspruchs U3 mit seinem ganzheitlichen und umfassenden Förderungsauftrag (§ 22 Abs. 3 S. 1 SGB VIII) kann eine förderliche Erweiterung der 56

78 *Becker-Stoll* ua, Handbuch Kinder in den ersten drei Lebensjahren, S. 33 f; *Kaiser*, in: Kunkel, LPK-SGB VIII, § 22 Rn 12.
79 *Struck*, in: Wiesner, SGB VIII, § 22 Rn 18.
80 *Schoyerer* Frühe Kindheit 01/2011, 15 f.
81 *Ahnert* Frühe Kindheit 6/2006 (zit. aus www.Liga-kind.de/fruehe/606_ahnert.php, S. 1).
82 *Viernickel* Frühe Kindheit 01/2011, 6 f; *Schoyerer* Frühe Kindheit 01/2011, 16.
83 *Struck*, in: Wiesner, SGB VIII, § 22 Rn 19.
84 Wissenschaftlicher Beirat für Familienfragen beim BMFSFJ, Bildung, Betreuung und Erziehung, S. 11.
85 *Schoyerer* Frühe Kindheit 01/2011, 11, 14.
86 *Becker-Stoll* ua, Handbuch Kinder in den ersten drei Lebensjahren, S. 35.

kindlichen Erfahrungen nur durch eine qualitativ hochwertige Tagesbetreuung gewährleistet werden.[87] **Frühkindliche Bildungsinvestitionen**, deren gesetzliche Sicherung mit dem Rechtsanspruch U3 gestärkt wird, sind zudem (auch im Hinblick auf die wirtschaftliche Rendite) umso wirksamer, je früher sie investiert werden, wenn sie also schon in den ersten Lebensjahren beginnen,[88] und je höher die pädagogische Qualität ist.[89] Dies gilt vor allem für Kinder aus belasteten Familienverhältnissen.[90]

57 Ziel des Kinderförderungsgesetzes (KiföG) war der qualitätsorientierte Ausbau der Tagesbetreuung.[91] Dennoch rückt gerade vor dem Hintergrund des bestehenden Drucks auf Bund, Länder und Kommunen in Richtung quantitative Platzbeschaffung zur Erfüllung des individuellen Rechtsanspruchs die Frage nach der qualitativen Ausgestaltung der künftigen Betreuungsangebote ins Blickfeld.[92] Bei der Befürchtung, die Quantität könne nur auf Kosten der Qualität erreicht werden, spielt auch die **Problematik der Unterfinanzierung** eine Rolle. Im Vergleich zu der von der OECD vorgegebenen Zielgröße für das Soll-Volumen an öffentlichen Mitteln für die Kindertagesbetreuung der Kinder bis zum Schuleintritt von 1 % des Bruttoinlandsprodukts fließen in Deutschland lediglich 0,63 % in alle Tageseinrichtungen und in die Kindertagespflege.[93]

58 Auf bundesgesetzlicher Ebene findet das **Erfordernis eines qualitativ hochwertigen Angebots** Ausdruck in den Erlaubniserteilungsvoraussetzungen für Einrichtungen (§ 45 SGB VIII) und für die Kindertagespflege (§ 43 SGB VIII) sowie in den Qualitätsmerkmalen der §§ 22, 22 a, 23 SGB VIII, die in der angebotenen Betreuungsform erfüllt sein müssen. Die nähere Ausgestaltung findet sich in den landesrechtlichen Regelungen zu pädagogischen Standards wie Gruppenstärken und Personalausstattung. Die konkreten Regelungsinhalte variieren jedoch zwischen den Ländern erheblich, was sich auch in der beträchtlichen Spannbreite der Pro-Kopf-Ausgaben in der Kindertagesbetreuung äußert.[94]

59 Um die **Qualitätsstandards** zu verbessern, haben die Länder zwar Erziehungs- und Bildungsprogramme bzw -pläne erarbeitet,[95] allerdings haben diese keine klare rechtliche Verbindlichkeit, da ihre Umsetzung auf Vereinbarungen mit den kommunalen Spitzenverbänden und den Verbänden der freien Wohlfahrtspflege beruht.[96] Unabhängig davon, ob neben den bereits unternommenen Anstrengungen der einzelnen Länder, vor allem durch die Einführung von Erziehungs- und Bildungsplänen und begleitende Maßnahmen zur Verbesserung der pädagogischen Qualität,[97] ein einheitliches bundesweites Konzept, gekoppelt mit weiterreichenden Finanzierungszusagen des Bundes, für wünschenswert erachtet wird,[98] oder ob der Bund eine Konsensbil-

87 *Becker-Stoll* ua, Handbuch Kinder in den ersten drei Lebensjahren, S. 103; Deutsche Liga für das Kind, Orientierungen für Eltern. Die beste Betreuung für mein Kind (www.fruehe-tagesbetreuung.de/downloads/QK_Broschuere-web.pdf).

88 *Pauen* APuZ 22-24/2012, 8, 9.

89 *Struck*, in: Wiesner, SGB VIII, Vor § 22 Rn 4; *Spieß* APuZ 22-24/2012, 20, 24.

90 12. Kinder- und Jugendbericht, BT-Drucks. 15/6014, 202; *Berth* APuZ 22-24/2012, 3, 8.

91 BT-Drucks. 16/9299, 3.

92 *Sell* APuZ 22-24/2012, 27, 28 f.

93 *Sell* APuZ 22-24/2012, 27, 28 f.

94 *Struck*, in: Wiesner, SGB VIII, Vor § 22 Rn 31.

95 Zum Beispiel BayStMAS/IFP, Der Bayerische Bildungs- und Erziehungsplan für Kinder in Tageseinrichtungen bis zur Einschulung, 2006; SenBJS Berlin, Das Berliner Bildungsprogramm für die Bildung, Erziehung und Betreuung von Kindern in Tageseinrichtungen bis zu ihrem Schuleintritt, 2004.

96 *Struck*, in: Wiesner, SGB VIII, Vor § 22 Rn 31.

97 *Struck*, in: Wiesner, SGB VIII, Vor § 22 Rn 4.

98 *Spieß* APuZ 22-24, 20, 25.

dung mit den Ländern, Kommunen und Trägern unter Berücksichtigung von Wissenschaft, Fachkräften und Öffentlichkeit initiieren sollte,[99] erscheinen weitere wissenschaftliche Erkenntnisse und Diskurse über Parameter für Mindeststandards zur Gewährleistung der notwendigen Qualität bei der Förderung in Tagesbetreuung angezeigt.

Gesetzliche Qualitätsanforderungen: Die Erfüllung des Förderungsauftrags kann nur in einer qualitativ hochwertigen Tagesbetreuung gewährleistet werden. Auf bundesgesetzlicher Ebene findet das Erfordernis eines qualitativ hochwertigen Angebots Ausdruck in den Voraussetzungen zur Erlaubniserteilung (§§ 43, 45 SGB VIII) sowie in den Qualitätsmerkmalen der §§ 22, 22 a, 23 SGB VIII. Die nähere Ausgestaltung findet sich in landesrechtlichen Regelungen zu pädagogischen Mindeststandards wie Gruppenstärken und Personalausstattung sowie in den Bildungsprogrammen bzw -plänen der Bundesländer. 60

a) Qualitätsmerkmale für die Tagesbetreuung von Kindern allgemein

Tagesbetreuung von Kindern kann dann als **qualitativ gut** bezeichnet werden und erfüllt damit die Anforderungen an die Förderung in §§ 22 ff SGB VIII, wenn das körperliche, emotionale, soziale und intellektuelle Wohlbefinden und die Entwicklung der Kinder in diesen Bereichen gefördert wird und die Familien in ihrer Betreuungs- und Erziehungsaufgabe unterstützt werden.[100] Dabei spielt insbesondere eine Rolle, dass die Kinder gut behütet werden, individuelle Wertschätzung erfahren und die Grundbedürfnisse des Kindes nach Bindung, Kompetenz und Autonomie befriedigt werden. Besonders wichtig ist, dass das einzelne Kind stabile Beziehungen und feinfühlige Bezugspersonen erlebt.[101] Bei der individuellen Förderung sind insbesondere die Temperamentunterschiede der Kinder zu beachten. 61

Für ein qualitatives Angebot spielen unterschiedliche Qualitätsbereiche eine Rolle. Die **Prozessqualität** bezieht sich auf die Gesamtheit der Interaktionen und Erfahrungen, die ein Kind in der Betreuung mit seiner sozialen und räumlich-materiellen Umwelt macht.[102] Hierzu gehören die Interaktionen zwischen Erzieher/inne/n bzw Kindertagespflegeperson und Kindern sowie zwischen den Kindern untereinander, der Umgang mit den Eltern sowie die Effekte der pädagogischen Arbeit.[103] Von besonderer Bedeutung im Bereich der Prozessqualität sind allgemein eine qualifizierte, individuelle Eingewöhnung des Kindes unter Einbeziehung der Eltern, die Einbeziehung der Eltern in die pädagogische Arbeit (Erziehungs- und Bildungspartnerschaft) sowie insbesondere im Kindertagespflegebereich die Vertretungssituation im Fall von Ausfallzeiten der Tagespflegeperson.[104] Nach der aktuellen Nationalen Untersuchung zur Bildung, Betreuung und Erziehung in der frühen Kindheit (NUBBEK) ist die pädagogische Prozessqualität in Tageseinrichtungen und in Kindertagespflege im Durchschnitt nur mittelmäßig, wobei über 10 % aller Gruppen von unzureichender Qualität sind.[105] 62

99 Wissenschaftlicher Beirat für Familienfragen beim BMFSFJ, Bildung, Betreuung und Erziehung für Kinder unter drei Jahren, S. 19 f.

100 *Tietze* Frühe Kindheit 3/98 (zit. aus www.liga-kind.de/fruehe/609_kerl-wienecke.php, S. 1).

101 *Becker-Stoll* ua, Handbuch Kinder in den ersten drei Lebensjahren, S. 17 f; *Becker-Stoll*, in: dies. ua, Bildungsqualität für Kinder in den ersten drei Jahren, S. 17; Deutsche Liga für das Kind, Orientierungen für Eltern, Die beste Betreuung für mein Kind; *Grossmann* Frühe Kindheit 03/98 (zit. aus http://liga-kind.de/fruehe/398_gross.php, S. 5, 13).

102 *Tietze* Frühe Kindheit 3/98 (zit. aus www.liga-kind.de/fruehe/609_kerl-wienecke.php, S. 2).

103 12. Kinder- und Jugendbericht, BT-Drucks. 15/6014, 200.

104 Deutsche Liga für das Kind, Gute Qualität in Krippe und Kindertagespflege, S. 5, 7.

105 *Tietze* ua, NUBBEK, S. 8.

63 Weitere wichtige Qualitätsbereiche sind vor allem die **Orientierungsqualität** (pädagogisches Konzept unter Einbeziehung der Eltern im Sinne der Erziehungs- und Bildungspartnerschaft, Leitvorstellungen, Überzeugungen und Werte), die **Strukturqualität** (Rahmenbedingungen hinsichtlich Gruppengrößen bzw maximaler Kinderzahl in Tagespflegestellen, Fachkraft-Kind-Schlüssel, Qualifikation, Platz und Ausstattung der Räumlichkeiten, Vor- und Nachbereitungszeiten für das Personal/die Kindertagespflegeperson) und die **Management- und Organisationsqualität** (Umsetzung und Nutzung der Orientierungs- und Strukturqualität für eine gute Prozessqualität).[106] Diese Qualitätsbereiche stehen alle in unmittelbarem Zusammenhang mit der Prozessqualität, wobei die pädagogische Prozessqualität in besonderem Ausmaß abhängig ist von bestimmten Strukturbedingungen wie Fachkraft-Kind-Schlüssel und Vorbereitungszeiten für das pädagogische Personal.[107]

64 Im Bereich der **Strukturqualität** haben eine positive Auswirkung auf die kindliche Entwicklung vor allem kleine Gruppen, ein günstiger Fachkraft-Kind-Schlüssel und ein gut qualifiziertes Personal.[108] Eine besondere Rolle für die unter dreijährigen Kinder spielt damit das Vorhandensein von zum einen quantitativ genügend Betreuungspersonen und zum anderen von Betreuungspersonen, die sich hinsichtlich ihrer Eignung und Professionalität auszeichnen.[109] Für die Entwicklung des Kindes ist entscheidend, wie viel Stabilität, emotionale Sicherheit sowie geistige und soziale Anregung von den Bezugspersonen angeboten werden.[110] Generell sollte die Qualifizierung der Betreuungspersonen mit einem hohen Kenntnisstand über die Entwicklung in der frühen Kindheit verbunden sein. Die Betreuungspersonen sollten zudem erkennen können, wann das Kind welche Entwicklungsschritte durchmacht und das Kind fördern, wenn es dazu bereit ist.[111]

65 Daneben sind im Bereich der Strukturqualität die **räumlichen Voraussetzungen** einschließlich Ruhe- und Rückzugsmöglichkeiten sowie im Tagespflegebereich die **Fachberatung von Kindertagespflegepersonen** und die **Beratung der Eltern** von Bedeutung.[112]

b) Förderung und qualitatives Angebot in Tageseinrichtungen

aa) Sicherung von Mindeststandards bei der Erteilung einer Betriebserlaubnis

66 Für den Betrieb einer Tageseinrichtung ist gem. § 45 Abs. 1 SGB VIII eine Erlaubnis erforderlich, wobei diese gemäß Absatz 2 der Vorschrift zu erteilen ist, wenn das Wohl der Kinder in der Einrichtung gewährleistet ist. Durch die Prüfung soll keine optimale Betreuung gewährleistet, sondern nur ein **Mindeststandard** für die pädagogisch-fachliche Konzeption, die bauliche, räumliche und sachliche Ausstattung, die Qualität der Versorgung und Verpflegung, die wirtschaftlichen und finanziellen sowie insbesondere die hygienischen und gesundheitlichen Verhältnisse sichergestellt werden.[113]

67 Notwendige Ergänzungen und Konkretisierungen hinsichtlich der Anforderungen an die Ausbildung und an die sonstige Qualifikation und Eignung der Betreuungskräfte

106 12. Kinder- und Jugendbericht, BT-Drucks. 15/6014, 200.
107 *Tietze* Frühe Kindheit 3/98, (zit. aus www.liga-kind.de/fruehe/609_kerl-wienecke.php, S. 3).
108 12. Kinder- und Jugendbericht, BT-Drucks. 15/6014, 202.
109 *Sell* APuZ 22-24/2012, 27, 33.
110 *Pauen* APuZ 22-24/2012, 8, 14; *Hüther* APuZ 22-24/2012, 15, 19.
111 *Pauen* APuZ 22-24/2012, 8, 14.
112 Deutsche Liga für das Kind, Gute Qualität in Krippe und Kindertagespflege, S. 4, 6.
113 *Mann*, in: Schellhorn ua, SGB VIII, § 45 Rn 16.

sind wegen § 49 SGB VIII landesrechtlich zu regeln, sodass in den meisten Bundesländern die **Landesausführungsgesetze** Regelungen über die an das Personal zu stellenden Anforderungen enthalten.[114]

bb) Bundesgesetzlicher Qualitätsrahmen des § 22 a SGB VIII

Mit § 22 a Abs. 1 SGB VIII wird der Träger der öffentlichen Jugendhilfe zur Sicherung und Weiterentwicklung der Qualität der Förderung in Tageseinrichtungen verpflichtet. Als **Bestandteile pädagogischer Qualität** lassen sich dabei vor allem die Sicherheit und Gesundheit der Kinder, der Erzieher-Kind-Schlüssel, die Gruppengröße, Aspekte der Erzieher-Kind-Interaktion sowie der Interaktion der Kinder untereinander ableiten.[115] Aus § 22 a Abs. 1 S. 1 SGB VIII ergibt sich die Verpflichtung zur Entwicklung und zum Einsatz einer pädagogischen Konzeption, die zur Prüfung der Erlaubniserteilung vorzulegen ist (§ 45 Abs. 3 Nr 1, § 47 S. 2 SGB VIII) und die im Sinne der Erziehungs- und Bildungspartnerschaft auch die Eltern mit einbeziehen muss.[116] Aus § 22 a Abs. 2 (iVm § 72 Abs. 1) SGB VIII ergibt sich die Notwendigkeit des Einsatzes von Fachkräften sowie aus Abs. 3 der Vorschrift die Verpflichtung, dass sich das Angebot pädagogisch und organisatorisch an den Bedürfnissen der Kinder und ihrer Familien orientieren soll. 68

cc) Fachliche Mindeststandards

Mit den genannten Regelungen setzt das **Bundesrecht** in Bezug auf die Qualität nur einen sehr allgemeinen Rahmen.[117] In Bezug auf die genauen personellen und sächlichen Anforderungen und Qualifikation der Mitarbeiter/innen enthält das SGB VIII konkrete Aussagen weder in § 45 SGB VIII noch in § 22 a SGB VIII oder § 72 Abs. 1 SGB VIII.[118] Konkretisierungen sind landesrechtlich zu regeln (§§ 26, 49 SGB VIII). Dabei sind Standards für die pädagogische Qualität insbesondere in den Bildungsempfehlungen bzw -plänen vieler Bundesländer formuliert, wobei zB in Rheinland-Pfalz die Bildungsempfehlungen gemeinsam mit Vertreter/inne/n von Eltern und Trägern entwickelt wurden.[119] 69

Da aber ein Erreichen der Förderungsziele für den Rechtsanspruch U3 (auch unter Beachtung der einzuhaltenden landesrechtlichen Regelungen) nur in Betracht kommen kann, wenn in der angebotenen **Tageseinrichtung Mindeststandards** in Bezug auf die Gruppengröße, den Erzieher-Kind-Schlüssel und die personelle und sächliche Ausstattung erfüllt sind, gelten diesbezüglich teilweise auch am Wohl der betreffenden Kinder oder allgemeingültige auf fachlichen Standards basierende Aussagen jenseits (landes)gesetzlicher Regelung.[120] 70

Fachliche Mindeststandards: Da ein Erreichen der gesetzlichen Förderungsziele nur bei Erfüllung bestimmter Mindeststandards gewährleistet ist, müssen über die bisher vorhandenen Regelungen hinaus teilweise auch am Wohl der Kinder orientierte, allgemeingültige fachliche Standards Berücksichtigung finden. Bei einer erkennbaren Überschreitung des fachlich geforderten Rahmens ist das Erreichen der Förderungsziele in Frage gestellt und entspricht die Leistung im Einzelfall nicht den Voraussetzungen des Rechtsanspruchs U3. 71

114 *Mann*, in: Schellhorn ua, SGB VIII, § 45 Rn 15.
115 *Struck*, in: Wiesner, SGB VIII, § 22 a Rn 3.
116 Deutsche Liga für das Kind, Gute Qualität in Krippe und Kindertagespflege, S. 4.
117 Vgl etwa die Regierungsbegründung zum TAG, BT-Drucks. 15/3676, 32.
118 *Mann*, in: Schellhorn ua, SGB VIII, § 24 Rn 11.
119 *Gerstein*, in: Fieseler ua, GK-SGB VIII, Stand: 03/2011, § 22 Rn 11.
120 *Mann*, in: Schellhorn ua, SGB VIII, § 24 Rn 13.

dd) Qualifikation der Erzieher/innen

72 Die Qualifizierung der Erzieher/innen erfordert zunächst eine staatlich anerkannte **Grundausbildung**, die der Aufgabe entspricht (§ 72 Abs. 1 S. 1 SGB VIII), insbesondere als Erzieher/in oder Sozialpädagoge/-in,[121] und daneben auch systematische und gezielte Fort- und Weiterbildung (§ 72 Abs. 3 SGB VIII).[122] Auch § 22 a Abs. 2 SGB VIII setzt den Einsatz von Fachkräften voraus, wobei der Einsatz von Erzieher/inne/n und Sozialpädagog/inn/en allgemein anerkannt als ausreichend gelten kann.[123] Für den **Krippenbereich**, also im Bereich des Rechtsanspruchs U3, werden spezifische entwicklungspsychologische, pädagogische, pflegerische und gesundheitsbezogene Kenntnisse zu verlangen sein (§ 72 Abs. 1 S. 2 SGB VIII), wobei für die Leiter/innen der Einrichtungen teilweise nicht nur eine Ausbildung auf Fachschulebene,[124] sondern eine wissenschaftliche Ausbildung gefordert wird.[125]

Die nähere Ausgestaltung obliegt Landesrecht, das hinter dem bundesrechtlichen Rahmen indes nicht zurückbleiben darf. Der **Einsatz von Nicht-Fachkräften** ist insbesondere im Hinblick auf die hohen fachlichen Anforderungen an die Aufgabenstellung von Tageseinrichtungen[126] und die Gewährleistung gleicher Entwicklungschancen aller Kinder[127] problematisch.

73 **Fachkräftegebot, Fort- und Weiterbildung:** Die Qualifikation der Erzieher/innen in Tageseinrichtungen für Kinder sichern das Fachkräftegebot für Hauptkräfte (§ 72 SGB VIII), das Gebot des Einsatzes von Fachkräften in Tageseinrichtungen (§ 22 a Abs. 2 SGB VIII) sowie die Anforderung für die Erteilung einer Betriebserlaubnis, geeignete Fachkräfte zu beschäftigen (§ 45 Abs. 2 Nr 1 SGB VIII). Bundesrechtlich gefordert ist auch die Sicherstellung gezielter und systematischer Fort- und Weiterbildung. Die nähere Ausgestaltung obliegt Landesrecht, das hinter dem bundesrechtlichen Rahmen indes nicht zurückbleiben darf.

ee) Gruppengröße

74 In engem Zusammenhang mit der Betreuungsqualität steht weiter die **Gruppengröße.** Dabei ist zu beachten, dass gerade bei kleineren Kindern diejenigen, die generell Schwierigkeiten mit der Gruppenkonfiguration haben, unter einer großen Gruppengröße besonders leiden oder zumindest für bestimmte Lernprozesse blockiert sind.[128]

75 Nach **Empfehlungen des Kinderbetreuungsnetzwerkes der EU**, das pädagogische Standards für die Gruppengröße aufgestellt hat, sollte eine Gruppe von über dreijährigen Kindern aus maximal acht bis zwölf Kindern bestehen.[129] Auch die US-amerikanische Forschung hat sich für diese Altersgruppe auf Obergrenzen von maximal zwölf Kindern festgelegt.[130]

76 **Landesrechtlich** existieren teilweise Vorgaben, nach denen Krippengruppen mit Kindern unter drei Jahren aus höchstens acht bis zehn Kindern bestehen dürfen (vgl Tabelle 1 in Rn 80). Dennoch lässt sich für die deutsche Betreuungslandschaft insgesamt

121 Bundesarbeitsgemeinschaft der Landesjugendämter (BAG LJÄ), Das Fachkräftegebot des Kinder- und Jugendhilfegesetzes, S. 18.
122 *Blossfeld* ua, in: vbw, Professionalisierung in der Frühpädagogik, S. 19, 31 f.
123 *Lakies*, in: Münder ua, FK-SGB VIII, § 22 a Rn 3.
124 Bundesarbeitsgemeinschaft der Landesjugendämter (BAG LJÄ), Das Fachkräftegebot des Kinder- und Jugendhilfegesetzes, S. 18.
125 Deutsche Liga für das Kind, Gute Qualität in Krippe und Kindertagespflege, S. 4.
126 *Lakies*, in: Münder ua, FK-SGB VIII, § 22 a Rn 4.
127 *Fischer*, in: Schellhorn ua, SGB VIII, § 22 a Rn 6.
128 *Sell* APuZ 22-24/2012, 27, 31.
129 BMFSFJ, Auf den Anfang kommt es an, S. 86 mwN.
130 BMFSFJ, Auf den Anfang kommt es an, S. 86 mwN.

feststellen, dass hier die Gruppen im Schnitt um etwa ein Drittel größer sind als die im Ausland als Standard der Betreuungsqualität definierten Richtgrößen.[131]

Vor dem Hintergrund der **landesrechtlichen „Legitimierung" der Gruppengrößen** wird dies im Rahmen der Konkretisierung des Rechtsanspruchs U3 derzeit wohl gerade noch hinzunehmen sein. Dabei ist zu beachten, dass sich Studien zufolge der Zusammenhang zwischen Gruppengröße und den Entwicklungsverläufen der Kinder vor allem durch das Verhalten der Erzieher/innen erklären lässt, welche sich in kleineren Gruppen responsiver, weniger restriktiv, stärker mit den Kindern interagierend und anregender in Bezug auf die soziale und sprachliche Entwicklung der Kinder verhalten.[132] Die Anforderungen an die Gruppengröße sind daher auch im Hinblick auf den Erzieher/innen-Kind-Schlüssel und die Qualifizierung der Erzieher/innen zu betrachten und zu werten. 77

ff) Personalschlüssel und Fachkraft-Kind-Relation

Was die Quantität der Betreuungspersonen im Verhältnis zu den betreuten Kindern angeht, so muss diese eine Beziehung zwischen Betreuungsperson/en und Kindern ermöglichen, die sich über Häufigkeit und Qualität der Interaktionen auszeichnet.[133] Bezüglich der Quantität kann begrifflich zwischen **Personalschlüssel** und **Fachkraft-Kind-Relation** unterschieden werden. Der Personalschlüssel beschreibt einen Anstellungsschlüssel, also die bezahlte Arbeitszeit der Fachkräfte im Verhältnis zu den gebuchten Betreuungszeiten der Kinder.[134] Er berücksichtigt dabei nicht Ausfall- und Randzeiten sowie Zeiten pädagogischer Vor- und Nachbereitung. Die Fachkraft-Kind-Relation (oft auch als Erzieher-Kind-Schlüssel bezeichnet) dagegen beschreibt die Betreuungsrelation aus der Perspektive des Kindes, dh, für wie viele Kinder eine pädagogische Fachkraft tatsächlich zur Verfügung steht, und entspricht damit dem Personalschlüssel unter ausschließlicher Berücksichtigung unmittelbarer pädagogischer Arbeit.[135] Dieser Anteil kann mit etwa 75 % bewertet werden.[136] 78

Ab wann ein **Erreichen der Förderungsziele des § 22 SGB VIII** nicht mehr möglich ist und daher eine Erfüllung des Rechtsanspruchs nicht mehr in Betracht kommt, ist in erster Linie den landesrechtlichen Vorgaben zu entnehmen. Diese weisen erhebliche Unterschiede auf, wie der nachfolgenden Tabelle 1 zu entnehmen ist. Die realen Personalschlüssel in 2011 in der Praxis gingen in einigen Bundesländern über die landesrechtlich vorgegebenen hinaus (siehe rechte Spalte in Tabelle 1). 79

Eine **Übersicht über die landesgesetzlichen Regelungen zum Personalschlüssel** (sowie teilweise zur Gruppengröße) sowie den realen Personalschlüssel in den Bundesländern ist in Tabelle 1 enthalten. 80

131 BMFSFJ, Auf den Anfang kommt es an, S. 86; *Sell* APuZ 22-24/2012, 27, 31.
132 BMFSFJ, Auf den Anfang kommt es an, S. 86.
133 *Viernickel/Schwarz*, Schlüssel zu guter Bildung, Erziehung und Betreuung, S. 15.
134 *Viernickel/Schwarz*, Schlüssel zu guter Bildung, Erziehung und Betreuung, S. 8.
135 *Viernickel/Schwarz*, Schlüssel zu guter Bildung, Erziehung und Betreuung, S. 8.
136 Vgl BMFSFJ, Zweiter Zwischenbericht zur Evaluation des Kinderförderungsgesetzes, S. 35; *Viernickel/Schwarz*, Schlüssel zu guter Bildung, Erziehung und Betreuung, S. 8.

Tabelle 1: Landesrecht zur Fachkraft-Kind-Relation; tatsächlicher Personalschlüssel[137]

Bundesland	Landesrecht zum Personalschlüssel	gesetzlicher Personal-schlüssel	realer Pers.-schlüssel
Baden-Württemberg	§ 1 VO über die verpflichtende Festlegung der personellen Ausstattung (Mindestpersonalschlüssel) und die Personalfortbildung in Kindergärten und Tageseinrichtungen mit altersgemischten Gruppen (Kindertagesstättenverordnung [KiTaVO]): verpflichtende Regelungen über den Mindestpersonalschlüssel, aber nur für Ü3 sowie für altersgemischte Gruppen		1 : 3,6
Bayern	Bayerisches Kinderbildungs- und Betreuungsgesetz (BayKiBiG) mit Ausführungsverordnung (AVBayKiBiG): verpflichtende Regelungen zum Personalschlüssel in § 17 AVBayKiBiG		1 : 4,0
Berlin	hoch differenziertes System der Personalbemessung nach Alter, Betreuungszeiten, Herkunftssprache, wirtschaftlichen Verhältnissen, sozialen Bedingungen Wohngebieten, Behinderungen, Kindertagesförderungsgesetz (KitaFöG)		hoch ausdifferenziertes System
Brandenburg	landeseinheitliche gesetzliche Regelungen zur Personalausstattung, § 10 Kindertagesstättengesetz (KitaG)	0,8 pro 6 K.	1 : 7,0
Bremen	landeseinheitliche gesetzliche Regelung zur Personalausstattung, Bremer Tageseinrichtungs- und Tagespflegegesetz (BremKTG), Ziffer 10 Richtlinien Betrieb von Tageseinrichtungen für Kinder (RiBTK)	1 Erzieherin + 1 weitere Fachkraft pro Gruppe mit 8, max. 10 K.	1 : 3,2
Hamburg	§ 4 Landesrahmenvertrag iVm Anlage 1.b: landeseinheitliche gesetzliche Regelungen zur Personalausstattung		1 : 5,1
Hessen	landeseinheitliche gesetzliche Regelung zur Personalausstattung, §§ 1, 3 Verordnung über Mindestvoraussetzungen in Tageseinrichtungen für Kinder	mind. 2 pro Gruppe à max. 8-10 K.	1 : 4,0
Mecklenburg-Vorpommern	Kinderförderungsgesetz (KiföG M-V): landeseinheitliche gesetzliche Regelung zur Personalausstattung (Näheres legen Landkreise und kreisfreie Städte durch Satzung fest)	1 pro durchschnittlich 6 K.	1 : 5,5
Niedersachsen	§ 4 Gesetz über Tageseinrichtungen für Kinder (KitaG) (Gruppengröße nicht festgelegt)	1 soz.-päd. + 1 weitere Fachkraft pro Gruppe	1 : 4,3
Nordrhein-Westfalen	Kinderbildungsgesetz (KiBiz): landeseinheitliche gesetzliche Regelung zur Personalausstattung (Vorgaben zT für finanzielle Förderung verbindlich, zT als Orientierung), Angaben zu Gruppengrößen in der Anlage zu § 19 KibiZ	2 pro Gruppe mit bis zu 10 K.	1 : 3,6

137 Quelle: Bertelsmann Stiftung: Länderreport Frühkindliche Bildungssysteme 2011 – Profile der Bundesländer.

Bundesland	Landesrecht zum Personalschlüssel	gesetzlicher Personal-schlüssel	realer Pers.-schlüssel
Rheinland-Pfalz	§ 4 Abs. 3 u. 4 der Landesverordnung zur Ausführung des Kindertagesstättengesetzes regelt Personalschlüssel, Gruppengröße und Anzahl von Kräften pro Gruppe	2 pro Gruppe mit 8-10 K.	1 : 3,4
Saarland	landeseinheitliche gesetzliche Regelungen für die Personalausstattung, Saarländisches Kinderbetreuungs- und Bildungsgesetz (SKBBG) und Ausführungsverordnung (AVO)	2 pro Gruppe mit 8-10 K.	1 : 3,4
Sachsen	landeseinheitliche gesetzliche Regelung zur Personalausstattung, § 12 SächsKitaG	1 pro 6 K.	1 : 6,1
Sachsen-Anhalt	landeseinheitliche gesetzliche Regelung zur Personalausstattung von Kitas mit pädagogischem Personal (§ 21 KiFöG)	1 pro 6 K.	1 : 6,2
Schleswig-Holstein	landeseinheitliche Regelungen für die Personalausstattung § 5 Kindertagesstättenverordnung (KiTaVO)	1 Fachkraft + 1 weitere Kraft pro Gruppe mit max. 10 K.	1 : 3,8
Thüringen	landeseinheitliche Regelungen für die Personalausstattung § 14 Abs. 2 ThürKitaG	1 pro 6 K. zw. 1-2 Jahren 1 pro 8 K. zw. 2-3 Jahren	1 : 5,9

Bei den Werten in der Tabelle ist zu berücksichtigen, dass die Relation bei **Ausfallzeiten** des Personals und in den **Randzeiten** teilweise noch schlechter ist. 81

Die landesrechtlichen Vorgaben zum Personalschlüssel sind nur mit Bundesrecht vereinbar, wenn in einer solchen Betreuungssituation die bundesrechtlichen Förderungsziele noch erreicht werden können. Nicht mehr bundesrechtskonform sind daher landesrechtlich vorgegebene Personalschlüssel, bei denen keine Förderung im Sinne der §§ 22, 22 a SGB VIII mehr erfolgen kann (Art. 31 GG). Ob solche **Grenzen** gezogen werden können, lässt sich anhand wissenschaftlicher Erkenntnisse beurteilen, wenn und soweit sich daraus am Wohl der Kinder orientierte Mindeststandards zur Fachkraft-Kind-Relation ergeben. 82

Wissenschaftliche Untersuchungen haben ergeben, dass die Fachkraft-Kind-Relation einen messbaren Effekt auf Interaktionshäufigkeit und -qualität sowie auf ein zugewandtes, warmes und freundliches Verhalten der Fachkräfte gegenüber den Kindern hat. Dabei sprechen Befunde aus Studien teilweise dafür, dass für Kinder unter drei Jahren eine Fachkraft-Kind-Relation von eins zu drei einen wichtigen Schwellenwert darstellen könnte.[138] Daran orientieren sich auch **fachliche Empfehlungen**, nach denen sich eine günstige Fachkraft-Kind-Relation für Kinder unter drei Jahren in Kindertageseinrichtungen in Gruppen mit Kindern von 0 bis zwei Jahren bei eins zu drei 83

138 *Viernickel/Schwarz*, Schlüssel zu guter Bildung, Erziehung und Betreuung, S. 15.

bzw maximal eins zu vier liegt.[139] Die Deutsche Liga für das Kind fordert für Kinder im Alter von ein bis zwei Jahren zur Gewährleistung einer Förderung im Sinne des Rechtsanspruchs U3 eine Relation von eins zu drei und bei Kindern im Alter von zwei bis drei Jahren eine Relation von eins zu fünf (mit entsprechender Anpassung bei altersgemischten Gruppen).[140] Derartigen Empfehlungen kommt im Verhältnis zu den landesrechtlichen Festlegungen zum Personalschlüssel indes keine gestaltende Wirkung zu.

84 Anders stellt sich dies jedoch dar bei den **Mindeststandards für die Fachkraft-Kind-Relation**, die *Tietze* und *Förster* aus einer Meta-Analyse von acht verschiedenen internationalen, wissenschaftlich begründeten Standards für Kinder in unterschiedlichen Altersgruppen und mit unterschiedlichen Betreuungszeiten entwickelt haben.[141] Danach wurde jeweils der unterste Wert für die Fachkraft-Kind-Relation in den jeweiligen Altersgruppen herausgearbeitet, der als Mindeststandard angesehen wurde, differenziert nach der Dauer der Betreuung, wobei eine längere Betreuungsdauer regelmäßig auch eine niedrigere Fachkraft-Kind-Relation erfordert (Tabelle 2).[142] Diese Werte liegen teilweise deutlich unter denjenigen, die aus empirischen Untersuchungen als mögliche Schwellenwerte hervorgegangen sind, stellen also geringere Anforderungen an die Fachkraft-Kind-Relation.[143] Aus wissenschaftlicher Sicht dürften diese als Mindeststandards anzusehen sein, bei denen die Förderungsziele der §§ 22, 22 a SGB VIII in der jeweiligen Altersgruppe möglicherweise gerade noch erreicht werden können. Landesrechtliche Vorgaben, die darüber liegen, dürften daher mit Bundesrecht nicht mehr vereinbar sein (Art. 31 GG).

Tabelle 2: Mindeststandards für die Fachkraft-Kind-Relation nach Alter und Betreuungsdauer[144]

Altersgruppe	0-1	1-2	2-3
bis 5 Stunden	1 : 4	1 : 6	1 : 8
über 5 bis 7 Stunden	1 : 3,6	1 : 5,5	1 : 7,3
über 7 bis 9 Stunden	1 : 3,3	1 : 5	1 : 6,7
über 9 Stunden	1 : 3,1	1 : 4,6	1 : 6,2

85 Vergleicht man diese Mindeststandards mit den landesrechtlich vorgegebenen sowie den **realen Personalschlüsseln bzw Fachkraft-Kind-Relationen** in den einzelnen Bundesländern (Tabelle 1), so besteht teilweise eine abweichende rechtliche oder tatsächliche Betreuungssituation. Die meisten Bundesländer unterschreiten diese wissenschaftlich begründeten Mindeststandards für die Fachkraft-Kind-Relation, aber nicht alle, insbesondere nicht für die Kinder im zweiten Lebensjahr oder bei längerer Betreuungsdauer.

139 Ua Bertelsmann Stiftung, Ländermonitor Frühkindliche Bildungssysteme (in www.laendermonitor.de); vgl auch *Sell* APuZ 22-24/2012, 27, 33 mwN; BMFSFJ, Zweiter Zwischenbericht zur Evaluation des Kinderförderungsgesetzes, S. 35.

140 Deutsche Liga für das Kind, Gute Qualität in Krippe und Kindertagespflege, S. 4.

141 *Viernickel/Schwarz*, Schlüssel zu guter Bildung, Erziehung und Betreuung, S. 22 ff.

142 *Viernickel/Schwarz*, Schlüssel zu guter Bildung, Erziehung und Betreuung, S. 23.

143 Vgl Fußnote 135.

144 Quelle: *Viernickel/Schwarz*, Schlüssel zu guter Bildung, Erziehung und Betreuung, S. 22 ff.

Gruppengröße und Personalschlüssel: Die maximale Gruppengröße und der Personalschlüssel bzw die Fachkraft-Kind-Relation (Relation zwischen einer tatsächlich zur Verfügung stehenden Fachkraft zu den betreuten Kindern) werden durch landesrechtliche Regelungen festgelegt. Deren Vereinbarkeit mit den bundesrechtlichen Förderungszielen und damit deren Bundesrechtskonformität (Art. 31 GG) ist jedenfalls dann kritisch zu hinterfragen, wenn die landesrechtlich vorgegeben Personalschlüssel oder Fachkraft-Kind-Relationen noch über den äußersten Grenzen wissenschaftlich begründeter Mindeststandards für das Erreichen einer förderlichen Tagesbetreuung für die jeweilige Altersgruppe liegen, wobei sich aus der Forschung für Kinder im Alter zwischen einem und zwei Jahren und zwischen zwei und drei Jahren unterschiedliche Mindeststandards ergeben. 86

c) Förderung und qualitatives Angebot in Kindertagespflege

Im Hinblick auf die große Bedeutung der Kindertagespflege für die Betreuung unter dreijähriger Kinder sowie auf den quantitativen Anteil von Kindertagespflegepersonen an den neu zu schaffenden Plätzen beim Ausbau der Kindertagesbetreuung gerade in ländlichen Gebieten ist auch ein **qualitätsorientierter Ausbau der Kindertagespflege** notwendig. Um das Berufsfeld attraktiver zu machen, sieht das Recht seit dem Kinderförderungsgesetz (KiföG) vor, dass der Betrag zur Anerkennung der Förderungsleistung der Kindertagespflegepersonen leistungsgerecht ausgestaltet wird (§ 23 Abs. 2 a S. 2 SGB VIII). Hiermit soll untrennbar die Verbesserung der Qualifizierung der Kindertagespflegeperson und die Sicherung und Steigerung der Qualität der Kindertagespflege verbunden sein.[145] 87

aa) Qualitätsanforderungen der §§ 23, 43 SGB VIII

Auch die **Kindertagespflege ist erlaubnispflichtig**, sofern die Betreuung außerhalb der Wohnung des Kindes mehr als 15 Stunden wöchentlich über einen Zeitraum von mehr als drei Monaten stattfinden soll (§ 43 Abs. 1 SGB VIII). Die Erlaubnis ist unter der Voraussetzung der Eignung zu erteilen, die in Absatz 2 geregelt ist; damit Kindertagespflege als Leistung nach SGB VIII finanziell gefördert werden kann, stellt § 23 Abs. 3 SGB VIII entsprechende Anforderungen (hierzu im Folgenden Rn 89 ff). 88

bb) Eignung und Qualifizierung von Tagespflegepersonen (§ 23 Abs. 3, § 43 Abs. 2 SGB VIII)

Kindertagespflegepersonen müssen sich durch ihre Persönlichkeit, Sachkompetenz und Kooperationsbereitschaft mit Erziehungsberechtigten und anderen Kindertagespflegepersonen auszeichnen, um geeignet zu sein (§ 23 Abs. 3 S. 1, § 43 Abs. 2 S. 1 SGB VIII). Zum Zweck der **Überprüfung der Eignung** sollten jedenfalls ein persönliches Erstgespräch und ein zusätzlicher Hausbesuch stattfinden.[146] 89

Zusätzlich zu den allgemeinen Eignungskriterien sollen Kindertagespflegepersonen seit dem Inkrafttreten des Tagesbetreuungsausbaugesetzes (TAG) über vertiefte Kenntnisse hinsichtlich der Anforderungen der Kindertagespflege verfügen (§ 23 Abs. 3 S. 2, § 43 Abs. 2 S. 2 SGB VIII), die **Fachkenntnisse** der Pädagogik, Aspekte der Gesundheitsvorsorge und -sicherung, Kooperationsformen mit Eltern etc umfassen.[147] Diese Kenntnisse sollen sie in qualifizierten Lehrgängen erworben oder in anderer Weise nachgewiesen haben. 90

145 BT-Drucks. 16/9299, 14.
146 *Weiss*, Kindertagespflege nach §§ 22, 23, 24 SGB VIII, S. 78 f.
147 *Struck*, in: Wiesner, SGB VIII, § 23 Rn 26.

91 In den Bundesländern erfolgt die Qualifizierung teilweise nach dem vom Deutschen Jugendinstitut (DJI) eV entwickelten **Curriculum „Qualifizierung in Tagespflege“**,[148] das eine Grundausbildung im Umfang von 160 Stunden vorsieht und das auch nach der Gesetzesbegründung zum Tagesbetreuungsausbaugesetz (TAG) inhaltlicher Maßstab für die Qualifizierung bleibt.[149] Für die Teilnahme an einer solchen Qualifizierungsmaßnahme vergibt der Bundesverband für Kindertagespflege eV das Zertifikat „Qualifizierte Tagespflegeperson“.[150]

92 Der **Nachweis „in anderer Weise“** kann insbesondere durch eine entsprechende Ausbildung in einem einschlägigen Ausbildungsberuf (wie Erzieher/in oder mindestens Kinderpfleger/in) erfolgen. Der Nachweis einer langjährigen Tätigkeit konnte nach der Einführung der Erlaubnispflicht zum 1. Oktober 2005 nur für eine Übergangszeit ohne Nachweis entsprechender Lehrgänge ausreichend sein, an diese anschließend sind ebenfalls qualifizierte Lehrgänge erforderlich.[151]

93 Die Teilnahme an einer Grundqualifizierung mit einem Stundenumfang (160 Stunden) sowie den Inhalten, wie in dem Curriculum des DJI vorgesehen, kann als **Mindeststandard** für die Erfüllung der Voraussetzungen des Rechtsanspruchs U3 gelten; daneben können lediglich Maßnahmen der Grundqualifizierung mit vergleichbarem Lehrplan akzeptiert werden.[152] Über diese Qualifizierungsanforderungen hinaus sollte auch eine tätigkeitsbegleitende Eignungsüberprüfung als fortlaufender Prozess stattfinden, von dem gem. § 23 Abs. 1 SGB VIII Begleitung, verlässliche Inanspruchnahme von Fachberatung und Fortbildung umfasst sind.[153] Auf die Beratung in allen Fragen der Kindertagespflege, die im Sinne von Praxisbegleitung, fachlicher Beratung und Coaching durchgeführt werden sollte,[154] haben die Kindertagespflegepersonen (und die Erziehungsberechtigten) einen Anspruch (§ 23 Abs. 4 S. 1, § 43 Abs. 4 SGB VIII).

94 **DJI-Curriculum oder vergleichbarer Lehrgang:** Bei der Qualifizierung der Kindertagespflegepersonen ist Mindestvoraussetzung zur Erfüllung der gesetzlichen Anforderungen die Teilnahme an einer Grundqualifizierung, die hinsichtlich Stundenumfang (160 Stunden) und Inhalten dem vom Deutschen Jugendinstitut (DJI) eV entwickelten Curriculum „Qualifizierung in Tagespflege“ entspricht. Über diese Grundqualifizierung hinaus ist für die Geeignetheit zur Erfüllung des Rechtsanspruchs U3 eine Inanspruchnahme von Fachberatung und Fortbildung zu fordern.

cc) Fachkraft-Kind-Relation und Gruppengröße

95 Nach § 43 Abs. 3 S. 1 SGB VIII befugt die Erlaubnis zur **Betreuung von bis zu fünf gleichzeitig anwesenden, fremden Kindern**, wobei Landesrecht bestimmen kann, dass im Fall einer pädagogischen Ausbildung der Kindertagespflegeperson sogar mehr als fünf Kinder betreut werden dürfen. Letzteres ist allerdings vor allem bei der Betreuung von Kindern im Alter unter zwei Jahren und im Hinblick auf den empfohlenen

148 *Weiss*, Kindertagespflege nach §§ 22, 23, 24 SGB VIII, S. 80; *von zur Gathen* ua, Lehrbuch Kindertagespflege, S. 207 ff; *Jurczyk/Kerl-Wienecke*, in: Becker-Stoll ua, Bildungsqualität für Kinder in den ersten drei Jahren, S. 101 f.

149 BT-Drucks. 15/3676, 33.

150 *Struck*, in: Wiesner, SGB VIII, § 23 Rn 26.

151 *Lakies*, in: Münder ua, FK-SGB VIII, § 23 Rn 18.

152 Deutsches Jugendinstitut, Eignung von Tagespflegepersonen in der Kindertagespflege, S. 12.

153 *Kerl-Wienecke* Frühe Kindheit 6/2009, 31, 35.

154 *Deutsches Jugendinstitut*, Eignung von Tagespflegepersonen in der Kindertagespflege, S. 19.

Personalschlüssel in Tageseinrichtungen als äußerst problematisch und dem Rechtsanspruch U3 wohl nicht mehr entsprechend anzusehen. Über die gesetzlichen Mindeststandards hinaus gehen die Forderungen der Deutschen Liga für das Kind, wonach die Fachkraft-Kind-Relation entsprechend der Forderungen für Tageseinrichtungen möglichst bei eins zu drei für Kinder im Alter von ein bis zwei Jahren und bei eins zu fünf für Kinder im Alter von zwei bis drei Jahren liegen sollte (wobei auch hier bei altersgemischten Gruppen entsprechende Anpassung zu erfolgen hat).[155]

Bei **landesrechtlichen Regelungen**, die in Großtagespflegestellen eine Betreuung von mehr als fünf Kindern pro Kindertagespflegeperson als zulässig erachten, dürfte daher zu bezweifeln sein, dass sie mit der zu sichernden Mindestqualität noch im Einklang stehen, die Zielvorgabe sowohl des Tagesbetreuungsausbaugesetzes (TAG) als auch des Kinderförderungsgesetzes (KiföG) war; in einer so möglicherweise entstehenden Großgruppe lässt sich der Schutz der einzelnen Kinder nicht mehr gewährleisten.[156] Die Förderungsziele werden häufig nicht mehr erreicht werden können, sodass von vornherein keine Leistung im Sinne des Rechtsanspruchs U3 nach §§ 23, 24 Abs. 2 SGB VIII F. 2013 vorliegen kann. 96

Dürfen sich nach Landesrecht mehrere Kindertagespflegepersonen zu einer sogenannten **Großtagespflegestelle** zusammenschließen, so werden zumindest die angesprochenen Mindeststandards für die Gruppengröße in Tageseinrichtungen zu beachten sein (siehe hierzu Rn 74 ff). 97

Ausweitung der Höchstgrenzen: Im Kindertagespflegebereich setzt das Gesetz die Höchstgrenze für die Betreuungsperson-Kind-Relation bei eins zu fünf fest, ohne Altersdifferenzierungen vorzunehmen. Im Fall einer – abweichend vom Bundesrecht landesgesetzlich gestatteten – Betreuung von mehr als fünf Kindern gleichzeitig durch eine Kindertagespflegeperson ist nach fachlicher Erkenntnis ein Erreichen der Förderungsziele und somit eine Leistung im Sinne des Rechtsanspruchs U3 zumindest zu bezweifeln. 98

dd) Vertretung der Tagespflegeperson

Auch Kindertagespflegepersonen fallen aus. Sowohl das Bedürfnis der Kinder im Alter unter drei Jahren als auch der Erziehungsberechtigten nach Kontinuität und Verlässlichkeit sowie insbesondere der Anwesenheit einer dem Kind vertrauten Betreuungsperson wird daher nur zu gewährleisten sein, wenn für Ausfallzeiten einer Kindertagespflegeperson eine **adäquate Vertretung** sichergestellt ist. Die Träger der öffentlichen Jugendhilfe haben als Bestandteil auch des Rechtsanspruchs U3 eine entsprechende Pflicht, rechtzeitig eine andere Betreuungsmöglichkeit für das Kind zu gewährleisten (§ 23 Abs. 4 S. 2 SGB VIII). Es gehört daher zur Prozessqualität, dass die anderen Betreuungsmöglichkeiten gemeinsam mit allen Beteiligten geplant werden.[157] 99

Anspruch auf adäquate Vertretung: Bei Kindertagespflege umfasst der Rechtsanspruch U3 eine adäquate und zuverlässige Vertretung in Ausfallzeiten der Kindertagespflegeperson, mit der den Bedürfnissen von Kind und Erziehungsberechtigten nach Kontinuität und Verlässlichkeit Rechnung getragen wird. 100

3. Mindestbetreuungszeit und Anforderungen an Setting und Tageszeiten

Um den Ansprüchen des Förderungsauftrags in der Tagesbetreuung nach SGB VIII genügen zu können, bedarf es eines geeigneten und vor allem auch **ausreichenden** 101

155 Deutsche Liga für das Kind, Gute Qualität in Krippe und Kindertagespflege, S. 6.
156 *Mörsberger*, in: Wiesner, SGB VIII, § 43 Rn 33; *Nonninger*, in: Kunkel, LPK-SGB VIII, § 43 Rn 21.
157 Deutsche Liga für das Kind, Gute Qualität in Krippe und Kindertagespflege, S. 7.

Raums in der Beziehung zwischen Kind und Betreuungsperson, um Erziehung und Bildung im Sinne der Förderziele des SGB VIII zu Entfaltung und Wirkung bringen zu können.

a) Abgrenzung von Settings der Kurzbetreuung und von Spielgruppen

102 Von einer Förderung im Sinne der §§ 22 ff SGB VIII kann erst dann gesprochen werden, wenn ein Betreuungsumfang erreicht ist, der es dem Kind ermöglicht, eine tragfähige Beziehung zu der Betreuungsperson bzw den Betreuungspersonen und ggf zu den anderen Kindern aufzubauen. Dient die Betreuung nur der **Beaufsichtigung**, findet sie nur einmalig bzw sporadisch statt oder umfasst sie nur sehr kurze Betreuungszeiten, sind die Voraussetzungen der Förderungsleistung nach § 24 SGB VIII jedenfalls nicht erfüllt.

103 Abzugrenzen ist die Förderung in Tagesbetreuung nach §§ 22 ff SGB VIII insoweit insbesondere gegenüber dem **Babysitten** oder der **stundenweisen Betreuung** in einem Einkaufszentrum, Fitness-Center, bei einer Veranstaltung etc. Letztere stellen in der Regel eine bloße Betreuung dar und/oder erfüllen keinen besonderen pädagogischen Anspruch, wie er insbesondere in §§ 22 bis 23 SGB VIII beschrieben ist. Es handelt sich somit nicht um Förderung,[158] sondern um rein private, nicht vom Angebot der Tagesbetreuung nach SGB VIII umfasste Betreuung. Auch der Rechtsanspruch U3 kann sich nicht auf solche Betreuungsformen beziehen.

104 Auch bei **Spielgruppen** handelt es sich nicht um Förderung in Tageseinrichtungen oder in Kindertagespflege nach §§ 22 ff SGB VIII, sondern um ein anderweitiges Angebot. Dem Jugendamt steht jederzeit offen, Eltern Angebote der Teilnahme an einer Spielgruppe zu unterbreiten. Der Rechtsanspruch U3 wird mit ihnen nicht erfüllt. Eltern ist unbenommen, entsprechende Angebote in Anspruch zu nehmen. Welches Setting im Einzelfall am ehesten für Kind und Erziehungsberechtigte passt, ist ggf in einer qualifizierten **(Buchungs-)Beratung** durch das Jugendamt oder einen entsprechend für den Jugendamtsbezirk beauftragten Träger der freien Jugendhilfe in Erfahrung zu bringen (§ 24 Abs. 4 S. 1 SGB VIII bzw § 24 Abs. 5 S. 1 SGB VIII F. 2013).

105 Erfolgt das Spielgruppenangebot im Rahmen einer Aufgabenwahrnehmung der Kinder- und Jugendhilfe, so ist, wenn es sich um eine **Eltern-Kind-Spielgruppe** handelt, eine Einordnung als Leistung der allgemeinen Förderung der Erziehung in der Familie möglich (§ 16 Abs. 1 S. 1 SGB VIII). Wenn Kinder in Abwesenheit der Eltern betreut werden, handelt es sich um eine freiwillige Leistung der Kommune, zB als Vorbereitung für eine Tagesbetreuung, mit welcher der Förderungsauftrag der §§ 22 ff SGB VIII erfüllt wird.

106 **Keine Förderung iSd §§ 22 ff SGB VIII:** Bei Spielgruppen handelt es sich nicht um Förderung in Tageseinrichtungen oder Kindertagespflege im Sinne der §§ 22 ff SGB VIII. Kommunen steht es frei, ergänzend zur Tagesbetreuung entsprechende Angebote zu machen. Erziehungsberechtigte haben die Möglichkeit, sie in Anspruch zu nehmen und ihren Rechtsanspruch U3 nicht geltend zu machen. Welches Angebot für Erziehungsberechtigte und Kind am ehesten passt, ist durch qualifizierte Beratung in Erfahrung zu bringen.

158 *Struck*, in: Wiesner, SGB VIII, § 22 Rn 13; *Schmid/Wiesner* ZfJ 2005, 274, 275.

b) Bestimmung der Mindestdauer der Förderung

Besucht ein unter dreijähriges Kind eine Tageseinrichtung oder Tagespflegestelle, machen es nur wenige Betreuungsstunden pro Woche oder gar im Monat dem Kind besonders schwer, in einer Weise zu den Erzieher/inne/n bzw zur Kindertagespflegeperson eine Beziehung aufzubauen und sich ggf in die Gruppe zu integrieren, dass die Interaktion ein **Mindestmaß an Erziehung und Bildung** ermöglicht. Das Kind kann nicht ausreichend in das erziehende und bildende Geschehen einsteigen, um eine Förderung zu erfahren, welche die Schwelle des Förderungsauftrags der Tagesbetreuung nach §§ 22 ff SGB VIII erreicht.[159] 107

Eine konkrete **wöchentliche Mindestförderungsdauer** sowie eine **Mindestkontinuität der Förderung** sind im SGB VIII nicht ausdrücklich vorgesehen. Die Festlegung von Mindestzeiten ist jedoch erforderlich, um tatsächlich eine Leistung der Förderung in Tagesbetreuung zu erbringen.[160] Zu beachten sind hierbei allerdings nicht nur die Anforderungen an die Förderung der Entwicklung des Kindes zu einer eigenverantwortlichen Persönlichkeit durch Erziehung, Bildung und Betreuung, sondern auch, dass viele Familien den Wunsch nach relativ kurzen Betreuungszeiten haben. 108

Zu berücksichtigen ist hierbei auch, dass ein nicht geringer Anteil der erwerbstätigen Mütter geringfügig mit weniger als 15 Wochenstunden beschäftigt ist und sich immer mehr Mütter eine Betreuung nur an einzelnen Wochentagen wünschen.[161] Aus den Ergebnissen einer Befragung von Müttern im Jahr 2003 ging hervor, dass sich fast 45 % eine Betreuung an einzelnen Wochentagen und fast 40 % eine nur stundenweise Betreuung an allen Wochentagen wünschten.[162] Der **Wunsch von Eltern nach nur tages- oder stundenweiser Betreuung** wurde zudem in der DJI-Kinderbetreuungsstudie ermittelt.[163] Aus einer Zusatzuntersuchung zum KiFöG 2010 des DJI ergab sich zudem, dass sich 18 % der Eltern eine Betreuung im Umfang von weniger als zehn Stunden wöchentlich wünschen.[164] Aus einer Untersuchung von 30 Tageseinrichtungen mit flexiblen Betreuungsformen aus dem Jahr 2005 ergaben sich ganz unterschiedliche Buchungsmöglichkeiten, die von einer vollkommen individuellen Buchung von Tagen und Stunden über eine Mindestbetreuung von vier Stunden täglich bis zu einer Mindestbetreuung von 20 Stunden wöchentlich reichten.[165] Und gerade in der Kindertagespflege fanden sich 2010 vor allem in Westdeutschland Betreuungsangebote von drei oder weniger Tagen pro Woche.[166] 109

Mindestzeit für Beziehungsaufbau und pädagogisches Angebot: Um tatsächlich Förderung im Sinne des Rechtsanspruchs U3 zu erfahren, braucht das Kind ausreichend Zeit für einen Beziehungsaufbau zur bzw zu den Betreuungsperson/en und für einen Einstieg in die Betreuungssituation. Bei der Betreuung in einer Gruppe brauchen Kinder Zeit für die Entwicklung eines Zugehörigkeitsgefühls und einer Beziehung untereinan- 110

159 *Haug-Schnabel* ua, in: Landschaftsverband Rheinland, Flexible Betreuung von Unterdreijährigen im Kontext von Geborgenheit, Kontinuität und Zugehörigkeit, S. 14, 28.

160 *Klinkhammer*, Flexibilität ermöglichen, Qualität sichern, S. 3; *Stöbe-Blossey*, Rahmenbedingungen für flexible Betreuungsformen im Bundesländer-Vergleich, S. 2; *Haug-Schnabel* ua, in: Landschaftsverband Rheinland, Flexible Betreuung von Unterdreijährigen im Kontext von Geborgenheit, Kontinuität und Zugehörigkeit, S. 17.

161 *Stöbe-Blossey*, Arbeitszeit und Kinderbetreuung, S. 1 f.

162 *Stöbe-Blossey*, Arbeitszeit und Kinderbetreuung, S. 7.

163 *Bien* ua, Wer betreut Deutschlands Kinder? DJI-Kinderbetreuungsstudie, S. 11.

164 Vgl *Fuchs-Rechlin*, in: Beckmann/Landua, 2013 – Rechtsanspruch auf einen Krippenplatz: „Traumquote" oder erfüllbarer Auftrag mit Qualitätsgarantie, S. 82.

165 *Klinkhammer*, Kindertageseinrichtungen mit flexiblen Angebotsstrukturen, S. 79 ff.

166 BMFSFJ, Zweiter Zwischenbericht zur Evaluation des Kinderförderungsgesetzes, S. 22.

der. Erforderlich ist daher eine Mindestanwesenheitszeit, um Beziehungsaufbau, pädagogisches Angebot und Förderung möglich zu machen.

aa) Keine Mindestdauer zur Ermöglichung von ergänzender Kindertagespflege?

111 Teilweise wird die Festlegung einer bestimmten wöchentlichen Mindestförderungsdauer abgelehnt.[167] Die **Argumentation** hierfür entfaltet sich dabei allerdings nicht entlang des Förderungsauftrags, sondern ist rechtspolitisch motiviert. Würde bei Kindertagespflege eine Mindestdauer gefordert, würde dies zu Lasten von Eltern gehen, welche die Kindertagespflege lediglich zeitlich ergänzend zur Förderung in Tageseinrichtungen in Anspruch nehmen müssten und dabei den geforderten Stundenumfang nicht erreichen.

112 Ein solches Fallenlassen der Förderung als Leistungsinhalt der Tagesbetreuung nach §§ 22 ff SGB VIII erscheint jedoch mit dem Gesetz nicht vereinbar. Auch die Problem-Hypothese, die der Auslegung zugrunde liegt, dürfte in Frage zu stellen sein, denn bei einer ergänzenden Förderung ist die Mindestdauer zur **Verwirklichung der Förderziele** regelmäßig bereits erreicht, bevor die ergänzende Kindertagespflege in Anspruch genommen wird.

113 Die **entwicklungspsychologisch-pädagogischen Herausforderungen einer Ergänzungs-Kindertagespflege** mit nur geringem Stundenumfang sind auf andere Weise zu lösen. Zu fordern ist ein Ergänzungsangebot, das die Anforderungen an Beziehungsaufbau und -gestaltung erfüllt. Dies kann auf vielfältige Weise erreicht werden, etwa wenn das Kind in der Tagespflegeperson bereits eine enge Beziehungsperson gefunden hat und sich in ihrem Haushalt zuhause fühlt oder indem die weitere Betreuung in den gleichen Räumen und/oder durch die gleichen Personen erfolgt. Möglich ist auch, dass relativ kurze Ergänzungszeiten durch längere Öffnungszeiten vermieden werden oder dass das Kind vollständig in Kindertagespflege gefördert wird.

bb) Orientierung an Zeitvorgabe für Kindertagespflegeerlaubnis in § 43 SGB VIII?

114 Für die Bestimmung einer zeitlichen Mindestbetreuung könnte an eine Orientierung an der Erlaubnispflicht des § 43 Abs. 1 SGB VIII gedacht werden.[168] Danach wird eine zeitliche Grenze markiert, bei der einer Kindertagespflegeerlaubnis bedarf, wer über einen Zeitraum von **mehr als drei Monaten mindestens 15 Stunden wöchentlich** Kinder betreut.

115 Aber auch hier vermag die **Herleitung der zeitlichen Grenze** nicht zu überzeugen. Intention der zeitlichen Grenze des § 43 Abs. 1 SGB VIII ist gerade nicht die Sicherstellung des Förderungsauftrags, sondern die Grenze ist Ergebnis einer Abwägung. § 43 SGB VIII schafft einen Ausgleich zwischen der Gestaltungsfreiheit von Eltern bei kurzzeitiger Betreuung ihrer Kinder (Art. 6 Abs. 2 S. 1 GG) sowie Berufsausübungsfreiheit von Betreuungspersonen (Art. 12 Abs. 1 GG) auf der einen Seite und der präventiven Wahrnehmung des staatlichen Schutzauftrags für Kinder durch das ordnungspolitisch-hoheitliche Instrument eines Erlaubnisvorbehalts (Art. 6 Abs. 2 S. 2 GG) auf der anderen Seite.[169]

116 Leitgedanke für die 15-Stundengrenze ist somit der **abstrakt-generelle Schutz der Kinder**, nicht ihre Förderung. Zur Ermittlung, ab welcher Stundenzahl eine solche er-

167 *Struck*, in: Wiesner, SGB VIII § 23 Rn 21.
168 So *Lakies*, in: Münder ua, FK-SGB VIII, § 22 Rn 16; *Schmid/Wiesner* ZfJ 2005, 274, 275.
169 *Mörsberger*, in: Wiesner, SGB VIII, Vor § 43 Rn 15 ff.

reicht werden kann, bieten die 15 Stunden wöchentlich des § 43 Abs. 1 SGB VIII folglich keine adäquate Orientierung.

cc) Beziehungsqualität und pädagogisches Angebot

Aus fachlicher Perspektive bedarf frühkindliche Förderung genügend Zeit sowohl für den **gelingenden Beziehungsaufbau** zwischen Kind und Betreuungsperson sowie ggf den anderen Kindern in der Gruppe als auch die **Ermöglichung eines pädagogischen Angebots.** Ein Mindestbetreuungsumfang muss dabei sowohl für die Kindertagespflege als auch erst recht für die Betreuung in Tageseinrichtungen gelten (zB im Fall eines Platzsharings), denn in Tageseinrichtungen ist in der Regel mit mehr Betreuerwechseln zu rechnen, sodass es für ein Kind bei einem geringen Betreuungsumfang noch schwieriger ist, verlässliche Beziehungen zu den Betreuungspersonen aufzubauen und zu erhalten. Zu einer tragfähigen Beziehung zwischen Betreuungsperson und Kind können nur Interaktionen führen, die zeitlich stabil und wiederkehrend sind.[170] 117

Den **Forderungen nach Struktur und Kontinuität** kann eine Förderung im Sinne der §§ 22 ff SGB VIII im Einzelfall durchaus noch gerecht werden, wenn das Kind kürzer als 15 Stunden in der Woche betreut wird.[171] Die Betreuung sollte nicht nur, aber vor allem in diesem Fall grundsätzlich an festen Tagen und zu festen Zeiten in der Woche erfolgen, was für die Kinder einen verlässlichen Rhythmus der Betreuung ermöglicht.[172] Um tatsächlich Förderung erreichen zu können, wird insbesondere bei geringer Betreuungszeit zu fordern sein, dass das Kind in der Mindestanwesenheitszeit von der/den gleichen Betreuungsperson/en und ggf in der gleichen Gruppe von Kindern gefördert wird, um ein Zugehörigkeitsgefühl zur Gruppe und eine Beziehung zu den Betreuungspersonen und zwischen den Kindern zu ermöglichen. In der Praxis wird dies bei einer Betreuung in Gruppen regelmäßig dadurch befördert, dass Kernzeiten festgelegt werden.[173] 118

Gerade bei Kindern ab einem Alter von zwei Jahren wird der **Bildungsauftrag** insbesondere auch während spezieller Angebote erfüllt, die nach der Konzeption der meisten Tageseinrichtungen in den Kernzeiten liegen, während der Hauptauftrag in den frühen Morgen- oder späten Abendstunden hauptsächlich in einer Erziehung und Betreuung der Kinder in einer Atmosphäre liegt, in der sie sich wohl und geborgen fühlen.[174] Dabei ist zu berücksichtigen, dass die Hauptangebotszeit in Tageseinrichtungen grundsätzlich am Vormittag liegt.[175] Diese Kernzeiten müssen aber nicht notwendig vormittags und losgelöst etwa von erwerbsbedingten Bedürfnissen der Eltern festgelegt werden. Denkbar ist hier auch, dass der Tagesplan von Tageseinrichtungen und Kindertagespflegegruppen mehrere Kernzeiten beinhaltet, etwa eine zweistündige Phase mit Projekten und Aktivitäten am Vormittag und eine weitere zweistündige Kernphase am Nachmittag. 119

Die **multiplen Faktoren**, von denen das Erreichen der Förderungsziele der §§ 22 ff SGB VIII abhängig sind, lassen somit eine eindeutige Bestimmung der Mindestbetreuungsdauer mit einer festen Stundenzahl nicht zu. Sie ist, wie gesehen, vielmehr ab- 120

170 *Wertfein*, Kleinstkinder in Kita und Tagespflege, Themenheft Sozial-emotionale Entwicklung, S. 14, 18.
171 *Haug-Schnabel* ua, in: Landschaftsverband Rheinland, Flexible Betreuung von Unterdreijährigen im Kontext von Geborgenheit, Kontinuität und Zugehörigkeit, S. 35.
172 *Klinkhammer*, Kindertageseinrichtungen mit flexiblen Angebotsstrukturen, S. 147.
173 *Haug-Schnabel* ua, in: Landschaftsverband Rheinland, Flexible Betreuung von Unterdreijährigen im Kontext von Geborgenheit, Kontinuität und Zugehörigkeit, S. 35.
174 *Klinkhammer*, Flexibilität ermöglichen, Qualität sichern, S. 8.
175 *Klinkhammer*, Kindertageseinrichtungen mit flexiblen Angebotsstrukturen, S. 123.

hängig bspw vom jeweiligen Betreuungssetting, den individuellen Bedürfnissen des Kindes, der Qualifizierung der Erziehungsperson oder der Größe der Gruppe.

121 Letztlich sind Träger der öffentlichen Jugendhilfe gehalten, eine Tagesbetreuung nur dann als Leistung nach §§ 22 ff SGB VIII anzuerkennen, wenn die **Förderungsziele tatsächlich erreicht** werden können. Sie haben insoweit die Möglichkeit, für den jeweiligen Jugendamtsbezirk festzulegen, ab welcher Mindestdauer erst von einer Förderung und damit Leistung nach SGB VIII auszugehen ist.

122 Nicht zulässig ist allerdings, die **Mindestbuchungszeit** bspw mit dem Fünf-Tages-Regelangebot gleichzusetzen. Der Rechtsanspruch U3 umfasst auch das Recht, entsprechend dem „individuellen Bedarf" lediglich einen geringeren Umfang zu beanspruchen – und nur für diesen an den Kosten beteiligt zu werden.

123 Denkbar sind kommunale Festlegungen, bei denen zB eine **Mindestanwesenheitszeit** von zehn Stunden in der Woche, verteilt auf mindestens zwei aufeinander folgende Tage vorgesehen ist.[176] Gegebenenfalls kann ein Kind auch bei einer Betreuung von acht bis neun Stunden wöchentlich, verteilt auf mindestens zwei oder drei Tage erzogen, gebildet und betreut werden. Bei der Betreuung in einer **Tageseinrichtung** dürfte ein nur zweitägiger Besuch pro Woche regelmäßig nur dann noch den Förderungszielen entsprechen können, wenn der Erzieher/innen-Kind-Schüssel so niedrig ist, dass die Erzieher/innen gezielt die Integration des seltener anwesenden Kindes in die Gruppe begleiten können. Fordert eine Tageseinrichtung zur Ermöglichung gruppendynamischer Prozesse eine Mindestanwesenheit von drei aufeinanderfolgenden Tagen, so wird dies aus fachlicher Sicht unter Umständen zu akzeptieren sein. Dem Kind und seinen Erziehungsberechtigten ist in diesem Fall allerdings im Rahmen des Rechtsanspruchs U3 ein alternatives Angebot in Kindertagespflege zu unterbreiten.

124 **Mindestdauer von acht bis zehn Stunden:** Mit Blick auf die Mindestförderungsdauer kann eine Förderung den Forderungen nach Struktur und Kontinuität im Einzelfall noch gerecht werden, wenn das Kind mindestens acht bis zehn Stunden wöchentlich, verteilt auf mindestens zwei oder drei Tage erzogen, gebildet und betreut wird.

Förderung in Kernzeiten: Bei der Festlegung der Tageszeiten für die Mindestbetreuung ist, um tatsächlich Förderung im Sinne des SGB VIII erreichen zu können, zu fordern, dass das Kind in der Mindestanwesenheitszeit von der/den gleichen Betreuungsperson/en und ggf in der gleichen Gruppe von Kindern gefördert wird. Da der Bildungsauftrag in Gruppenbetreuungs-Settings gerade bei Kindern ab dem Alter von zwei Jahren in der Regel während spezieller Angebote erfüllt wird, die nach der Konzeption der meisten Tageseinrichtungen in den Kernzeiten liegen, kann zum Erreichen der Förderungsziele zusätzlich erforderlich sein, dass die Mindestbetreuungszeit in den Kernzeiten liegt. Diese sind aber nicht so festzulegen, dass sie ausschließlich vormittags und vollständig losgelöst von den erwerbsbedingten Bedürfnissen der Eltern liegen.

Festlegung durch den Träger der öffentlichen Jugendhilfe: Die Träger der öffentlichen Jugendhilfe haben die Möglichkeit, im Rahmen der beschriebenen Kriterien und Umfänge eine kommunale Festlegung der Untergrenzen für die Mindestbetreuungszeit im jeweiligen Jugendamtsbezirk vorzunehmen, also zu definieren, ab welchem Umfang erst von einer Förderung und damit Leistung nach SGB VIII auszugehen ist. Die Bestimmung muss ausreichend Spielraum lassen für die Berücksichtigung der Umstände im jeweiligen Einzelfall, insbesondere im Hinblick auf das Betreuungssetting, die individuellen Bedürfnisse des Kindes, die Qualifizierung der Betreuungsperson/en und die Größe der Gruppe.

176 *Haug-Schnabel* ua, in: Landschaftsverband Rheinland, Flexible Betreuung von Unterdreijährigen im Kontext von Geborgenheit, Kontinuität und Zugehörigkeit, S. 35.

c) Mindestanforderungen an die Förderung in Abend- und Nachtstunden

Besondere Fragen an die Erfüllung des Förderungsauftrags als Voraussetzung des Rechtsanspruchs ergeben sich, wenn Eltern eine Betreuung ihres Kindes in der Nacht wünschen. In der Literatur wird weithin vertreten, dass Kindertagespflege auch in den Abend- und Nachstunden in Anspruch genommen werden kann, wenn dies im Hinblick auf die **Arbeitszeiten der Eltern** notwendig ist.[177] Und auch zu den „Tages-" einrichtungen werden begrifflich Einrichtungen gezählt, die im Hinblick auf flexible Arbeitszeitmodelle der Eltern eine Betreuung in den Abend- und Nachtstunden anbieten. 125

Abzugrenzen ist die Tagesbetreuung in Abend- und Nachtstunden, bei der Kinder während eines Teils des Tages und folglich nicht „rund um die Uhr" betreut werden (§ 43 Abs. 1 SGB VIII),[178] von der **Vollzeitpflege**, die nur bei einer ganztägigen Betreuung, also über Tag und Nacht vorliegt (§ 44 Abs. 1 S. 1 SGB VIII). Nicht jede ausnahmsweise Betreuung über Tag und Nacht für einen begrenzten Zeitraum macht hierbei allerdings die Tagesbetreuung zur Vollzeitpflege.[179] 126

Auch die Betreuung in Abend- und Nachtzeit ist nur dann Leistung nach SGB VIII, wenn sie die Förderungsziele des § 22 SGB VIII erfüllt. **Schlichte Beaufsichtigung der Schlafzeit** kann zwar mit Fürsorge und Zuwendung (zB während eines nächtlichen Aufwachens der Kinder) verbunden sein, aber in diesen Zeiten findet keine Bildung und Erziehung statt. Daher ist eine Betreuung in Abend- und Nachtzeiten nur dann von den Leistungen nach §§ 22 ff SGB VIII umfasst, wenn das Kind nicht ausschließlich während der Schlafzeit betreut wird, sondern Betreuungszeiten vor dem Zubettgehen und/oder nach dem Aufstehen mit enthalten sind, während derer **Förderung** stattfindet (zB in einem „Abendkreis", bei gemeinsamem Essen, Singen oder Vorlesen; zu den besonderen Anforderungen an die Betreuungssituation zur Gewährleistung des Kindeswohls siehe Rn 237 ff). 127

Förderung vor oder nach der Schlafenszeit: Bei einer Betreuung während der Nacht können die Ziele grundsätzlich nur erfüllt werden, wenn zumindest in den Zeiten vor dem Zubettgehen oder nach dem Aufwachen eine Förderung mit Bildung, Erziehung und (nicht nur) Betreuung stattfindet (zB bei gemeinsamem Essen, Singen, Vorlesen oder in einem „Abendkreis"). 128

III. Bedarfsunabhängiger Grundanspruch: Regelangebot für alle Kinder

Alle Kinder im Alter zwischen einem und drei Jahren haben ab 1. August 2013 Anspruch auf Förderung in einer Tageseinrichtung oder in Kindertagespflege (§ 24 Abs. 2 SGB VIII F. 2013). Über die Ausgestaltung dieses bedarfsunabhängigen Grundanspruchs schweigt das Gesetz und erkennt bei der Bestimmung des Umfangs lediglich individuelle Bedarfe an, indem es den Rechtsanspruch auf Angebote erstreckt, die vom Regelangebot abweichen (§ 24 Abs. 2 S. 2 iVm Abs. 1 S. 3 SGB VIII). 129

Zur **Bestimmung von Umfang und Ausgestaltung des Grundanspruchs** (infrastrukturelles Regelangebot) könnte ein Vergleich mit dem Rechtsanspruch auf den Kindergartenplatz für über Dreijährige bis zum Schuleintritt dienen. Der Rechtsanspruch der über Dreijährigen bezieht sich ausschließlich auf die Förderung in einer Tagesein- 130

177 *Struck*, in: Wiesner, SGB VIII, § 22 Rn 9; *Lakies*, in: Münder ua, FK-SGB VIII, § 22 Rn 12; *Kaiser*, in: Kunkel, LPK-SGB VIII, § 22 Rn 5; *Gerstein*, in: Fieseler ua, GK-SGB VIII, Stand: 07/2009, § 23 Rn 7.

178 So auch *Struck*, in: Wiesner, SGB VIII, § 22 Rn 7.

179 *Lakies*, in: Münder ua, FK-SGB VIII, § 22 Rn 12; *Fischer*, in: Schellhorn ua, SGB VIII, § 22 Rn 13.

richtung, wobei für Ganztagsplätze nur eine objektiv-rechtliche Pflicht zur Schaffung eines bedarfsgerechten Angebots normiert ist (§ 24 Abs. 1 SGB VIII bzw wortgleich § 24 Abs. 3 SGB VIII F. 2013). Daraus wird von der herrschenden Auffassung in der Literatur für den zeitlichen Umfang der Kindergartenförderung geschlossen, dass der Anspruch durch eine Regelbetreuungszeit von sechs Stunden täglich erfüllt wird.[180] Begründet wird dies damit, dass die Betreuungszeit von sechs Stunden eine Halbtagserwerbstätigkeit ermöglichen soll. Da vom Rechtsanspruch ein Ganztagsbetreuungsplatz auch bei entsprechendem Bedarf nicht umfasst ist, erscheint der sechsstündige Zeitrahmen für diesen Rechtsanspruch auch erforderlich und angemessen.

131 Dieser **Begründungszusammenhang** lässt sich allerdings nicht auf den Rechtsanspruch für unter dreijährige Kinder ab August 2013 übertragen. Denn eine Differenzierung zwischen dem Rechtsanspruch auf einen Halbtagsplatz und objektiver Rechtspflicht für einen Ganztagsplatz, wie sie für das Kindergartenalter normiert ist (§ 24 Abs. 1 S. 1 u. 2 SGB VIII bzw § 24 Abs. 3 S. 1 u. 2 SGB VIII F. 2013), kennt der zukünftige Rechtsanspruch U3 nicht. Vielmehr wird zB die Ermöglichung einer Halbtagsberufstätigkeit allein durch die Bezugnahme auf den „individuellen Bedarf" sichergestellt (§ 24 Abs. 2 S. 2 iVm Abs. 1 S. 3 SGB VIII F. 2013; hierzu Rn 149 ff).

132 Die Bestimmung des zeitlichen Mindestumfangs, den alle Kinder im Alter zwischen einem und drei Jahren werden beanspruchen können, hat sich folglich nicht an der Ermöglichung von Berufstätigkeit zu orientieren, sondern vielmehr an den **Förderungsbedingungen** anzuknüpfen. Kinder in der Altersgruppe zwischen Vollendung des ersten und dritten Lebensjahrs, die an fünf Tagen halbtags betreut werden, integrieren sich besonders gut[181] und können dementsprechend von der Förderung profitieren. In einer Halbtagsbetreuung wird den Kindern ermöglicht, Werte und Regeln des Zusammenlebens in der Gruppe bzw in der Tagespflegestelle kennenzulernen und sich anzueignen.[182]

133 Bezieht sich der Grundanspruch U3 somit auf einen Halbtagsplatz, so wird der Umfang der Betreuung **mindestens vier Stunden täglich** umfassen. Den Trägern der öffentlichen Jugendhilfe steht es selbstverständlich frei, das Regelangebot in ihrem Zuständigkeitsbereich für eine längere tägliche Förderungsdauer zu ermöglichen. Erziehungsberechtigte können für ihr unter dreijähriges Kind zwar ohne anzuerkennenden individuellen Bedarf (hierzu Rn 138 ff) keine über die tägliche Mindeststundenzahl im Regelangebot hinausgehende Förderung beanspruchen, aber den Rechtsanspruch U3 selbstverständlich auch mit einem geringeren Stundenumfang einlösen, soweit dabei die Förderungsziele des § 22 SGB VIII noch erfüllt werden können (hierzu Rn 101 ff).

134 **Halbtägige Betreuung an allen Wochentagen:** Umfang und Ausgestaltung des bedarfsunabhängigen Grundanspruchs (infrastrukturelles Regelangebot) müssen sich nach den Förderungsbedingungen bestimmen, wobei zu berücksichtigen ist, dass sich Kinder bei einer halbtägigen Betreuung an fünf Tagen während der Kernzeiten am besten integrieren. Der Rechtsanspruch auf einen Halbtagsplatz im Regelangebot umfasst somit eine

180 *Struck*, in: Wiesner, SGB VIII, § 24 Rn 15; *Lakies*, in: Münder ua, FK-SGB VIII, § 24 Rn 17; *Lakies* ZfJ 1996, 299, 301; entsprechend auch: *Happe/Saurbier*, in: Jans ua Kinder- und Jugendhilferecht, Stand: 02/2009, § 24 Rn 4; *Fischer*, in: Schellhorn ua, SGB VIII, § 24 Rn 12; *Gerstein*, in: Fieseler ua, GK-SGB VIII, Stand: 06/2011, § 24 Rn 12.

181 BMFSFJ, Kinderbetreuung in Tagespflege, Tagesmütter – Handbuch, S. 186, 202; *Haug-Schnabel* ua, in: Landschaftsverband Rheinland, Flexible Betreuung von Unterdreijährigen im Kontext von Geborgenheit, Kontinuität und Zugehörigkeit, 23.

182 BT-Drucks. 15/3676, 32.

> tägliche Mindestförderung von mindestens vier Stunden von Montag bis Freitag. Soweit beim gewünschten zeitlichen Umfang noch Förderung im Sinne der §§ 22 ff SGB VIII erreicht werden kann, steht den Erziehungsberechtigten frei, auch kürzere Betreuungszeiten für ihr Kind zu beanspruchen.

Was die Gestaltung des Zeitrahmens des Regelangebots U3 im Tagesverlauf angeht, 135
so hat der Träger der öffentlichen Jugendhilfe die **Planungshoheit**, diesen entsprechend dem Bedarf in der Kommune auszugestalten (§ 80 SGB VIII). Das Regelangebot zur Erfüllung des Grundanspruchs aller Kinder unabhängig von individuellen Bedarfen sollte grundsätzlich während der Kernzeiten vorgehalten werden. Darüber wird gewährleistet, dass alle Kinder innerhalb eines bestimmten Zeitfensters gebracht und abgeholt werden, um eine gewisse Struktur im Tagesablauf sowie Beziehungskontinuität zur Betreuungsperson und innerhalb der Gruppe der Kinder zu ermöglichen.

Die Träger der öffentlichen Jugendhilfe sind gehalten, bei der **Planung solcher Kern-** 136
zeitangebote die Wünsche, Bedürfnisse und Interessen der Kinder sowie Personensorgeberechtigten zu berücksichtigen (§ 80 Abs. 1 Nr 2 SGB VIII). Daher sind öffentliche und freie Träger aufgefordert, wenn dies nach den örtlichen Gegebenheiten möglich erscheint, eine **diversifizierte Angebotsstruktur für den Grundanspruch** zu entwickeln, über die Erziehungsberechtigten die Möglichkeit eingeräumt wird, je nach persönlicher Lebensgestaltung das Kind bspw entweder vormittags oder nachmittags in Tagesbetreuung zu geben.

> **Diversifiziertes Regelangebot:** Bei der Planung der Kernzeitangebote sind die Träger der 137
> öffentlichen Jugendhilfe gehalten, die Wünsche, Bedürfnisse und Interessen der Kinder sowie Personensorgeberechtigten zu berücksichtigen (§ 80 Abs. 1 Nr 2 SGB VIII). Daher sind sie aufgefordert, für das Regelangebot vor Ort nach Möglichkeit eine diversifizierte Angebotsstruktur zu entwickeln (zB ein Regelangebot sowohl am Vormittag als auch am Nachmittag).

IV. Anerkennung eines individuellen Bedarfs

1. Pflicht zur Anerkennung eines objektivierbaren Bedarfs

Begehren Erziehungsberechtigte im Einzelfall für ihr Kind eine vom den Grundan- 138
spruch erfüllenden Regelangebot **abweichende Betreuungszeit**, so haben sie auch auf ein solches, auf ihre Bedürfnisse zugeschnittenes Angebot einen Rechtsanspruch, wenn dem ein „individueller Bedarf" zugrunde liegt (§ 24 Abs. 2 S. 2 iVm Abs. 1 S. 3 SGB VIII F. 2013). Die Abweichung kann sich sowohl auf einen größeren zeitlichen Umfang als auch ein anderes Zeitfenster als das im Regelangebot vorgehaltene beziehen.

Indem das SGB VIII ab August 2013 die Ausgestaltung des konkreten Rechtsan- 139
spruchs des einzelnen Kindes an den „individuellen Bedarf" rückbindet, soll nach der Vorstellung des Gesetzgebers gewährleistet werden, dass alle Eltern ein Förderungsangebot erhalten, das ihren **„individuellen Betreuungswünschen"** entspricht.[183] Nicht mit einem Rechtsanspruch unterlegt sind hierbei allerdings alle beliebigen Wünsche von Eltern nach individueller zeitlicher Ausgestaltung des Betreuungsangebots für ihr Kind. Das Gesetz fordert vielmehr das Vorliegen eines Bedarfs.

183 BT-Drucks. 16/9299, 15.

140 Bei der planerischen Ermittlung des Bedarfs sind zwar „Wünsche, Bedürfnisse und Interessen“ zu berücksichtigen (§ 80 Abs. 1 Nr 2 SGB VIII). Letztere stellen jedoch auch bei der Planung nicht selbst den **Bedarf** dar. Dieser ist vielmehr normativ zu bestimmen[184] und umfasst nur die Bedürfnisse der Betroffenen, die einerseits anerkannt sind und andererseits als politisch gewollt und finanzierbar definiert werden.[185]

141 Diese Kriterien für die Ermittlung eines Bedarfs im Rahmen der Jugendhilfeplanung können bei der **Feststellung und Konturierung eines Rechtsanspruchs** allerdings nur bedingt herangezogen werden. Insbesondere scheiden Finanzierungsvorbehalte bei der Erfüllung von Rechtsansprüchen von vornherein aus. Auch der politische Wille kann nur insoweit herangezogen werden, als er als gesetzgeberische Intention im Rahmen der Auslegung der rechtlichen Voraussetzung „individueller Bedarf“ nutzbar gemacht werden kann.

142 Bei der Geltendmachung eines individuellen Bedarfs, der nicht mit dem Regelangebot im jeweiligen Jugendamtsbezirk erfüllt werden kann, ist somit zu prüfen, wann und in welchem Umfang ein Rechtsanspruch U3 besteht. Notwendig ist, dass die Erziehungsberechtigten **objektivierbare Gründe für den abweichenden Bedarf** haben, die aufgrund der Zielsetzung des Gesetzes anzuerkennen sind. Ist der individuelle Bedarf anzuerkennen, erstreckt sich auch der Rechtsanspruch auf die individuell gewünschten Betreuungszeiten.

143 Wie bereits bei den gesetzlich bisher anerkannten objektiven **Bedarfskriterien** (§ 24 Abs. 3 S. 1 SGB VIII) kommen auch nach Einführung des Rechtsanspruchs U3 kindbezogene (vgl Nr 1) und elternbezogene (vgl Nr 2) Kriterien in Betracht. Ab 1. August 2013 zählt das Gesetz jedoch keine solchen Bedarfskriterien mehr auf. Wann ein individueller Bedarf zukünftig anzuerkennen ist, ist fortan durch Auslegung zu ermitteln.

144 Dabei ergibt sich aus den in der Gesetzesbegründung ersichtlichen Regelungsabsichten und Begründungen des Gesetzgebers, dass zumindest die beiden Ebenen – **kindbezogene und elternbezogene Bedarfe** – im Blick waren. Einerseits soll der Rechtsanspruch Kindern eine realistische Chance auf eine optimale Förderung ihrer individuellen und sozialen Entwicklung verschaffen.[186] Auf der anderen Seite soll mit dem Rechtsanspruch eine bessere Vereinbarkeit von Familie und Erwerbstätigkeit erreicht werden, damit eine Voraussetzung für die berufliche Verwirklichung von Eltern und vor allem Müttern geschaffen wird und Familien insgesamt bessere Entwicklungschancen erhalten.[187]

145 **Anzuerkennende objektivierbare Gründe:** Begehren Erziehungsberechtigte im Einzelfall für ihr Kind eine vom den Grundanspruch erfüllenden Regelangebot hinsichtlich Dauer und/oder Zeitfenster abweichende Betreuungszeit, so fordert das Gesetz hierfür die Geltendmachung eines individuellen Bedarfs (einzelfallindizierte Erweiterung des infrastrukturellen Regelangebots). Nach Vorstellung des Gesetzgebers sollen zwar alle Eltern für ihr Kind ein Förderungsangebot erhalten, das ihren „individuellen Betreuungswünschen“ entspricht. Das Gesetz fordert aber einen „Bedarf“. Ein Rechtsanspruch besteht somit nicht bei jedem persönlichen Wunsch. Notwendig ist, dass die Erziehungsberechtigten objektivierbare Gründe für die abweichenden Betreuungszeiten haben, die auf-

184 *Tammen*, in: Münder ua, FK-SGB VIII, § 80 Rn 12.
185 *Wiesner*, in: ders., SGB VIII, § 80 Rn 22.
186 BT-Drucks. 16/9299, 1, 10.
187 BT-Drucks. 16/9299, 1, 10, 12.

grund der Zielsetzung des Gesetzes anzuerkennen sind. Möglich sind **eltern- und kindbezogene Bedarfskriterien.**

2. Kein individueller Bedarf bei Verfügbarkeit des anderen Elternteils

Ausgeschlossen ist ein über das Regelangebot hinausgehender individueller Bedarf, wenn die **Eltern zusammenleben** und ein Elternteil einer Tätigkeit nachgeht, die grundsätzlich als individueller Bedarf anzuerkennen wäre, aber der andere Elternteil für die Betreuung des Kindes zur Verfügung steht. Der andere Elternteil ist in diesem Fall gehalten, die Betreuung für das gemeinsame Kind zu übernehmen, um den Betreuungsbedarf des Kindes zu decken, bevor Leistungen nach § 24 Abs. 2 SGB VIII F. 2013 über das Regelangebot hinaus beansprucht werden können. 146

Bei **Getrenntleben der Eltern** kann indes nicht darauf verwiesen werden, dass der nicht mit dem Kind zusammenlebende Elternteil die Betreuung übernehmen solle, während der Elternteil, der mit dem Kind zusammenlebt, einer anzuerkennenden Tätigkeit nachgeht. Der Träger der öffentlichen Jugendhilfe kann zur Beschränkung des individuellen Bedarfs eines alleinerziehenden Elternteils nicht in dieser Weise in die Gestaltung der Umgangskontakte eingreifen. Über die Ausübung des Umgangsrechts eine Regelung zu treffen, obliegt allein den Eltern und im Konfliktfall dem Familiengericht. 147

Die **sorgerechtlichen Verhältnisse** sind für den Rechtsanspruch U3 irrelevant. Das Bestehen gemeinsamer elterlicher Sorge hat insoweit keine (familien)rechtlichen Folgen für das Umgangsrecht[188] und bedeutet insbesondere nicht, dass eine Pflicht bestünde, das Recht auf Umgang über das vereinbarte Maß hinaus auszudehnen. Umgangs- und Wohlverhaltenspflichten nach § 1684 Abs. 1 u. 2 BGB werden durch die Geltendmachung des Rechtsanspruchs U3 weder erweitert noch eingeschränkt. Die Umgangspflicht besteht nur im Verhältnis des nicht betreuenden Elternteils zum Kind,[189] ist selbst für das Kind nur bedingt durchsetzbar[190] und verpflichtet nicht gegenüber dem Träger der öffentlichen Jugendhilfe zwecks Vermeidung einer Tagesbetreuung. 148

3. Elternbezogener Bedarf

Der Rechtsanspruch des Kindes aufgrund eines elternbezogenen individuellen Bedarfs begründet sich aus dem **Betreuungsbedarf des Kindes**, der sich aus der Abwesenheit der Eltern und der hieraus resultierenden fehlenden Betreuungsmöglichkeit ableitet. 149

Nach **bisheriger Rechtslage** umfasst der elternbezogene Bedarf drei Konstellationen (§ 24 Abs. 3 S. 1 Nr 2 Buchst. a bis c SGB VIII). Die objektive Rechtspflicht, die Förderung in einer Tageseinrichtung oder in Kindertagespflege sicherzustellen, besteht, wenn die Erziehungsberechtigten 150

- einer Erwerbstätigkeit nachgehen, eine Erwerbstätigkeit aufnehmen oder Arbeit suchend sind,
- sich in einer beruflichen Bildungsmaßnahme, in der Schulausbildung oder Hochschulausbildung befinden oder
- Leistungen zur Eingliederung in Arbeit im Sinne des SGB II erhalten.

188 *Veit*, in: Bamberger/Roth, BGB, § 1684 Rn 7; *Diederichsen*, in: Palandt, BGB, § 1684 Rn 5; *Rauscher*, in: Staudinger, BGB, § 1684 Rn 4.

189 *Rauscher*, in: Staudinger, BGB, § 1684 Rn 57 ff.

190 BVerfG FamRZ 2008, 845, 849 f (Tz 74-80); *Veit*, in: Bamberger/Roth, BGB, § 1684 Rn 59; *Hennemann*, in: MünchKommBGB, § 1684 Rn 6; *Ziegler*, in: Weinreich/Klein, Familienrecht, § 1684 Rn 4.

151 Da der Rechtsanspruch wegen eines individuellen Bedarfs nicht, wie bisher bei der objektiven Rechtspflicht, über gesetzlich ausdrücklich vorgegebene Bedarfskriterien eingeschränkt wird, ist der **anzuerkennende „individuelle Bedarf"** neu zu justieren (im Folgenden Rn 129 ff). Wann ein grundsätzlich anzuerkennender, elternbezogener Bedarf aus Gründen des Kindeswohls seine Begrenzung findet, wird im Anschluss an die Konkretisierung des anzuerkennenden kindbezogenen Bedarfs (Rn 191 ff) erläutert (Rn 196 ff).

a) Bereits nach aktueller Rechtslage anerkannter Bedarf

152 Die objektive Rechtspflicht zur Förderung nach bisheriger Rechtslage erkennt einen elternbezogenen Bedarf insbesondere an, wenn er sich auf die Ermöglichung einer Berufstätigkeit oder einer Tätigkeit bezieht, die mit **Erwerbstätigkeit** assoziiert ist. Die Mindestbedarfskriterien nach § 24 Abs. 3 S. 1 Nr 2 SGB VIII müssen bei der Konturierung des individuellen Rechtsanspruchs ab August 2013 erst recht Anerkennung finden und als Rechtfertigung für einen individuellen Bedarf dienen, der einen Rechtsanspruch begründet, der über das Regelangebot hinaus geht oder für andere Zeiten beansprucht werden kann.

153 Die **Pflicht zur Anerkennung von Bedarfen**, die mit Erwerbstätigkeit in Zusammenhang stehen, ergibt sich weiter sowohl aus den Intentionen des Gesetzgebers[191] als auch aus den Förderungszielen für die Tagesbetreuung, wonach Tageseinrichtungen für Kinder und Kindertagespflege Eltern dabei helfen sollen, Erwerbstätigkeit und Kindererziehung besser miteinander vereinbaren zu können (§ 22 Abs. 2 Nr 3 SGB VIII). Bei der Verwirklichung eigener, also individueller beruflicher Lebensentwürfe soll Familien geholfen sowie sollen Voraussetzungen für die Mobilität geschaffen werden, die Eltern heute im Arbeitsleben erwartet.[192]

154 Die bereits nach Rechtslage vor dem Rechtsanspruch U3 erfassten, anzuerkennenden Bedarfslagen sind:

aa) Erwerbstätigkeit (§ 24 Abs. 3 S. 1 Nr 2 Buchst. a Alt. 1 SGB VIII)

155 Als objektivierbarer Bedarf anzuerkennen ist jedenfalls die Erwerbstätigkeit der Eltern. Um einen gelungenen Berufs(wieder)einstieg nach der Geburt von Kindern zu verwirklichen und dabei den individuellen beruflichen Vorstellungen von Eltern gerecht zu werden, muss der Umfang des Förderungsanspruchs den Eltern jedenfalls grundsätzlich zeitlich und organisatorisch ermöglichen, ihrer individuellen Erwerbstätigkeit nachzugehen. Umfang und Ausgestaltung der Betreuung müssen somit **den berufsbedingten Abwesenheitszeiten der Eltern** begegnen.

156 Dabei ist grundsätzlich sowohl eine Teilzeit- als auch eine Vollzeitbeschäftigung zu ermöglichen. Der Rechtsanspruch umfasst somit eine der **Arbeitszeit entsprechende Betreuung** zuzüglich der Zeit, welche die Eltern benötigen, um vom Betreuungsort zur Arbeitsstelle und zurück zu gelangen.

157 Bringt der Beruf der Eltern es mit sich, dass **eine flexible Betreuung** benötigt wird, die nicht regelmäßig für gleich viele Stunden an allen Wochentagen, sondern zB nur an einigen Tagen, dafür aber länger benötigt wird, so ist die hierfür notwendige Betreuung grundsätzlich vom Anspruch umfasst. Mit dem Betreuungsangebot muss auch die Beschäftigung bei flexiblen Arbeitszeiten ermöglicht werden, wenn dies für die in-

191 BT-Drucks. 16/9299, 1, 10; siehe auch BT-Drucks. 15/3676, 21 ff.
192 BT-Drucks. 16/9299, 12.

dividuellen beruflichen Anforderungen notwendig ist. Grenzen ergeben sich, wenn die flexiblen Betreuungszeiten mit dem Kindeswohl nicht mehr vereinbar sind (hierzu Rn 196 ff).

Gleiches muss vom Grundsatz her gelten, wenn der Beruf der Eltern es mit sich bringt, dass diese in den **Abendstunden** oder über **Nacht**, im **Schichtdienst** oder **am Wochenende** arbeiten müssen. Dabei ist zu beachten, dass vor allem Alleinerziehende oft unter dem Druck stehen können, Erwerbstätigkeiten auch am Abend oder in der Nacht annehmen zu müssen,[193] um den Unterhalt der Familie sicherzustellen, und dass auch diesen Eltern bei der Vereinbarkeit einer solchen Erwerbstätigkeit mit der Kindererziehung geholfen werden soll (zur Frage, wann eine Betreuung zur Nachtzeit vom Förderungsauftrag der §§ 22 ff SGB VIII erfasst ist, siehe Rn 101 ff und Rn 237 ff). 158

bb) Aufnahme einer Erwerbstätigkeit und Arbeitssuche (§ 24 Abs. 3 S. 1 Nr 2 Buchst. a Alt. 2 und 3 SGB VIII)

Die **Aufnahme einer Erwerbstätigkeit** liegt vor, wenn die Arbeitsaufnahme konkret, unmittelbar und sicher bevorsteht.[194] 159

Die **Arbeitssuche** ist als Vorbereitung auf die Erwerbstätigkeit anzuerkennen, wenn sich die Erziehungsberechtigten konkret über Arbeitsmöglichkeiten informieren und bewerben und die Sicherstellung der Kinderbetreuung Voraussetzung für eine Arbeitsaufnahme ist.[195] Dabei ist auch die **Arbeitslosigkeit im Sinne des SGB III** ausreichend, da ein/e Arbeitslose/r, will er/sie Arbeitslosengeld I beziehen, nach § 138 Abs. 1 Nr 2 u. 3 SGB III verpflichtet ist, zumutbare Eigenbemühungen zur (Wieder-)Eingliederung in das Arbeitsleben zu entfalten und der Arbeitsvermittlung zur Verfügung zu stehen.[196] 160

cc) Berufliche Bildungsmaßnahmen, Schul- oder Hochschulausbildung (§ 24 Abs. 3 S. 1 Nr 2 Buchst. b SGB VIII)

Im Fall von **Fort- und Weiterbildungsmaßnahmen** ergibt sich der Umfang des Rechtsanspruchs aus der individuellen Situation, also aus dem Stundenplan oder den Zeitplänen des Studiums oder der Weiterbildungsmaßnahme. 161

Ob eine **Promotion** von den Bedarfskriterien für die objektiv-rechtliche Verpflichtung erfasst ist, wurde teilweise verneint,[197] allerdings zumindest auch dann anerkannt, wenn die Promotion die Chance auf eine der Veranlagung des betroffenen Elternteils entsprechende Berufsausübung wesentlich erhöht.[198] Eine solche Unterscheidung wird ab August 2013 kaum aufrecht zu erhalten und die Promotionstätigkeit grundsätzlich als individueller Bedarf anzuerkennen sein. Die Promotion ist zweifellos eine Qualifizierungsmaßnahme, mit der sich auch in Berufen, in denen der Doktortitel keine direkte Zugangsvoraussetzung darstellt, die Qualifikation der Promovierenden sowie ihre Wettbewerbsfähigkeit auf dem Arbeitsmarkt erhöhen kann. 162

193 *Textor,* Kindergartenpädagogik – Online-Handbuch, Familienerziehung, Kinderkrippe oder Tagesmutter, S. 3.
194 VG Freiburg JAmt 2008, 493, 495.
195 *Gerstein,* in: Fieseler ua, GK-SGB VIII, Stand: 06/2011, § 24 Rn 21.
196 *Fischer,* in: Schellhorn ua, SGB VIII, § 24 Rn 42; aA VG Freiburg JAmt 2008, 493, 495.
197 VG Bremen 4.6.2009, 5 K 3468/07.
198 VG Regensburg 24.1.2002, RO 8 K 01.246.

dd) Leistungen zur Eingliederung in Arbeit nach § 16 SGB II (vgl § 24 Abs. 3 S. 1 Nr 2 Buchst. c SGB VIII)

163 Allein der **Bezug von Leistungen nach dem SGB II** begründet keinen besonderen Anspruch aufgrund eines individuellen Bedarfs, denn bei der Betreuung eines Kindes im Alter von unter drei Jahren durch die Erziehungsberechtigten besteht keine Pflicht, Erwerbsbemühungen anzustellen (§ 10 Abs. 1 Nr 3 SGB II, ausführlich Rn 337 ff). Will die „erwerbsfähige leistungsberechtigte Person" (§ 10 Abs. 1 SGB II) jedoch aus eigenem Antrieb eine Arbeit suchen und ggf aufnehmen, steht ihr ein vom Regelangebot abweichender bzw dieses ergänzender Betreuungsanspruch zu, wenn sie hierzu eine entsprechende Betreuung für ihr Kind benötigt.

164 Im Rahmen der Eingliederung in Arbeit angebotene Maßnahmen nach **§ 16 SGB II** dienen der **aktiven Arbeitsförderung**[199] und umfassen auch Arbeitsgelegenheiten in Arbeitsverhältnissen sowie im öffentlichen Interesse liegende zusätzliche Arbeiten.[200] Wenn Erziehungsberechtigte eine solche wahrnehmen (wollen), die Betreuung ihres Kindes in dieser Zeit nicht gesichert ist und der Betreuungsbedarf mit dem Regelangebot nicht gedeckt wird, besteht ein Anspruch entsprechend des individuellen Bedarfs.

165 Auch aus **§ 16 a Nr 1 SGB II** ergibt sich als Eingliederungsleistung selbst als **Unterstützung der Eingliederung in Arbeit** die Betreuung minderjähriger oder behinderter Kinder. Der kommunale Träger soll auf eine Betreuung von Kindern vorrangig hinwirken, wenn die mangelnde Betreuung der Arbeitsaufnahme im Wege steht.[201] Die Vorschrift wird aber überwiegend nicht als genereller, eigenständiger, materiell-rechtlicher Anspruch verstanden, in dessen Rahmen die Jobcenter ein Parallelsystem an Plätzen in Tagesbetreuung vorhalten müssten.[202] Es besteht aber eine Pflicht zur Übernahme der Kosten- bzw Teilnahmebeiträge (§ 90 Abs. 3, 4 SGB VIII),[203] mindestens jedoch von mtl 130 EUR (vgl § 83 SGB III). Es handelt sich somit eher um eine Art Auffanganspruch. Teilweise wird er daher als nachrangig zur Kindertagesbetreuung nach dem SGB VIII angesehen und sein Anwendungsbereich gesucht für Fälle, in denen das Kinder- und Jugendhilferecht hinsichtlich Dimension, Umfang, Art oder Maß des Anspruchs auf die Tagesbetreuung unzulänglich ist;[204] eine Auslegung, die spätestens ab Geltung des sich nach dem individuellen Bedarf richtenden Rechtsanspruchs ab August 2013 keine Schlüssigkeit mehr für sich beanspruchen kann. Jedenfalls folgt aus § 16 a Nr 1 SGB II und seiner bisherigen Anwendung, dass eine den Anforderungen der Eingliederung entsprechende Kinderbetreuung erforderlich sein kann, wenn die Arbeitsaufnahme ansonsten nicht sichergestellt ist.

166 **Erwerbstätigkeit und damit assoziierte Interessen:** Beim elternbezogenen Bedarf müssen die Mindestbedarfskriterien aus der bisherigen Gesetzesfassung (§ 24 Abs. 3 S. 1 Nr 2 SGB VIII) erst recht Anerkennung finden. Anzuerkennen sind deshalb

- die Erwerbstätigkeit der Eltern,
- die Aufnahme einer Erwerbstätigkeit oder Arbeitssuche,

199 *Thie*, in: Münder, LPK-SGB II, § 16 Rn 5.
200 *Struck*, in: Wiesner, SGB VIII, § 24 Rn 42.
201 *Fahlbusch* NDV 2011, 463, 466.
202 *Meysen*, in: Münder ua, FK-SGB VIII, § 10 Rn 40.
203 VG Leipzig 12.7.2012, 5 K 652/11.
204 *Fahlbusch* NDV 2011, 463, 466.

- berufliche Bildungsmaßnahmen, die Schul- oder Hochschulbildung einschließlich einer Promotion und
- die Teilnahme an Fördermaßnahmen zur Eingliederung in Arbeit.

b) Weitere anzuerkennende Bedarfe

Die Träger der öffentlichen Jugendhilfe waren schon bislang gehalten, auch jenseits der in § 24 Abs. 3 Nr 2 SGB VIII geregelten Bedarfslagen für ihren Jugendamtsbezirk einen Bedarfskriterienkatalog aufzustellen.[205] Diese planerische Voraussetzung zur Erfüllung von objektiven Rechtspflichten wird zum August 2013 überführt in einen gesetzlich nicht determinierten, **rechtsanspruchsgestützten Kanon von anzuerkennenden Bedarfslagen.** Bei jeder Geltendmachung eines individuellen Bedarfs wird das Jugendamt zu prüfen haben, ob dieser nunmehr auch dann anzuerkennen ist, wenn die Bedarfslage nicht in der bisherigen exklusiven Aufzählung enthalten war. Da § 24 Abs. 2 SGB VIII F. 2013 keinen entsprechenden Katalog mehr enthält, sind auch andere Bedarfslagen im Vergleich zur bisherigen Rechtslage zu berücksichtigen. 167

Die Anerkennung des individuellen Bedarfs ist hierbei keine planerische Aufgabe mehr, sondern eine ggf vom Jugendamt zu prüfende und **gerichtlich voll überprüfbare Anspruchsvoraussetzung.** Die Gesetzesziele geben Anhaltspunkte dafür, welcher Bedarf im Einzelfall wird Anerkennung finden können. 168

Hinter dem Rechtsanspruch steht ua das **Gesetzesziel**, Deutschland als Wirtschaftsstandort in einer globalisierten Wirtschaftsordnung durch die Rekrutierung qualifizierter Arbeitskräfte attraktiv zu machen.[206] Insgesamt gesehen sind folglich nicht nur Maßnahmen im Rahmen des Betreuungsangebots als individueller Bedarf anzuerkennen, die einer Erwerbstätigkeit direkt gleichzustellen sind, sondern auch solche, mit denen die Attraktivität der Erziehungsberechtigten für den Arbeitsmarkt gesteigert werden kann (zB Sprachkurse, Integrationskurse). 169

Die Gesetzesbegründung zum KiföG geht jedoch über die ausbildungs- und arbeitsbezogenen Bedarfslagen hinaus und bezieht insgesamt die Verbesserung der Entwicklungschancen für Familien mit ein, sodass auch **familiäre Gründe** den Anspruch für eine das Regelangebot erweiternde Betreuung begründen können.[207] Davon aus- und darüber hinausgehend erstreckt sich die Verpflichtung des Staates zur Erfüllung der Rechtsansprüche U3 auch darauf, Voraussetzungen dafür zu schaffen, dass die Wahrnehmung der familiären Erziehungsaufgabe nicht zu beruflichen Nachteilen führt.[208] 170

aa) Integrations- und Sprachkurse

Unter den Begriff der beruflichen Bildungsmaßnahmen (§ 24 Abs. 3 S. 1 Nr 2 Buchst. b SGB VIII) fallen derzeit keine Integrationskurse, da die Förderlichkeit eines solchen Kurses für die Arbeitssuche nur einen nicht unbedingt bezweckten Nebeneffekt darstellen kann.[209] Ob **Integrationskurse** als berufliche Bildungsmaßnahmen zu qualifizieren sind, kann nach dem neuen Recht ab August 2013 dagegen dahingestellt bleiben, denn für viele Ausländer/innen ist die Teilnahme an einem solchen Kurs nicht freiwillig und es sollen unabhängig von einer Teilnahmepflicht nach der Intenti- 171

205 *Lakies*, in: Münder ua, FK-SGB VIII, § 24 Rn 46.
206 BT-Drucks. 15/3676, 23.
207 BT-Drucks. 16/9299, 10; siehe auch BT-Drucks. 15/3676, 1.
208 BVerfGE 99, 216 ff; BVerwGE 110, 320 ff.
209 VG Freiburg JAmt 2008, 493, 495.

on des Gesetzgebers die Entwicklungschancen für Familien durch den Rechtsanspruch generell verbessert werden, was über eine Erleichterung der Integration in die Gesellschaft zweifellos erfüllt werden kann. Dasselbe gilt für **Sprachkurse**, die ebenfalls die Integration von Familien in die Gesellschaft und ihre Entwicklungschancen verbessern sowie vor allem die Arbeitsaufnahme und die berufliche Entwicklung fördern.

172 Integrationskurse und Sprachkurse sind somit zukünftig **als individueller Bedarf anzuerkennen** und es besteht auch dann Anspruch auf Betreuung, wenn die Kurse (nur) in den Nachmittags- oder Abendstunden stattfinden, in denen keine Plätze im Regelangebot vorgehalten werden. Der Stundenumfang des Angebots zur Ermöglichung der Teilnahme an den Kursen ist am entsprechenden individuellen Bedarf auszurichten.

bb) Pflege von Angehörigen

173 Die Pflege von Angehörigen ist Ausdruck eines persönlichen Familienverständnisses der **generationsübergreifenden Solidargemeinschaft**. Entsteht aus der Pflege ein individueller Bedarf an Tagesbetreuung, der vom Regelangebot nicht gedeckt werden kann, ist dieser nach § 24 Abs. 2 S. 2 iVm Abs. 1 S. 3 SGB VIII F. 2013 anzuerkennen.

174 In der Regel wird der Umfang den Mindestanspruch auf einen Halbtagsplatz nicht überschreiten. Den Erziehungsberechtigten ist in diesem Fall zuzumuten, die **Zeiten der Pflege des Angehörigen** mit den Betreuungszeiten zu den Kernzeiten zu koordinieren. Nur wenn dies nicht möglich erscheint und eine Pflege des Angehörigen zu anderen Zeiten erforderlich ist, etwa weil andere Pflegepersonen nicht zur Verfügung stehen, und die Betreuung des Kindes während der Pflege nicht sichergestellt ist, so kann sich im Einzelfall auch ein abweichender oder erweiterter Rechtsanspruch ergeben.

cc) Chronische oder länger andauernde Krankheiten der Erziehungsberechtigten

175 Ist ein Elternteil chronisch oder für längere Zeit krank und bedarf dessen Kind wegen der **Krankheit des Elternteils** einer umfangreicheren oder anderweitigen Betreuung als im Regelangebot vorgehalten, ist auch dieser Bedarf anzuerkennen. Denkbar sind Konstellationen, in denen der Elternteil wegen seiner Krankheit ein Kind nicht allein betreuen kann, und das Kind daher in Zeiten, in denen der erkrankte Elternteil keine Unterstützung hat, auf einen Betreuungsplatz angewiesen ist. Ein individueller Bedarf kann sich auch ergeben, wenn wegen der Krankheit regelmäßige und häufige Behandlungen erforderlich sind, etwa in frühen Morgenstunden oder am Nachmittag/Abend. Vor der Annahme eines Rechtsanspruchs U3 ist allerdings zu prüfen, ob bei einem Zusammenleben der Eltern der andere Elternteil für die Betreuung zur Verfügung steht.

176 Abzugrenzen ist der Anspruch auf Kindertagesbetreuung hierbei allerdings vom Anspruch auf **Betreuung und Versorgung des Kindes in Notsituationen nach § 20 SGB VIII**. Danach soll, wenn ein Elternteil, der die Versorgung des Kindes übernommen hat, aus gesundheitlichen oder vergleichbaren Gründen ausfällt, der andere Elternteil bei der Betreuung und Versorgung eines Kindes unterstützt werden, womit die Vermeidung von Fremdunterbringungen und der Erhalt des familialen Lebens-

raums bezweckt werden.[210] Voraussetzung ist unter anderem, dass die Hilfe erforderlich ist, um das Wohl des Kindes zu gewährleisten (§ 20 Abs. 1 Nr 2 SGB VIII), und weil Angebote zur Förderung in Tageseinrichtungen oder in Kindertagespflege nicht ausreichen (§ 20 Abs. 1 Nr 3 SGB VIII).

Da sich der Anspruch auf Förderung in Tageseinrichtungen oder in Kindertagespflege künftig bezüglich seines Umfangs nach dem individuellen Bedarf auch aus Gründen einer Krankheit richten wird, wird bei etlichen chronischen Krankheiten der Erziehungsberechtigten davon auszugehen sein, dass Angebote der Tagesbetreuung ausreichen (müssen). Der **Anwendungsbereich des § 20 SGB VIII** beschränkt sich bspw auf Abend- und Nachtzeiten oder reine Versorgung im Haushalt der Familie. 177

Ein ausreichendes Angebot in Tageseinrichtungen oder in Kindertagespflege fehlt aber auch dann, wenn eine Betreuungsmöglichkeit dort zwar vorhanden, aber **für das konkrete Kind nicht geeignet** ist.[211] Letztlich wird im jeweiligen Einzelfall zu prüfen sein, ob dem Wohl des Kindes eine längere und zu atypischen Zeiten, ggf sogar über Nacht, stattfindende Förderung nach § 24 SGB VIII oder aber eine Hilfe nach § 20 SGB VIII im elterlichen Haushalt dienlicher ist. 178

Bei Erkrankung eines Elternteils sind in jedem Einzelfall ebenfalls die vorrangigen Ansprüche auf Gewährung einer **Haushaltshilfe als Leistung der Krankenversicherung** zu prüfen (§ 38 SGB V). Diese kann neben der Versorgung des Haushalts auch die Betreuung der Kinder umfassen. Sie umfasst aber keinen Erziehungs- und Bildungsauftrag, sodass bei länger dauernder und/oder chronischer Erkrankung die Förderung nur durch Tagesbetreuung nach SGB VIII gewährleistet werden kann. Dabei sollte im jeweiligen Einzelfall geprüft werden, welche Form der Betreuung (etwa durch eine dem Kind vertraute Kindertagespflegeperson in deren oder im elterlichen Haushalt) dem Wohl des Kindes am besten entspricht. 179

Leistungen der Haushaltshilfe nach SGB V sind vorrangig gegenüber Leistungen zur Versorgung und Betreuung in Notfällen nach § 20 SGB VIII (§ 10 Abs. 1 SGB VIII). Gegenüber der Förderung nach §§ 22 ff SGB VIII besteht eine für das **Vorrang-Nachrang-Verhältnis** notwendige Leistungskollision allerdings nur begrenzt, da mit den Leistungen auf unterschiedliche Bedarfe eingegangen wird. Der Rechtsanspruch U3 auf Förderung des Kindes in Kindertagespflege oder in Tageseinrichtungen ist bei chronischer oder länger andauernder Krankheit der betreuenden Erziehungsberechtigten somit (weitgehend) unabhängig vom Anspruch auf Haushaltshilfe oder Versorgung in Notfällen. 180

dd) Besonderer Betreuungsbedarf wegen weiterer Kinder

Ein individueller Bedarf kann sich auch daraus begründen, dass die Eltern bzw der mit dem Kind zusammenlebende Elternteil auch **andere Kinder zu betreuen** hat und diese während bestimmter Zeiten des Tages uneingeschränkte, alleinige Aufmerksamkeit verlangen. Denkbar ist etwa, dass ein Kind mit längerfristiger Erkrankung und/oder Behinderung teilweise ungeteilter Zuwendung bedarf oder der Elternteil sich aufgrund von Behandlungen oder Eingliederungshilfeangeboten für das Geschwisterkind während bestimmter Zeiten nicht ausreichend um das andere Kind kümmern kann. Auch nach der Geburt weiterer Geschwister kann anzuerkennen sein, dass zur Entlastung der Eltern bzw des allein betreuenden Elternteils das ältere Kind bzw die 181

210 *Struck*, in: Münder ua, FK-SGB VIII, § 20 Rn 1, 5; *Fischer*, in: Schellhorn ua, SGB VIII, § 20 Rn 1.
211 *Schleicher*, in: Fieseler ua, GK-SGB VIII, Stand: 12/2011, § 20 Rn 16.

älteren Kinder für eine über das Regelangebot hinausgehende Zeit Leistungen der Tagesbetreuung in Anspruch nehmen soll, etwa nach einer Mehrlingsgeburt, bei gesundheitlichen Problemen des Neugeborenen oder der Mutter oder anderweitig gesteigertem Bedarf an Entlastung.

182 Auch in diesen Fällen sind eventuell vorrangige Ansprüche gegenüber der Krankenversicherung auf eine **Haushaltshilfe nach § 38 SGB V** zu prüfen (hierzu Rn 179). Auch hier ist zu beachten, dass die Haushaltshilfe nach SGB V keine Förderung der Kinder durch Erziehung und Bildung gewährleistet und deshalb zum Wohl des einzelnen Kindes ergänzend oder anstelle dessen über das Regelangebot hinaus Anspruch auf Förderung durch eine Kindertagespflegeperson oder in einer Tageseinrichtung besteht.

ee) Bürgerschaftliches Engagement

183 Je nach Tätigkeit und Gemeinnützigkeit derselben kann bürgerschaftliches Engagement der Erziehungsberechtigten im Einzelfall ebenfalls anzuerkennen sein. Dies ist jedoch **nicht bei der Ausübung jeden Ehrenamts und/oder bürgerschaftlichen Engagements** der Fall. Vielmehr spielt für die Pflicht zur Anerkennung des individuellen Bedarfs im Rahmen des Rechtsanspruchs U3 eine konstitutive Rolle, in welchem Maße das Engagement einen Beitrag zur Selbstverwirklichung des Erziehungsberechtigten und/oder zum Gemeinnutz für die Gesellschaft bzw die Bürgerschaft leistet.

184 Wenn die Tätigkeit dies erlaubt, kann der Elternteil darauf verwiesen werden, sein Engagement während der **Zeiten des Regelangebots** auszuüben. Ein darüber hinausgehender oder andere Zeiten betreffender Bedarf erfordert somit neben der besonderen Rechtfertigung des bürgerschaftlichen Engagements einer Begründung, weshalb dieses nicht während der Zeiten des Regelangebots ausgeübt werden kann.

185 Entwicklungschancen von Familien: Über die bisherigen Bedarfskriterien hinaus sind im Sinne der Intentionen des Gesetzes weitere Bedarfe anzuerkennen. Dies gilt insbesondere dann, wenn sie im Zusammenhang mit der Vermeidung von beruflichen Nachteilen bzw der Steigerung der Attraktivität der Erziehungsberechtigten auf dem Arbeitsmarkt sowie generell der Verbesserung der Entwicklungschancen von Familien stehen. Anzuerkennen ist daher zum Beispiel der Bedarf an Betreuung des Kindes außerhalb der Kernzeiten, wenn und soweit diese erforderlich ist wegen

- der Teilnahme an Integrationskursen,
- der Pflege von Angehörigen,
- chronischen oder länger andauernden Krankheiten der Erziehungsberechtigten,
- besonderer Belastungen wegen Betreuung weiterer Kinder und
- je nach den Umständen des Einzelfalls auch bürgerschaftlichen Engagements.

c) Nicht anerkennungspflichtige persönliche Wünsche und Interessen

186 Teilweise wünschen sich Eltern eine Betreuung, die es ihnen ermöglicht, neben oder statt ihrer beruflichen oder einer Erwerbstätigkeit vergleichbaren Tätigkeit Freizeitaktivitäten nachgehen zu können,[212] **Arzttermine oder Behördengänge** wahrzunehmen, ohne Kinder die Einkäufe oder den Haushalt zu erledigen, sich auszuruhen, Telefongespräche zu führen oder sich vielleicht mit anderen Eltern oder sonstigen Bekannten in Ruhe auszutauschen.

212 *Textor*, Kindergartenpädagogik – Online-Handbuch, Familienerziehung, Kinderkrippe oder Tagesmutter, S. 3.

Zunächst ist zu betonen, dass dies den Erziehungsberechtigten frei steht, wenn sie hierzu das Regelangebot der Tagesbetreuung U3 nutzen. Für diese als Infrastrukturangebot zur Verfügung gestellte Betreuung hat das Jugendamt als Sozialleistungsträger nicht zu interessieren, was die Erziehungsberechtigten während der Betreuungszeit des Kindes machen. Sie können während der vom **Mindestanspruch** umfassten Zeit also beliebige Interessen verwirklichen. 187

Für den Fall, dass die Eltern nicht arbeiten und auch keiner einer Erwerbstätigkeit vergleichbaren Tätigkeit nachgehen, kann üblicherweise davon ausgegangen werden, dass der Mindestanspruch zeitlich ausreichend ist, und die **persönlichen Interessen** insofern keinen über den Mindestanspruch hinausgehenden, eine Anerkennungspflicht auslösenden Bedarf darstellen können. 188

In jedem Fall ist der Träger der öffentlichen Jugendhilfe nicht daran gehindert, auch bei rein persönlichen Interessen ein **Betreuungsangebot** zu machen, auch wenn dies nicht vom Rechtsanspruch U3 umfasst ist. 189

Keine Anerkennungspflicht bei rein persönlichen Interessen: Rein persönliche Interessen der Erziehungsberechtigten (zB Ausgehen oder andere Freizeitaktivitäten, Erledigung von Einkäufen oder Haushalt) können, müssen aber nicht als den Regelanspruch erweiternder Bedarf anerkannt werden. 190

4. Kindbezogener Bedarf

Ab August 2013 haben alle Kinder einen **Anspruch auf Stärkung ihrer individuellen und sozialen Entwicklung,**[213] da die Förderung in Tageseinrichtungen oder in Kindertagespflege grundsätzlich bei allen Kindern die entsprechenden Ziele verwirklichen kann.[214] Eine gute frühe Förderung von Kindern bietet die Möglichkeit, zusammen mit anderen Kindern aufzuwachsen und soziale Kompetenzen zu erlernen.[215] Insbesondere für erstgeborene Kinder und Einzelkinder ist die (auf das Wohlbefinden des einzelnen Kindes abgestimmte) Fremdbetreuung als entwicklungsfördernd einzuschätzen, sofern sie in die Erziehung integriert wird, statt sie zu ersetzen.[216] Der Bedarf an **Entwicklungsförderung** ist aus der Perspektive des Kindes zu beurteilen und nicht aus der Perspektive elterlichen Unterstützungsbedarfs.[217] 191

Ein kindbezogener Bedarf ist bislang als Kriterium für die objektive Rechtspflicht anerkannt, wenn die Förderung in Tagesbetreuung für die Entwicklung des Kindes zu einer eigenverantwortlichen und gemeinschaftsfähigen Persönlichkeit „geboten" ist (§ 24 Abs. 3 S. 1 Nr 1 SGB VIII). Als **„geboten"** gilt die Förderung jedoch nicht schon dann, wenn die individuelle und soziale Entwicklung des Kindes durch die Förderung gestärkt werden kann, sondern erst, wenn ein Kind in einer besonders belasteten Familie lebt, in der es die im Sinne des § 1 Abs. 1, § 22 Abs. 2 Nr 1 SGB VIII notwendige, seinem Wohl entsprechende Förderung unter Umständen nicht erhält.[218] Hiervon ist insbesondere auszugehen, wenn sich der Aufbau einer sicheren Bindung zwischen Kind und Mutter bzw Vater schwierig gestaltet, die Förderung in der Familie nur be- 192

213 BT-Drucks. 16/9299, 15.

214 Nach *Struck*, in: Wiesner, SGB VIII, § 24 Rn 40 b gilt dies daher auch schon nach der derzeitigen objektiven Förderungsverpflichtung.

215 BMFSFJ, Auf den Anfang kommt es an, Familien mit kleinen Kindern wirksam fördern, S. 2.

216 *Bayerl/Mack* AMOS 02/2007, 3, 4 f mwN.

217 *Fischer*, in: Schellhorn ua, SGB-VIII, § 24 Rn 39.

218 *Fischer*, in: Schellhorn ua, SGB-VIII, § 24 Rn 39, *Grube*, in: Hauck/Noftz, SGB VIII, Stand: 04/2009, § 24 Rn 31 a.

dingt gewährleistet ist oder die Eltern aufgrund der Entlastung durch die Tagesbetreuung für die Zeit mit dem Kind gestärkt werden können.

193 Ein kindbezogener individueller Bedarf ist somit – auch zukünftig – anzuerkennen, wenn Eltern über das Regelangebot hinaus oder abweichend von diesem ergänzende Förderung durch qualifizierte Fachkräfte benötigen. Wenn eine dem Wohl des Kindes entsprechende Erziehung nicht gewährleistet ist (§ 27 Abs. 1 SGB VIII), kann und darf hierbei die Förderung in Tagesbetreuung **kein Ersatz und keine Alternative zur Hilfe zur Erziehung** sein, sondern diese möglichst ergänzen.[219] Die Stärkung einer solchen strukturell abgesicherten Ergänzung bzw Verschränkung von Regelangebot in Tagesbetreuung und einzelfallindizierter Hilfe zur Erziehung ist derzeit in der kinder- und jugendhilfepolitischen Diskussion.[220]

194 Der Umfang der täglichen Betreuung richtet sich auch beim kindbezogenen individuellen Bedarf wiederum nach der besonderen Bedarfslage in der Familie und dem Bedürfnis des Kindes nach Förderung in Tagesbetreuung. Generell wird dieses Interesse durch den Mindestanspruch erfüllt sein. Im Einzelfall, wenn das Kind einen **besonderen Förderungsbedarf** hat, der eine weitergehende Förderung in einer Tageseinrichtung oder in Kindertagespflege als geboten erscheinen lässt, kann ausnahmsweise auch darüber hinaus ein Rechtsanspruch bestehen. Bei Kindern aus belasteten Familiensituationen ist allerdings auch zu beachten, dass im Fall einer bereits unsicheren Eltern-Kind-Bindung noch die Befürchtung einer Verschlechterung der Qualität der Beziehung des Kindes zu seinen Eltern/seiner primären Bezugsperson besteht, wenn das Kind mehr als **30 Stunden pro Woche** außerfamiliär betreut wird.[221] Gerade in solchen Fällen kann es häufig notwendig sein, neben der Tagesbetreuung auch andere Hilfen speziell zur Unterstützung der Beziehungsqualität zwischen Eltern und Kind zu gewähren.

195 **Bedarf von Kindern aus besonders belasteten Familien:** Ein individueller kindbezogener Bedarf ist insbesondere anzuerkennen, wenn ein Kind in einer besonders belasteten Familie lebt und daher von der Förderung in einer Tageseinrichtung oder in Kindertagespflege besonders profitieren würde, weil es eine seinem Wohl entsprechende Förderung in der Familie nicht in ausreichendem Maß erhält. In der Regel wird dieser besondere Bedarf in den Kernzeiten befriedigt werden können. Je nach der Situation in der Familie und weiteren Umständen können jedoch ausnahmsweise auch abweichende Betreuungszeiten angezeigt sein.

Keine Ersetzung von Hilfen zur Erziehung: Bei Kindern, die in belasteten Familiensituationen leben, ist bei einer über das Regelangebot hinausgehenden Förderungsdauer zu beachten, dass bei (drohender) unsicherer oder desorganisierter Eltern-Kind-Bindung eine Betreuungszeit von mehr als 30 Stunden die Eltern-Kind-Bindung noch verschlechtern kann. Wenn eine dem Wohl des Kindes entsprechende Erziehung nicht gewährleistet ist (§ 27 Abs. 1 SGB VIII), kann und darf hierbei die Förderung in Tagesbetreuung kein Ersatz und keine Alternative zur Hilfe zur Erziehung sein, sondern sollte diese vielmehr ergänzen und mit ihr koordiniert werden.

219 *Gerstein*, in: Fieseler ua, GK-SGB VIII, Stand: 06/2011, § 24 Rn 19.

220 Jugend- und Familienministerkonferenz, Beschluss zur Weiterentwicklung und Steuerung der Hilfen zur Erziehung, 31.05./1.6.2012 in Hannover, FORUM Jugendhilfe 2/2012, 21 ff.

221 *Becker-Stoll* FamRZ 2010, 77, 79.

V. Grenzen des Anspruchs aus Gründen des Kindeswohls

Bei allen Betreuungswünschen ist das **Wohl des Kindes vorrangig zu berücksichtigen** (Art. 3 Abs. 1 UN-Kinderrechtskonvention).[222] Dies gilt auch im Rahmen des Auftrags, Eltern bei der Vereinbarkeit von Familie und Erwerbstätigkeit oder anderen anzuerkennenden Interessen zu unterstützen. Der Rechtsanspruch auf Förderung nach § 24 Abs. 2 SGB VIII findet seine Grenzen, wenn das Bedürfnis der Eltern nach einer zeitlich sehr umfangreichen oder sehr flexiblen Betreuung so weitgehend im Widerspruch zu den Interessen des Kindes an Stabilität und Kontinuität steht, dass die Betreuung mit dem Kindeswohl und den Zielen der Kinder- und Jugendhilfe in §§ 1, 22 SGB VIII nicht mehr zu vereinbaren ist. 196

Kein Freibrief für zeitlich unbegrenzte Betreuung: Der Rechtsanspruch auf Förderung nach § 24 Abs. 2 SGB VIII ist kein Freibrief für jeglichen noch so zeitlich ausgeweiteten oder flexiblen Betreuungswunsch. 197

1. Allgemeine Auswirkungen der Tagesbetreuung auf die kindliche Entwicklung

Die **überragende Bedeutung von Erfahrungen in der frühen Kindheit** für das spätere Leben wird inzwischen ohne jeden Zweifel anerkannt. In keiner Phase des Lebens ist der Mensch mehr auf andere Menschen angewiesen.[223] Im Grundfall ist davon auszugehen, dass eine qualitativ hochwertige Tagesbetreuung Kindern nicht schadet, sondern als günstige Erweiterung ihrer Erfahrungen gesehen werden kann.[224] 198

Auch die **Bindungsforschung** geht heute davon aus, dass für eine positive Entwicklung nicht allein die exklusive Mutterbindung ausschlaggebend ist, sondern eine dauerhafte Vertrauensbindung zu wenigen, dem Kleinkind über eine längere Zeit verlässlich zur Verfügung stehenden Bezugspersonen, die das Kind ständig betreuen; dies können auch Kindertagespflegepersonen oder Erzieher/innen in einer Tageseinrichtung für Kinder sein.[225] Für Kleinkinder in problematischen Familiensituationen kann die Tagesbetreuung bei guter personeller Ausstattung auch eine kompensatorische Funktion übernehmen und ihnen ermöglichen, eine zuverlässige, liebevolle und wertschätzende Beziehung zu einem Erwachsenen entwickeln zu können, die ihnen bisher vorenthalten blieb.[226] Kindern mit Migrationshintergrund kann die frühe Tagesbetreuung zudem den Erwerb deutschsprachlicher Kompetenzen erleichtern.[227] 199

Nach der großen **NICHD-Studie**, einer Langzeitstudie des National Institute of Child Health and Human Development zu den langfristigen Auswirkungen der außerfamiliären Betreuung, entwickeln sich Kinder, die ausschließlich von ihren Müttern betreut werden, grundsätzlich nicht anders als solche in Tagesbetreuung.[228] Störungen der seelischen oder sozialen Entwicklung müssen in einer qualitativ hochwertigen Ta- 200

222 *Schmid/Wiesner* ZfJ 2005, 274 f; *Textor,* Kindergartenpädagogik – Online-Handbuch, Familienerziehung, Kinderkrippe oder Tagesmutter, S. 2.
223 *Pauen* APuZ 22-24/2012, 8, 11, 14.
224 *Becker-Stoll* ua, Handbuch Kinder in den ersten drei Lebensjahren, S. 103; Deutsche Liga für das Kind, Orientierungen für Eltern, Die beste Betreuung für mein Kind.
225 *Grossmann/Grossmann* Frühe Kindheit 6/2006 (zit. aus www.Liga-kind.de/fruehe/606_grossmann.php, S. 4); *Becker-Stoll,* Zeitschrift für die Arbeit mit Kindern unter 3, Themenheft Kleinstkinder in Kita und Tagespflege, 2012, 22; *Becker-Stoll* Frühe Kindheit 6/2009, 21; *Bayerl/Mack* AMOS 02/2007, 3.
226 *Grossmann,* Merkmale einer guten Gruppenbetreuung für Kinder unter 3 Jahren im Sinne der Bindungstheorie und ihre Anwendung auf berufsbegleitende Supervision, S. 13; *Becker-Stoll* FamRZ 2010, 77, 80; *Blossfeld* ua, Professionalisierung in der Frühpädagogik, S. 24.
227 *Tietze* ua, NUBBEK, S. 13, 15.
228 National Institute of Child Health and Human Development, The NICHD Study of Early Child Care and Youth Development, Findings for Children up to Age 4,5 Years, S. 1.

gesbetreuung im Generellen nicht befürchtet werden.[229] Auch die Eltern-Kind-Bindung leidet nach den Ergebnissen der großen NICHD-Studie grundsätzlich auch bei Kleinkindern nicht unter der Tagesbetreuung, sondern wird dominierend von der **Feinfühligkeit der primären Bindungsperson** geprägt.[230]

201 Allerdings wurden vielfach nicht nur positive Effekte, sondern auch **Stressreaktionen von Kleinkindern** im Zusammenhang mit der Tagesbetreuung beobachtet. Diesbezüglich wird zwar insgesamt davon ausgegangen, dass außerfamiliär betreute Kinder im Vergleich zu zuhause betreuten Kindern nicht gestresster oder trauriger sind.[231] Allerdings ergibt sich aus unterschiedlichen Studien, dass Kinder in Fremdbetreuung generell einen höheren Level des Stresshormons Cortisol aufweisen als in häuslicher Betreuung.[232] Aus einer Studie von *Quellet-Morin* ua ergibt sich dabei jedoch, dass eventuelle störende Auswirkungen auf den 24h-Cortisol-Rhythmus jedenfalls nur vorübergehend sind und mit fortschreitendem Alter ganz verschwinden. Darüber hinaus variieren die Cortisol-Level sowohl bei häuslicher Betreuung als auch in Fremdbetreuung in Abhängigkeit davon, ob das Kind bereits Erfahrungen mit der Kinderbetreuung hat.[233] Dies könnte unter anderem zumindest für das Erfordernis einer gut gelungenen, bezogen auf die Bedürfnisse des einzelnen Kindes ausreichend langen und feinfühligen Eingewöhnungsphase sprechen. Teilweise kommen Studien auch zu dem Ergebnis, dass diese Auswirkungen erst nach mehreren Stunden in Fremdbetreuung festzustellen sind.[234]

202 Weiter ist zu beachten, dass sich eine **sehr frühe Betreuung** (in den ersten sechs Lebensmonaten, die allerdings vom Rechtsanspruch nicht umfasst und nicht Gegenstand dieses Rechtsgutachtens ist) oder bei Kindern im zweiten oder dritten Lebensjahr ein **hoher Betreuungsumfang** (mehr als 45 Stunden in der Woche) leicht negativ auf soziale Kompetenzen auswirken und tendenziell das Ausmaß an Verhaltensauffälligkeiten erhöhen kann.[235] Es bedarf daher einer eingehenderen Beschäftigung mit der Frage, in welchem Umfang der Rechtsanspruch bei individuellem Bedarf im Sinne des § 24 Abs. 2 S. 2 iVm Abs. 1 S. 3 SGB VIII F. 2013 flexibilisiert und zeitlich ausgedehnt werden kann.

203 **Generell** ist zu berücksichtigen, dass ein Kind umso kürzer außerfamiliär betreut werden sollte, je jünger das Kind ist.[236] Ebenfalls spielt das **Betreuungssetting** vor allem im Hinblick auf die Anwesenheit einer gut vertrauten Betreuungsperson eine umso größere Bedeutung, je jünger das Kind ist.[237] Weiterhin ist zu berücksichtigen, dass Kindern die Integration umso leichter fällt, je näher die Betreuung in Richtung halb-

229 Deutsche Liga für das Kind, Orientierungen für Eltern, Die beste Betreuung für mein Kind.

230 National Institute of Child Health and Human Development, The NICHD Study of Early Child Care and Youth Development, Findings for Children up to Age 4,5 Years, S. 17; unter Bezugnahme auf die NICHD-Studie auch: *Becker-Stoll*, in: Deutscher Familiengerichtstag eV, Achtzehnter Deutscher Familiengerichtstag, S. 90; *Ahnert* Frühe Kindheit 6/2009, 11, 14.

231 *Becker-Stoll*, in: Deutscher Familiengerichtstag eV, Achtzehnter Deutscher Familiengerichtstag, S. 89 f.

232 *Vermeer/Ijzendoorn* Early Childhood Research Quarterly 21, 390, 397 mwN.

233 *Quellet-Morin* ua Journal of Child Psychiatry 51:3 (2010), 255, 301.

234 *Vermeer/Ijzendoorn* Early Childhood Research Quarterly 21 (2006), 390, 397 mwN.

235 National Institute of Child Health and Human Development, The NICHD Study of Early Child Care and Youth Development, Findings for Children up to Age 4,5 Years, S. 1; *Blossfeld* ua, in: vbw, Professionalisierung in der Frühpädagogik, S. 22; *Viernickel*, in: dies. ua, Krippenforschung, Methoden, Konzepte, Beispiele, S. 20.

236 *Textor* Kindergartenpädagogik – Online-Handbuch, Kind, Familie, Kindergarten, S. 4.

237 Vgl *Becker-Stoll* ua, Handbuch Kinder in den ersten drei Lebensjahren, S. 50 ff.

tags an möglichst vielen Wochentagen geht.[238] Bei der **Flexibilisierung und zeitlichen Ausdehnung** ist auch zu berücksichtigen, dass ein Teil der Kinder generell Schwierigkeiten zB mit der Gruppenkonfiguration hat, besonders sensibel, geräuschempfindlich und leicht überreizt ist oder größere Schwierigkeiten mit Veränderungen hat, sodass eine rein pauschale Handhabung nicht möglich, sondern auf das einzelne Kind abzustellen ist (§ 22 Abs. 3 S. 3 SGB VIII).

Bedürfnisse der Kinder: Der Anspruch findet seine Grenzen, wenn das Bedürfnis der Eltern nach einer zeitlich besonders umfangreichen oder flexiblen Betreuung so sehr im Widerspruch zu den Interessen des Kindes an Stabilität und Kontinuität steht, dass die Betreuung mit dem Kindeswohl nicht mehr zu vereinbaren ist. 204

Bedürfnisse des einzelnen Kindes: Bei der Prüfung der Grenzen des Rechtsanspruchs U3 sind die Bedürfnisse des einzelnen Kindes zu berücksichtigen, bspw wenn ein Kind Schwierigkeiten zB mit der Gruppenkonfiguration hat, besonders sensibel, geräuschempfindlich oder leicht überreizt ist oder größere Schwierigkeiten mit Veränderungen hat.

Allgemeine Grundsätze: Unabhängig davon können allgemeine Grundsätze und Relationen konstatiert werden, die losgelöst vom Einzelfall von Bedeutung sind:

- Je jünger die Kinder, umso kürzer die Höchstdauer der für das Kind noch förderlichen außerfamiliären Betreuung.
- Je länger und/oder flexibler die Betreuung, umso größer die Anforderungen an die Qualität und die Bedeutung des Betreuungssettings, vor allem im Hinblick auf die Anwesenheit einer dem Kind gut vertrauten Betreuungsperson.
- Je näher die Förderung an einer Halbtagsbetreuung und an einer Betreuung an möglichst vielen, aufeinanderfolgenden Wochentagen, umso leichter fällt Kindern die Integration in Gruppen.

2. Zeitlich ausgedehnte Betreuung

Insbesondere die Arbeitszeiten der Eltern werden häufig eine zeitlich über den Mindestanspruch hinausgehende Tagesbetreuung erforderlich machen. Dabei ist grundsätzlich davon auszugehen, dass das Kind auch eine **längere Trennung von den Eltern** bewältigen kann, wenn es bei einer bestimmten Betreuungsperson eine neue Sicherheitsbasis gefunden und Zutrauen zu ihr gefasst hat.[239] 205

Bei einer **sehr langen außerfamiliären Tagesbetreuung** wird bei Kleinkindern allerdings befürchtet, dass das Kindeswohl durch eine Überforderung der Anpassungsfähigkeit des Kindes, eine Erschütterung seines Sicherheitsgefühls und eine Beeinträchtigung der Beziehungsqualität zu den primären Bezugspersonen gefährdet wird[240] (wobei nach den Ergebnissen der NICHD-Studie zumindest die Befürchtung einer gefährdeten Beziehungsqualität unabhängig vom Betreuungsumfang unbegründet ist).[241] 206

Zur Begründung für Empfehlungen hinsichtlich nicht zu langer Betreuungszeiten wird dabei teilweise die **mangelhafte Qualität** in vielen Betreuungssettings, insbeson- 207

238 *Haug-Schnabel*, in: Landschaftsverband Rheinland, Flexible Betreuung von Unterdreijährigen im Kontext von Geborgenheit, Kontinuität und Zugehörigkeit, S. 23.

239 *Grossmann* Frühe Kindheit 3/89, (zit. aus http://liga-kind.de/fruehe/398_gross.php, S. 14).

240 *Becker-Stoll* FamRZ 2010, 77; Deutsche Liga für das Kind, Orientierungen für Eltern, Die beste Betreuung für mein Kind.

241 Allerdings wird bei Kindern aus problematischen Familiensituationen mit wenig feinfühligen primären Bindungspersonen teilweise betont, dass, wenn bereits eine unsichere Eltern-Kind-Bindung besteht, sich die Qualität der Beziehung bei einer längeren Dauer der Fremdbetreuung noch verschlechtert, vgl *Becker-Stoll* FamRZ 2010, 77, 79; NICHD, Findings for Children up to Age 4,5 Years, S. 17.

dere im Hinblick auf die Gruppengröße und die Qualifizierung des pädagogischen Personals, genannt.[242] Die Vorbehalte sind folglich auch an der tatsächlichen Qualität des jeweiligen Angebots an Förderung in einer Tageseinrichtung oder in Kindertagespflege zu messen. Daher sind jedenfalls bei einer längeren Dauer der Tagesbetreuung besondere Anforderungen an die Bedingungen und die Qualität der Betreuung sowie die Anwesenheit einer vertrauten Bezugsperson zu stellen – und der Träger der öffentlichen Jugendhilfe ist entsprechend in der Pflicht, Angebote mit der notwendigen hohen Qualität sicherzustellen.

208 Hinsichtlich eines **konkreten Stundenmaßes** für eine zu lange Dauer der Tagesbetreuung hat die Forschung uneinheitliche Ergebnisse hervorgebracht.[243] Generell gilt auch für Kinder im Alter unter drei Jahren eine Betreuungszeit von 20 bis 30 Wochenstunden als akzeptabel.[244] Davon abgesehen gibt es Hinweise darauf, dass sich eine außerfamiliäre Betreuung von **mehr als 45 Stunden in der Woche** negativ auf das sozial-emotionale Verhalten auswirkt.[245] Aus genereller Perspektive wird teilweise betont, dass die Bedürfnisse von Kindern noch umso mehr in ihren Herkunftsfamilien erfüllt werden sollten, je jünger sie sind.[246] Hierbei kann und sollte unterschieden werden zwischen Kindern im ersten Lebensjahr (die nicht vom Rechtsanspruch umfasste Altersgruppe), Kindern bis zum Alter von zwei Jahren, da dann in der Regel die Bindungsphase abgeschlossen ist, und Kindern zwischen zwei und drei Jahren.[247]

209 Für **Säuglinge bis zum Alter von zwölf Monaten** wird tendenziell davon ausgegangen, dass sie nicht mehr als vier bis fünf Stunden pro Tag außerfamiliär betreut werden sollten, damit noch genügend Zeit für den Bindungsaufbau zu den Eltern verbleibt.[248] Mit Abschluss des ersten Lebensjahrs kann somit angenommen werden, dass eine Ausweitung dieser Zeiten in Betracht kommt. Im **zweiten Lebensjahr** ist dabei allerdings zu berücksichtigen, dass gerade am Beginn dieses Jahres das Bindungsverhalten von Kindern schnell aktiviert wird und sie noch den häufigen Körperkontakt zur primären Bindungsperson brauchen.[249] Gerade im zweiten Lebensjahr ist für viele Kinder auch eine besonders sanfte Eingewöhnung erforderlich, damit Kinder in ihren Bezugserzieher/inne/n eine sichere Basis als Voraussetzung für die Erfüllung des Förderungsauftrags finden können.[250] Im **dritten Lebensjahr** entwickeln sich bei Kindern größere soziale und kommunikative Kompetenzen, die Explorationsunterstützung und Bildungsbegleitung können jetzt stärker im Vordergrund stehen. Aber auch in diesem Alter ist noch eine verlässliche emotionale Unterstützung durch Bezugsbetreuungspersonen von großer Bedeutung.

210 In jedem Fall sollte der Betreuungszeitrahmen zulassen, dass noch genügend qualitativ verbrachte Zeit zwischen Kind und Eltern bleibt, die **zufriedenstellende Eltern-**

242 Vgl *Textor*, Kindergartenpädagogik – Online-Handbuch, Familienerziehung, Kinderkrippe oder Tagesmutter, S. 3.
243 *Buchebner-Ferstl* ua, Kindgerechte außerfamiliale Kinderbetreuung für unter 3-Jährige, S. 54.
244 *Buchebner-Ferstl* ua, Kindgerechte außerfamiliale Kinderbetreuung für unter 3-Jährige, S. 54; *Textor*, Kindergartenpädagogik – Online-Handbuch, Familienerziehung, Kinderkrippe oder Tagesmutter, S. 3.
245 Vgl *Viernickel*, in: dies. ua, Krippenforschung, Methoden, Konzepte, Beispiele, S. 20.
246 *Textor* Kindergartenpädagogik – Online-Handbuch, Kind, Familie, Kindergarten, S. 4.
247 Vgl *Becker-Stoll*, Handbuch Kinder in den ersten drei Lebensjahren, S. 50 ff.
248 *Becker-Stoll* FamRZ 2010, 77, 79; *Becker-Stoll*, Handbuch Kinder in den ersten drei Lebensjahren, S. 51.
249 *Becker-Stoll*, Handbuch Kinder in den ersten drei Lebensjahren, S. 51.
250 *Becker-Stoll*, Handbuch Kinder in den ersten drei Lebensjahren, S. 51.

Kind-Interaktionen ermöglicht.[251] Je länger die Dauer der Fremdbetreuung ist, desto wichtiger ist auch, dass die gemeinsame Zeit für das Kind möglichst bedürfnisgerecht gestaltet wird und, auch hier ist dies wieder zu betonen, von großer Feinfühligkeit der Eltern geprägt ist.[252] Um zu verhindern, dass die Eltern selbst im Anschluss an ihren Arbeitstag erschöpft und gestresst sind, und um den Übergang in eine qualitativ gute Familienzeit zu erleichtern, hält es die Forschungsgruppe Verhaltensbiologie des Menschen (FVM) sogar in bestimmten Fällen für angemessen und angezeigt, an die Betreuung während der Arbeits- und Wegezeiten der Eltern noch etwas Betreuungszeit anzuhängen, sodass die Eltern Gelegenheit haben, sich kurz auszuruhen oder auch einen Teil der Hausarbeit zu erledigen.[253]

Was die Grenzen eines möglichen Betreuungsumfangs aus beruflichen oder vergleichbaren Gründen betrifft, so dürfte im Hinblick auf die noch verbleibende Zeit für die Eltern-Kind-Beziehung eine Betreuung von **neun Stunden täglich und 45 Stunden wöchentlich** (unter Beachtung der Ermöglichung einer Vollzeittätigkeit zuzüglich Anfahrtszeit) schon die absolute Obergrenze darstellen (wobei eine Übernachtung von 19 Uhr abends bis 7 Uhr morgens nicht unbedingt als 12-Stunden-Betreuung gewertet werden muss). 211

Es spricht Vieles dafür, bei der Festlegung von **Höchstgrenzen für den Rechtsanspruch U3** zwischen Kindern im zweiten und Kindern im dritten Lebensjahr zu unterscheiden und die Höchstgrenzen mit fortschreitendem Alter auszuweiten. Längere Betreuungszeiten können jedenfalls nicht pauschal mit der Begründung zurückgewiesen werden, sie widersprächen dem Kindeswohl. Zur rechtsanspruchsgestützten Ausweitung des zeitlichen Umfangs kommen bspw Kombinationsmodelle zwischen Kindertagespflege und Tageseinrichtungen in Betracht, bei denen das Kind im (ersten bzw) zweiten Lebensjahr zunächst ausschließlich von einer ihm gut vertrauten Kindertagespflegeperson betreut wird, die dann ggf die Eingewöhnung in eine Tageseinrichtung durchführt, aus der sie das Kind im Anschluss an eine halbtägige Betreuung abholt und anschließend selbst betreut. Für die Vereinbarkeit mit dem Kindeswohl spricht auch, dass teilweise davon ausgegangen wird, dass Kinder in den ersten 18 Lebensmonaten stärker von der Betreuung in Kindertagespflege als in einer Tageseinrichtung profitieren.[254] Danach hingegen, und insbesondere im dritten Lebensjahr, können Kinder unter Umständen von der Gruppenbetreuung in einer Tageseinrichtung (zumindest halbtags) stärker profitieren als bei einer einzelnen Tagespflegeperson, insbesondere wenn sie dort in einer Gruppe mit viel jüngeren Kindern betreut werden. 212

Berücksichtigung des Alters: Um zu verhindern, dass das Kindeswohl durch eine Überforderung der Anpassungsfähigkeit des Kindes, eine Erschütterung seines Sicherheitsgefühls und eine Beeinträchtigung der Beziehungsqualität zu den primären Bezugspersonen gefährdet wird, ist eine zeitliche Obergrenze für den Förderungsanspruch erforderlich. Da bei Kindern im zweiten Lebensjahr das Bindungsverhalten noch besonders 213

251 *Becker-Stoll* FamRZ 2010, 77, 80; *Becker-Stoll*, in: Deutscher Familiengerichtstag eV, Achtzehnter Deutscher Familiengerichtstag, S. 89; *Haug-Schnabel* ua, in: Landschaftsverband Rheinland, Flexible Betreuung von Unterdreijährigen im Kontext von Geborgenheit, Kontinuität und Zugehörigkeit, S. 24.

252 *Becker-Stoll*, in: Deutscher Familiengerichtstag eV, Achtzehnter Deutscher Familiengerichtstag, S. 89; *Haug-Schnabel* ua, in: Landschaftsverband Rheinland, Flexible Betreuung von Unterdreijährigen im Kontext von Geborgenheit, Kontinuität und Zugehörigkeit, S. 21.

253 *Haug-Schnabel* ua, in: Landschaftsverband Rheinland, Flexible Betreuung von Unterdreijährigen im Kontext von Geborgenheit, Kontinuität und Zugehörigkeit, S. 26.

254 *Ahnert*, Entwicklungspsychologische Aspekte der Erziehung, Bildung und Betreuung von Kleinkindern, S. 19.

schnell aktiviert wird und die frühkindliche Bindungsphase häufig noch nicht abgeschlossen ist, spricht Einiges für Altersunterscheidung zwischen Kindern bis zum Alter von zwei Jahren und Kindern im Alter zwischen zwei und drei Jahren. Mit fortschreitendem Altern kann mit Blick auf das Kindeswohl eine Ausweitung der Höchstgrenzen erfolgen.

Höchstgrenzen der Betreuung: Was die Grenzen eines möglichen Betreuungsumfangs aus beruflichen oder vergleichbaren Gründen betrifft, so dürfte im Hinblick auf die noch verbleibende Zeit für die Eltern-Kind-Beziehung eine Betreuung von neun Stunden täglich und 45 Stunden wöchentlich (unter Beachtung der Ermöglichung einer Vollzeittätigkeit zuzüglich Anfahrtszeit) die absolute Obergrenze darstellen.

3. Zeitlich flexible Betreuung

a) „Individueller Bedarf" an Flexibilisierung

214 Zur Erfüllung gesellschaftlicher und familiärer Ansprüche und zur Verwirklichung individueller beruflicher Tätigkeiten von Eltern ist eine **Flexibilisierung der Angebote an Tagesbetreuung** erforderlich. Hierbei ist dem Umstand Rechnung zu tragen, dass der Anteil an Beschäftigten steigt, die im Schichtdienst und/oder zu atypischen Zeiten, am frühen Morgen oder späten Abend, am Wochenende oder sogar in der Nacht arbeiten.[255] Unter flexibler Betreuung sind Angebote zu verstehen, in denen Familien ihre Betreuungszeiten je nach ihrem Bedarf beanspruchen können.[256] Daher ist grundsätzlich auch eine flexible, vom Regelanspruch abweichende Betreuung aufgrund eines individuellen Bedarfs vom Förderungsanspruch umfasst, wenn dies aufgrund der Erwerbstätigkeit oder wegen eines anderen anerkennungsfähigen Bedarfs erforderlich ist.

215 Als **Formen flexibler Betreuung** sind vor allem atypische Öffnungszeiten (zB am frühen Morgen oder späten Abend, über Nacht oder am Wochenende), lange Öffnungszeiten von mindestens acht bis zehn Stunden täglich (zur zeitlich ausgedehnten Betreuung Rn 205 ff) sowie eine flexible Nutzung der Betreuungszeiten (zB Betreuung nur an einzelnen Tagen, Wechsel zwischen Vormittags- und Nachmittagsbetreuung, Wechsel zwischen Halbtags- und Ganztagsbetreuung) von Bedeutung.[257]

216 **Notwendigkeit flexibler Betreuung:** Zur Erfüllung gesellschaftlicher und familiärer Ansprüche und zur Verwirklichung individueller beruflicher Tätigkeiten von Eltern ist eine Flexibilisierung der Angebote an Tagesbetreuung erforderlich. Unter flexibler Betreuung sind Angebote zu verstehen, in denen Familien ihre Betreuungszeiten je nach ihrem Bedarf festlegen können. Grundsätzlich ist auch eine flexible, vom Regelanspruch abweichende Betreuung aufgrund eines individuellen Bedarfs vom Förderungsanspruch umfasst, wenn dies aufgrund der Erwerbstätigkeit (zB im Schichtdienst) oder wegen eines anderen anerkennungsfähigen Bedarfs erforderlich ist.

b) Anforderungen an die Kindeswohlförderlichkeit

217 Bei einer **Befragung** gaben **Leiterinnen von Tageseinrichtungen** mit flexiblem Betreuungsangebot an, dass auch ein solches grundsätzlich den Bedürfnissen der Kinder gerecht würde, dass sich die Kinder in der Regel gerne, unbeschwert und glücklich dort aufhielten und sich gut entwickelten. Ebenfalls ergab die Befragung, dass der Kontakt

---

255 *Micheel* ua, Bedarfsorientierte Kinderbetreuung für Beschäftigte mit atypischen Arbeitszeiten, S. 5; *Klinkhammer*, Kindertageseinrichtungen mit flexiblen Angebotsstrukturen, S. 47, 51; *Stöbe-Blossey*, Arbeitszeit und Kinderbetreuung, S. 8.

256 *Stöbe-Blossey*, Rahmenbedingungen für flexible Betreuungsformen im Bundesländer-Vergleich, S. 2.

257 *Klinkhammer*, Kindertageseinrichtungen mit flexiblen Angebotsstrukturen, S. 64 f.

zu den Familien aufgrund der besonderen Bedürfnisse oft viel näher und individueller ist, als in Regeleinrichtungen.[258] So kann eine flexible Betreuung auch mit Vorteilen verbunden sein, zB in Bezug auf die Förderung von Selbstständigkeit und Organisationsvermögen, die Ermöglichung anderer Gruppenzusammensetzungen mit Ausweich- und Distanzierungsmöglichkeiten, einer Minimierung von Stress im Familienalltag und einer größeren Zufriedenheit der Eltern.[259]

Dennoch entspricht das **elterliche Bedürfnis nach Flexibilisierung** der Betreuungszeiten nicht immer den **kindlichen Bedürfnissen nach stabilen Strukturen.**[260] Sehr flexible Betreuungsformen stehen, da sie mit wenig festen Tagesabläufen und mit keinen vorhersagbaren und abschätzbaren Aufenthalts- und Abholzeiten verbunden sind, der Struktur entgegen, die für eine Förderung der kindlichen Kompetenzen erforderlich ist.[261] Besonders problematisch ist der erschwerte Beziehungsaufbau, wenn Kinder unregelmäßig oder eher selten kommen oder die Flexibilität generell mit einem häufigeren Wechsel der Betreuungspersonen verbunden ist.[262] 218

Darüber hinaus ist es auch für den **Aufbau sozialer Kontakte zwischen den Kindern** problematisch, wenn die Gruppenzusammensetzung ständig wechselt, ein Kommen und Gehen der Kinder vorherrscht oder extrem altersheterogene Gruppen zu atypischen Zeiten gebildet werden.[263] Soziale Kontakte zu anderen Kindern und die Interaktion unter den Kindern sind schon im Krippenalter von Bedeutung, auch Kleinkinder regen sich gegenseitig in ihrer Entwicklung an, und bereits im Krippenalter können erste stabile Beziehungen zwischen Kindern entstehen, die von gegenseitiger Hilfe, Suche nach Intimität, Teilen von Spielzeug und Loyalität geprägt sein können.[264] Für die Beziehung zwischen Kleinkindern sind allerdings regelmäßig gemeinsam verbrachte Zeit und somit Kontinuität und Gruppenstabilität von Bedeutung, da Kleinkindern ein kompetenteres Sozialverhalten und ein längerer sozialer Austausch gelingt, wenn sie vertrauter miteinander sind.[265] 219

Wiederum zu betonen ist die **überragende Bedeutung stabiler Beziehungen zu den betreuenden Erwachsenen**, da nur unter dieser Voraussetzung gute Beziehungen der Kinder untereinander entstehen können.[266] 220

Eine bestimmte regelmäßige Stundenzahl, ein gewisses Ausmaß an in der Tageseinrichtung oder Tagespflegestelle und mit den Betreuungspersonen verbrachter Zeit so- 221

258 *Klinkhammer*, Kindertageseinrichtungen mit flexiblen Angebotsstrukturen, S. 73, 98 f.

259 *Klinkhammer*, Kindertageseinrichtungen mit flexiblen Angebotsstrukturen, S. 114, 117, 120 ff.

260 *Klinkhammer*, Kindertageseinrichtungen mit flexiblen Angebotsstrukturen, S. 76 f.

261 *Becker-Stoll* ua, Handbuch Kinder in den ersten drei Lebensjahren, S. 18; *Haug-Schnabel* ua, in: Landschaftsverband Rheinland, Flexible Betreuung von Unterdreijährigen im Kontext von Geborgenheit, Kontinuität und Zugehörigkeit, S. 25 mwN.

262 *Haug-Schnabel* ua, in: Landschaftsverband Rheinland, Flexible Betreuung von Unterdreijährigen im Kontext von Geborgenheit, Kontinuität und Zugehörigkeit, S. 14.

263 *Haug-Schnabel* ua, in: Landschaftsverband Rheinland, Flexible Betreuung von Unterdreijährigen im Kontext von Geborgenheit, Kontinuität und Zugehörigkeit, S. 16.

264 *Viernickel,* Soziale Kontakte und Beziehungen zwischen Kleinkindern (in: www.familienhandbuch.de); *Haug-Schnabel* ua, in: Landschaftsverband Rheinland, Flexible Betreuung von Unterdreijährigen im Kontext von Geborgenheit, Kontinuität und Zugehörigkeit, S. 14.

265 *Viernickel,* Soziale Kontakte und Beziehungen zwischen Kleinkindern, (in: www.familienhandbuch.de); *Haug-Schnabel* ua, in: Landschaftsverband Rheinland, Flexible Betreuung von Unterdreijährigen im Kontext von Geborgenheit, Kontinuität und Zugehörigkeit, S. 14; *Ahnert*, Entwicklungspsychologische Aspekte der Erziehung, Bildung und Betreuung von Kleinkindern, S. 22.

266 *Viernickel,* Soziale Kontakte und Beziehungen zwischen Kleinkindern (in: www.familienhandbuch.de); *Haug-Schnabel* Frühe Kindheit 6/2009, 25 f.

wie verlässliche Strukturen sind notwendig,[267] um **Stabilität und Kontinuität** zu schaffen und dem Kind den **Aufbau tragfähiger Beziehungen** zu den Betreuungspersonen und zu den anderen Kindern zu ermöglichen.

222 **Qualifizierte Flexibilisierung:** Erforderlich ist eine besonders qualifizierte Betreuung, damit die Flexibilität dem Kindeswohl nicht widerspricht.

c) Grenzen der Anerkennung „individuellen Bedarfs" an flexibler Betreuung

223 Flexible Betreuungsformen können, wie gesehen, nicht völlig beliebig sein und müssen Grenzen haben. Notwendig ist eine **kindgerechte Planung gemeinsam mit den Eltern.** Sollen individuelle Bedarfe Anerkennung finden, die flexible Betreuungszeiten erfordern, ist mit Blick auf das Wohl der betreffenden Kinder eine qualifizierte Flexibilisierung geboten, die neben der angemessenen Berücksichtigung der Erwartungen der Eltern in besonderem Maße die Rechte und Bedürfnisse von Kindern miteinbezieht.

aa) Mindestbetreuungszeiten, Regelung von Bring- und Abholzeiten

224 Grundbedingungen für eine kindeswohlförderliche Tagesbetreuung U3 können zunächst über die **Mindestbetreuungszeiten** erreicht werden (dazu Rn 101 ff). Sind Eltern, die in einem nicht oder nur bedingt vorhersehbar zeitlich strukturierbaren Beruf arbeiten, auf flexible Angebote der Tagesbetreuung angewiesen, so ist vielleicht nicht bei der Förderung als einziges Kind einer Kindertagespflegeperson, aber zumindest bei der Gruppenbetreuung erforderlich, dass die Kinder (ggf zusätzlich zu den benötigten Stunden) während eines Mindestzeitumfangs (hierzu Rn 107 ff) in Zeiten anwesend sind, in denen sie in einer Weise am Gruppengeschehen teilnehmen können, dass ihre Integration ermöglicht wird. Um dies zu gewährleisten, wird es im Einzelfall erforderlich sein, ggf zusätzlich zu den wegen der Erwerbstätigkeit benötigten Stunden das Kind auch zu anderen Zeiten zu fördern – und entsprechende Finanzierungsmodalitäten hierfür zu entwickeln. Gerade wenn Eltern zB die Betreuung nur an einem Tag in der Woche für sehr viele Stunden benötigen, kann – zumindest in Fällen der Gruppenbetreuung – im Interesse des Kindeswohls und der Förderungsziele des § 22 SGB VIII eine Förderung noch an weiteren Tagen, möglichst während der Kernzeiten, zu fordern sein.[268] In Fällen eines ausdrücklichen Betreuungswunschs an nur einem oder zwei Tagen stößt der Rechtsanspruch U3 auf Förderung in einer Tageseinrichtung auf seine Grenzen und kann ansonsten die Förderung durch eine Kindertagespflegeperson, die im Vergleich zur Tageseinrichtung mehr Kontinuität bietet, zu verlangen sein.[269]

225 Weitere Stabilität kann die Tagesbetreuung zu flexiblen Zielen erlangen, wenn bei der **Wahl der Betreuungszeiten** darauf geachtet wird, dass die Kinder nicht während laufender Stundenblöcke gebracht oder abgeholt werden.[270] Es kann zur Vermeidung der Belastungen wegen der flexiblen Betreuungszeiten im Einzelfall zulässig sein, wenn von den Erziehungsberechtigten gefordert wird, dass jeweils eine letzte Bring-

267 *Becker-Stoll*, Handbuch Kinder in den ersten drei Lebensjahren, S. 129; *Textor*, Kindergartenpädagogik – Online-Handbuch, Flexible Angebotsformen in der Kindertagesbetreuung, S. 7.

268 *Strätz*, in: Landschaftsverband Rheinland, Flexible Betreuung von Unterdreijährigen im Kontext von Geborgenheit, Kontinuität und Zugehörigkeit, S. 80.

269 *Haug-Schnabel* ua, in: Landschaftsverband Rheinland, Flexible Betreuung von Unterdreijährigen im Kontext von Geborgenheit, Kontinuität und Zugehörigkeit, S. 45.

270 *Stöbe-Blossey*, Rahmenbedingungen für flexible Betreuungsformen im Bundesländer-Vergleich, S. 2.

zeit für Vormittags- und Nachmittagskinder eingehalten wird[271] bzw dass sich die Eltern im Rahmen der flexiblen Inanspruchnahme am Tagesablauf der Einrichtung oder Tagespflegestelle orientieren.[272] Ist dies nicht möglich, wird der Rechtsanspruch U3 auch hier häufig nur durch eine Förderung in Kindertagespflege in Betracht kommen.

Mindestbetreuungszeiten: Grundbedingungen für eine kindeswohlförderliche flexible Tagesbetreuung U3 können zunächst über die Mindestbetreuungszeiten erreicht werden. 226

Ermöglichung einer Gruppenbetreuung: Um zumindest bei der Gruppenbetreuung zu gewährleisten, dass Kinder in Zeiten anwesend sind, in der sie am Gruppengeschehen teilnehmen können, ist das Kind ggf zusätzlich zu den benötigten Stunden auch zu anderen Zeiten zu fördern und sind ggf entsprechende Finanzierungsmodelle zu entwickeln.

Bring- und Abholzeiten: Im Fall der Gruppenbetreuung ist bei der Planung auch zu berücksichtigen, dass die Kinder möglichst nicht während laufender Stundenblöcke gebracht oder abgeholt werden bzw sich die Eltern bestmöglich am Tagesablauf der Einrichtung orientieren.

bb) Voraussehbarer Tagesablauf

Erforderlich ist in jedem Fall flexibler Betreuung, dass für Kinder ein **wiederkehrender erkennbarer Tagesablauf** gestaltet wird[273] (zB ein mit dem Wechsel von Früh- zu Haupt- und Spätschichten verbundener Raumwechsel,[274] Rituale auch außerhalb der Kernzeiten, gemeinsame Mahlzeiten usw). Um eine flexible Betreuung kindgerecht zu gestalten, sind auch Mitgestaltungsmöglichkeiten im Alltag oder die Übernahme von Patenschaften zwischen den Kindern möglich[275] (zB von regelmäßig kommenden für seltener kommende Kinder oder von älteren für jüngere Kinder). 227

Wiederkehrender erkennbarer Tagesablauf: Um dem kindlichen Bedürfnis nach verlässlichen Strukturen gerecht zu werden, ist in jedem Fall flexibler Betreuung erforderlich, dass für Kinder ein wiederkehrender erkennbarer Tagesablauf gestaltet wird (zB durch einen Raumwechsel bei Früh- zu Haupt- und Spätschichten, durch bestimmte Rituale auch außerhalb der Kernzeiten, durch gemeinsame Mahlzeiten usw). 228

cc) Besondere Qualifizierung der Betreuungspersonen

Eine flexible Betreuung erfordert weiterhin **besonders qualifizierte Erzieher/innen** sowie das Vorhandensein einer **dem Kind vertrauten Betreuungsperson**, die die Bedürfnisse des Kindes in besonderem Maße zu erfüllen gewillt ist und die darüber hinaus noch zuverlässiger als in der frühkindlichen Förderung ohnehin erforderlich erkennt, wann das Kind eine besonders intensive Betreuung braucht, wann es Ruhe vor den anderen benötigt und wann es zB bei einer Nachmittagsbetreuung die gleiche Angebotsanregung benötigt, wie die anderen Kinder sie vormittags in den Kernzeiten erhalten.[276] 229

271 *Haug-Schnabel* ua, in: Landschaftsverband Rheinland, Flexible Betreuung von Unterdreijährigen im Kontext von Geborgenheit, Kontinuität und Zugehörigkeit, S. 35.
272 *Klinkhammer*, Flexibilität ermöglichen, Qualität sichern, S. 7.
273 *Haug-Schnabel* ua, in: Landschaftsverband Rheinland, Flexible Betreuung von Unterdreijährigen im Kontext von Geborgenheit, Kontinuität und Zugehörigkeit, S. 21.
274 *Klinkhammer*, Kindertageseinrichtungen mit flexiblen Angebotsstrukturen, S. 100.
275 *Klinkhammer*, Kindertageseinrichtungen mit flexiblen Angebotsstrukturen, S. 102.
276 *Klinkhammer*, Kindertageseinrichtungen mit flexiblen Angebotsstrukturen, S. 151; *Haug-Schnabel* ua, in: Landschaftsverband Rheinland, Flexible Betreuung von Unterdreijährigen im Kontext von Geborgenheit, Kontinuität und Zugehörigkeit, S. 18.

dd) Anwesenheit vertrauter Betreuungspersonen

230 Bei flexibler Betreuung ist das **Bindungsverhalten von Kindern** häufiger und intensiver aktiviert. Daher ist besonders darauf zu achten, dass das Kind auch in der flexiblen Betreuung möglichst wenig Wechsel der Betreuungspersonen erfährt und nur von vertrauten Personen betreut wird.[277] Auch dies kann erforderlich machen, dass Eltern mit flexiblen Betreuungswünschen im Rahmen des Rechtsanspruchs U3 auf eine Kindertagespflegeperson zu verweisen sind, da nur diese eine konstante Anwesenheit derselben Betreuungsperson gewährleistet.

231 **Möglichst wenig Betreuerwechsel:** Flexible Betreuung erfordert besonders qualifiziertes Betreuungspersonal sowie in besonderem Maß das Vorhandensein einer dem Kind vertrauten Betreuungsperson bei möglichst wenig Betreuerwechseln. In Kindertagespflege kann auf flexible Betreuungsbedarfe daher häufig am besten eingegangen werden, da hier in der Regel eine konstante Anwesenheit der gleichen Betreuungsperson gewährleistet ist.

ee) Gestaltung der Eingewöhnung

232 Schließlich wird sowohl für die Förderung in Tageseinrichtungen als auch in Kindertagespflege empfohlen, dass während der **Eingewöhnungszeit** eine möglichst konsequente Anwesenheitspflicht halbtags durchgehalten werden kann, bspw an vier bis fünf Tagen in der Woche halbtags.[278] Dies bedeutet aber auch, dass Finanzierungsregelungen, die für die Zeit der Eingewöhnung nur eine Förderung von besonders wenig Stunden vorsehen, gegebenenfalls anzupassen sind.

233 **Ausdehnung der Anwesenheit in der Eingewöhnung:** Für die Eingewöhnungsphase wird eine möglichst konsequente Anwesenheitspflicht an möglichst vielen Wochentagen empfohlen, auch wenn die späteren Betreuungszeiten davon abweichen.

ff) Buchungsberatung

234 In allen Fällen flexibler Betreuungswünsche sind Elterninformation, Familienunterstützung und Buchungsberatung wichtige Bestandteile der Erziehungsarbeit,[279] sodass es im Interesse des Kindeswohls ggf möglich ist, für die Buchungszeiten sowie Bring- und Abholzeiten gemeinsam mit den Eltern Lösungen unter Berücksichtigung sowohl der elterlichen Bedürfnisse und beruflichen Anforderungen als auch der Belastungen flexibler Betreuungssettings für das Kind zu entwickeln. Durch eine **gezielte und einfühlsame Buchungsberatung** kann in einzelnen Fällen zB die Berufs- und Familienzeit für Eltern und Kind gut geregelt werden, allen Kindern die Teilnahme an besonderen Ereignissen ermöglicht, Bring- und Abholstress reduziert und ggf massiv variierende Arbeitszeiten der Eltern durch bewusst längere, aber dafür kontinuierliche Betreuungszeit ausgeglichen werden.[280] In diesem Rahmen zählt zur **Erziehungs- und Bildungspartnerschaft** auch die gemeinsame Planung und Gestaltung der Eingewöhnungsphase.[281]

277 *Becker-Stoll*, in: Landschaftsverband Rheinland, Flexible Betreuung von Unterdreijährigen im Kontext von Geborgenheit, Kontinuität und Zugehörigkeit, S. 60.

278 *Haug-Schnabel* ua, in: Landschaftsverband Rheinland, Flexible Betreuung von Unterdreijährigen im Kontext von Geborgenheit, Kontinuität und Zugehörigkeit, S. 21.

279 *Haug-Schnabel* ua, in: Landschaftsverband Rheinland, Flexible Betreuung von Unterdreijährigen im Kontext von Geborgenheit, Kontinuität und Zugehörigkeit, S. 28.

280 *Haug-Schnabel* ua, in: Landschaftsverband Rheinland, Flexible Betreuung von Unterdreijährigen im Kontext von Geborgenheit, Kontinuität und Zugehörigkeit, S. 34.

281 *Becker-Stoll*, Handbuch Kinder in den ersten drei Lebensjahren, S. 166.

Kompetente und adressatengerechte Buchungsberatung braucht einen Überblick über die gesamte Angebotspalette an Tagesbetreuung in einem Jugendamtsbezirk bzw Sozialraum und Unabhängigkeit von einzelnen Trägerinteressen. Für ein sachgerechtes Angebot an entsprechender Beratung wird diese daher regelmäßig durch einen zentralen Dienst im Jugendamt oder bei einem Träger der freien Jugendhilfe zu gewährleisten sein.[282] Sie ist Bestandteil der **Informations- und Beratungsaufgaben zum Platzangebot und zu den pädagogischen Konzeptionen** nach § 24 Abs. 4 S. 1 SGB VIII (bzw § 24 Abs. 5 S. 1 SGB VIII F. 2013). Nur so wird Eltern eine Auswahl ermöglicht, die ihren und den Bedürfnissen und Interessen ihrer Kinder am besten gerecht wird.[283] Die Beratung kann sich hierbei nicht nur auf die Art der Einrichtung beziehen, sondern muss auch für die Form der Inanspruchnahme der Betreuung an sich gelten. 235

Chancen der Buchungsberatung: Eine gezielte und einfühlsame Buchungsberatung kann eine den kindlichen sowie den elterlichen Bedürfnissen entsprechende Regelung, die Reduzierung von Bring- und Abholstress sowie ggf einen Ausgleich massiv variierender elterlicher Arbeitszeiten durch bewusst längere, dafür aber kontinuierliche Betreuungszeit ermöglichen. 236

Kindgerechte Planung in Erziehungs- und Bildungspartnerschaft: Notwendig ist eine kindgerechte Planung gemeinsam mit den Eltern im Rahmen einer Buchungsberatung, möglichst durch einen zentralen Dienst im Jugendamtsbezirk. Sind diese Voraussetzungen erfüllt, kann das Kind im Einzelfall auch Vorteile aus flexibilisierten Betreuungszeiten ziehen (Förderung von Selbstständigkeit und Organisationsvermögen, Ermöglichung anderer Gruppenzusammensetzungen ohne allzu feste Strukturen ohne Ausweich- und Distanzierungsmöglichkeiten, Minimierung von Stress im Familienalltag, größere Zufriedenheit der Eltern).

4. Betreuung in den Nachtstunden

Eine Betreuung über Nacht erfüllt den Förderungsauftrag nach §§ 22 ff SGB VIII nur dann, wenn sie **in qualifizierter Weise über die Beaufsichtigung des Schlafs hinausgeht** (siehe Rn 125 ff). Sie kann vom Rechtsanspruch umfasst sein, wenn dies zur Ermöglichung der Erwerbstätigkeit oder eines vergleichbaren Interesses erforderlich ist. Dabei ist zu berücksichtigen, dass entsprechende Angebote zwar nur für wenige Familien von Bedeutung sind (vor allem Alleinerziehende ohne Rückgriffsmöglichkeiten auf familiäre Unterstützungsstrukturen). Dann sind sie aber oftmals notwendige Voraussetzung, um überhaupt erwerbstätig sein zu können.[284] 237

Sofern eine Betreuung über Nacht erforderlich und ein entsprechender individueller Bedarf anzuerkennen ist, erscheint es besonders wichtig, dass eine **dem Kind gut vertraute Betreuungsperson** sowohl vor dem Schlafengehen als auch während der Schlafzeit und beim Aufwachen anwesend ist. Die Kinder müssen außerdem den Ort der Betreuung gut kennen und dort bereits gut eingewöhnt sein.[285] Übernacht-Betreuung dürfte wegen des in flexibler Betreuung sowie insbesondere bei Müdigkeit beson- 238

282 Vgl zur vergleichbaren Situation bei der strukturellen Anbindung der Fachberatung in der Tagesbetreuung die Empfehlungen des Deutschen Vereins zur konzeptionellen und strukturellen Ausgestaltung der Fachberatung im System der Kindertagesbetreuung, S. 5 ff.

283 *Fischer*, in: Schellhorn ua, SGB VIII, § 24 Rn 44.

284 *Stöbe-Blossey*, Arbeitszeit und Kinderbetreuung, S. 8.

285 *Textor*, Kindergartenpädagogik – Online-Handbuch, Flexible Angebotsformen in der Kindertagesbetreuung, S. 6.

ders aktivierten Bindungsverhaltens[286] nur in einem sehr familiären Setting mit dem Kindeswohl vereinbar sein. Mit dem Kindeswohl vereinbar erscheint bspw ein Setting in Kindertagespflege, bei dem der Ort der Betreuung für das Kind zu einem zweiten Zuhause geworden ist und verlässliche Vertrautheit bietet. Eine **24-Stunden-Kita** wird dagegen für Kinder in den ersten drei Lebensjahren teilweise als generell nicht förderlich angesehen[287] und wäre damit vom Rechtsanspruch U3 nicht umfasst.

239 Zur **Erfüllung ausschließlich persönlicher Interessen** kommt die Betreuung in den Nachtstunden (zB Kino- oder Theaterbesuch, Ausgehen) jedenfalls nicht in Betracht (hierzu Rn 186 ff).

240 **Erfordernis eines besonders familiären Settings:** Eine Betreuung über Nacht dürfte wegen des in flexibler Betreuung sowie insbesondere wegen des bei Müdigkeit besonders aktivierten Bindungsverhaltens nur in einem sehr familiären Setting mit dem Kindeswohl vereinbar sein. Besonders wichtig ist hierbei, dass eine dem Kind gut vertraute Betreuungsperson sowohl vor dem Schlafengehen als auch während der Schlafzeit und beim Aufwachen anwesend ist, dass die Kinder den Ort der Betreuung gut kennen und dort bereits gut eingewöhnt sind. Mit dem Kindeswohl vereinbar erscheint bspw ein Setting in Kindertagespflege, bei dem der Ort der Betreuung für das Kind zu einem zweiten Zuhause geworden ist und verlässliche Vertrautheit bietet. Eine 24-Stunden-Kita wird dagegen für Kinder in den ersten drei Lebensjahren teilweise als generell nicht förderlich angesehen.

C. Erfüllung des Rechtsanspruchs

241 Der Rechtsanspruch des Kindes wird durch **Zurverfügungstellung eines Platzes** in Kindertagesbetreuung erfüllt. Dies geschieht aufgrund Vermittlung durch den Träger der öffentlichen Jugendhilfe und häufig auch indem die Erziehungsberechtigten einen Platz selbst suchen und das Jugendamt auf entsprechenden Nachweis die Kostenübernahme erklärt.[288] Allerdings reicht nicht aus, dass der Träger der öffentlichen Jugendhilfe irgendwo einen beliebigen Platz zur Verfügung stellt. Erforderlich ist die Erfüllung eines bedarfsgerechten Angebots, das sich an der Nachfrage orientiert.[289] Das Angebot muss sich hierbei pädagogisch und organisatorisch an den Bedürfnissen sowohl der Kinder als auch ihrer Familien orientieren.[290] Bei der Frage, was den Bedürfnissen der Familien entspricht, spielen subjektive Wünsche und objektive Kriterien eine Rolle.[291]

242 Im Folgenden soll den Fragen nachgegangen werden, inwiefern bei der Anspruchserfüllung die Vorstellungen der Leistungsberechtigten zu berücksichtigen sind (Rn 205 ff) und was für ein Angebot der Träger den Leistungsberechtigten im Einzelfall nachweisen muss, um den Rechtsanspruch zu erfüllen (Rn 256 ff).

286 *Becker-Stoll*, in: Landschaftsverband Rheinland, Flexible Betreuung von Unterdreijährigen im Kontext von Geborgenheit, Kontinuität und Zugehörigkeit, S. 60.

287 *Becker-Stoll*, in: Landschaftsverband Rheinland, Flexible Betreuung von Unterdreijährigen im Kontext von Geborgenheit, Kontinuität und Zugehörigkeit, S. 74.

288 *Struck*, in: Wiesner, SGB VIII, § 24 Rn 25.

289 *Lakies*, in: Münder ua, FK-SGB VIII, § 24 Rn 22; *Struck*, in: Wiesner, SGB VIII, § 24 Rn 23.

290 *Lakies*, in: Münder ua, FK-SGB VIII, § 22 Rn 18.

291 *Oehlmann-Austermann* ZfJ 1996, 7, 8 ff.

I. Wunsch- und Wahlrecht (§ 5 SGB VIII)

Bei der **Anspruchserfüllung** ist das Wunsch- und Wahlrecht der Leistungsberechtigten nach § 5 SGB VIII von besonderer Bedeutung. 243

1. Allgemein

Die Anspruchsberechtigten haben das Recht, zwischen Einrichtungen und Diensten verschiedener Träger zu wählen und Wünsche hinsichtlich der Gestaltung der Hilfe zu äußern (§ 5 Abs. 1 S. 1 SGB VIII). Das Recht kommt damit sowohl beim „Wo" als auch beim „Wie" zum Tragen.[292] Das Wahlrecht hinsichtlich des **„Wo" der Leistung** bezieht sich dabei entgegen dem Wortlaut nicht nur auf Einrichtungen verschiedener Träger, sondern dem Sinn und Zweck der Regelung entsprechend auch auf verschiedene Einrichtungen desselben Trägers.[293] Von der Gestaltung, dem **„Wie" der Hilfe,**[294] ist die nähere Ausgestaltung der Leistungsart umfasst, zB hinsichtlich Personen, Inhalten, Methoden sowie äußeren Rahmenbedingungen wie Dauer und zeitlichem Umfang.[295] In Bezug auf die Förderung in Kindertagesbetreuung beinhaltet das Wunsch- und Wahlrecht bspw die Möglichkeit, zwischen verschiedenen Kindertagespflegepersonen oder Plätzen in verschiedenen Tageseinrichtungen, mit unterschiedlichen pädagogischen Konzepten oder weltanschaulicher Ausrichtung zu wählen oder einen Platz in einer Kita in der Nähe der Arbeitsstätte statt der Wohnung zu beanspruchen.[296] 244

Der jeweiligen Wahl und den Wünschen soll entsprochen werden, sofern dies nicht mit **unverhältnismäßigen Mehrkosten** verbunden ist (§ 5 Abs. 2 S. 1 SGB VIII). 245

Grundrechtlich gestützt durch das Elternrecht (Art. 6 Abs. 2 S. 1 GG) und als **Ausdruck des Dienstleistungsgedankens** wird der Jugendhilfeträger dazu verpflichtet, die Adressat/inn/en in ihren Wünschen und Interessen ernst zu nehmen und in der Verwirklichung ihrer Hilfebedürfnisse zu unterstützen.[297] Die Regelung des § 5 SGB VIII macht somit einen verfassungsrechtlich unterlegten, sowohl sozialrechtlichen als auch sozialpädagogischen Grundsatz der Kinder- und Jugendhilfe deutlich, nach dem die Beteiligten aus der Familie nicht nur Objekte staatlichen Handelns sind, sondern nach dem die Kinder- und Jugendhilfe ihre Adressat/inn/en bei einer Selbstverwirklichung nach persönlichen Vorstellungen unterstützen soll.[298] 246

Grundgedanke des § 5 SGB VIII ist somit, dass die Wünsche der Hilfeadressat/inn/en vom Jugendhilfeträger bei der Leistungsgewährung im Einzelfall von vornherein zu berücksichtigen sind, damit es gar nicht erst zu Konfrontationen um die Ausübung des Erziehungsrechts kommt. Werden die Vorstellungen der Leistungsberechtigten bereits bei der Gestaltung der Leistung berücksichtigt, so ist damit das Wunsch- und Wahlrecht verwirklicht.[299] 247

> Weitreichende Auswahlmöglichkeiten: Lösen Erziehungsberechtigte für ihr Kind den „Rechtsanspruch U3" ein, steht ihnen das Wunsch- und Wahlrecht nach § 5 SGB VIII zu. 248

---

292 *Neumann*, in: Hauck/Noftz, SGB VIII, Stand: 12/2009, § 5 Rn 9.
293 *Wiesner*, in: ders., SGB VIII, § 5 Rn 9.
294 BVerwG NDV 1982, 235.
295 *Schindler*, in: Kunkel, LPK-SGB VIII, § 5 Rn 6.
296 *Struck*, in: Wiesner, SGB VIII, § 24 Rn 21.
297 *Münder*, in: ders. ua, FK-SGB VIII, § 5 Rn 2.
298 *Münder*, in: ders. ua, FK-SGB VIII, § 5 Rn 2; *Fieseler*, in: ders. ua, GK-SGB VIII, Stand: 05/2009 § 5 Rn 2.
299 *Münder*, in: ders. ua, FK-SGB VIII, § 5 Rn 5.

Danach sind den Erziehungsberechtigten weitreichende Spielräume bei der Auswahl der für ihr Kind passenden frühkindlichen Förderung eingeräumt.

2. Wunsch- und Wahlrecht zwischen Tageseinrichtung und Kindertagespflegeperson

249 Wenn das Gesetz zukünftig formuliert, dass die Kinder im Alter zwischen einem und drei Jahren einen **Anspruch auf Förderung in einer Tageseinrichtung oder in Kindertagespflege haben** (§ 24 Abs. 2 S. 1 SGB VIII F. 2013), wirft dies im Hinblick auf das Wunsch- und Wahlrecht der Leistungsberechtigten zunächst die Frage auf, ob die Erziehungsberechtigten für ihre Kinder auch wählen können, Kindertagespflege in Anspruch zu nehmen, wenn der Träger der öffentlichen Jugendhilfe ihnen nur einen Platz in einer Tageseinrichtung anbietet, bzw umgekehrt einen Platz in einer Tageseinrichtung zu beanspruchen, obwohl nur Kindertagespflege angeboten wird.[300]

a) Die Geeignetheit der Betreuung in Tageseinrichtungen und in Kindertagespflege

250 Sowohl die Förderung in einer Tageseinrichtung als auch in Kindertagespflege sind grundsätzlich als geeignet für die Tagesbetreuung der unter dreijährigen Kinder anzusehen. Beide Betreuungsformen werden als **gleichwertig und daher als gleich geeignet** betrachtet (§ 24 Abs. 2, Abs. 3 SGB VIII).[301] Dies entspricht bereits der Rechtslage vor dem Rechtsanspruch U3; hieran ändert sich nichts.

251 Die **Kindertagespflege** wird seit der Neufassung der §§ 22 bis 26 SGB VIII durch das Tagesbetreuungsausbaugesetz (TAG) als Teil eines qualifizierten, vielfältigen und integrierten Systems der Tagesbetreuung verstanden[302] und stellt aus Sicht des Gesetzes ein Parallel- oder Alternativangebot zur institutionellen Betreuung von Kindern in Tageseinrichtungen dar.[303] Sie wird daher auch nicht mehr isoliert neben der Förderung in Kindertagesstätten geregelt, sondern in ein gemeinsames Förderangebot integriert.[304]

252 Mit der Gesetzesänderung zum August 2013 wird die **Gleichwertigkeit weiter betont**, wenn für Kinder bis zur Vollendung des dritten Lebensjahrs grundsätzlich sowohl die Förderung in Tageseinrichtungen als auch die Förderung in Kindertagespflege als geeignete Angebote im Wortlaut des § 24 Abs. 2 S. 1 SGB VIII F. 2013 nebeneinander stehen. Mit der Verwendung des Wortes „oder“ kennzeichnen Gesetze alternative Möglichkeiten, ohne damit Wertungen oder Prioritäten zu setzen. In der Gesetzesbegründung zum Kinderförderungsgesetz (KiföG) heißt es, der Rechtsanspruch ab 2013 könne entsprechend den Wünschen und Bedürfnissen des Kindes sowohl in Tageseinrichtungen als auch in Kindertagespflege erfüllt werden.[305]

b) Wahl zwischen den Betreuungsarten „Förderung in einer Tageseinrichtung“ und „Förderung in Kindertagespflege“

253 Für den Fall, dass die Eltern für ihr Kind die Vermittlung entweder nur einer Tageseinrichtung oder nur einer Kindertagespflegestelle verlangen, stellt sich die Frage, ob dies tatsächlich auf das Wunsch- und Wahlrecht nach § 5 Abs. 1 S. 1 SGB VIII gestützt werden kann. Dies ist jedenfalls nicht ohne weiteres zu bejahen. Denn nach

300 Ein solches Wahlrecht behauptend, aber nicht begründend *Rixen* NJW 2012, 2839.
301 *Struck*, in: Wiesner, SGB VIII, § 24 Rn 43 a.
302 *Struck*, in: Wiesner, SGB VIII, § 23 Rn 1.
303 *Lakies*, in: Münder ua, FK-SGB VIII, § 23 Rn 7.
304 *Struck*, in: Wiesner, SGB VIII, § 23 Rn 1.
305 BT-Drucks. 16/9299, 15.

dem Wortlaut des § 5 Abs. 1 S. 1 SGB VIII besteht das **Wahlrecht** nur „zwischen Einrichtungen und Diensten verschiedener Träger" sowie ein **Wunschrecht** hinsichtlich der Gestaltung der Hilfe, nicht aber zwischen verschiedenen Hilfearten.

aa) Verschiedene Hilfearten

Zu prüfen ist zunächst, ob es sich bei der Förderung in Tageseinrichtungen und der Förderung in Kindertagespflege überhaupt um zwei **verschiedene Leistungs- bzw Hilfearten** handelt. Beide sind in einem Abschnitt des SGB VIII geregelt und fallen unter den – allerdings nicht vom Gesetz verwendeten – Oberbegriff der „Kindertagesbetreuung", was ein Argument dafür sein könnte, dass lediglich zwei verschiedene Gestaltungsformen derselben Leistungsart der – ebenfalls gesetzlich so nicht bezeichneten – frühkindlichen Förderung nach § 24 Abs. 2 SGB VIII F. 2013 vorliegen. 254

Dagegen spricht allerdings, dass die Überschrift zum dritten Abschnitt des SGB VIII mit ihrer Formulierung „Förderung von Kindern in Tageseinrichtungen und in Kindertagespflege" unterscheidet. Einer **Einordnung** als verschiedene Leistungs- oder Hilfearten der Kinder- und Jugendhilfe näher ist auch der Umstand, dass die Profile (anders als etwa die verschiedenen Formen von Tageseinrichtungen wie Kinderkrippen, Kindergärten oder Einrichtungen mit bestimmten pädagogischen oder weltanschaulichen Ausrichtungen) in unterschiedlichen Vorschriften geregelt werden: das Profil der Kinderbetreuung in Tageseinrichtungen in § 22 a SGB VIII und das Profil der Kindertagespflege in § 23 SGB VIII. Zudem gelten unterschiedliche rechtliche Voraussetzungen für die Zulässigkeit der Förderung: Während Tageseinrichtungen generell einer Betriebserlaubnispflicht unterliegen, für deren Erteilung der überörtliche Träger zuständig ist (§§ 45, 85 Abs. 2 Nr 6 u. 7 SGB VIII), unterliegt die Kindertagespflege nur unter bestimmten Voraussetzungen der Erlaubnis durch den örtlichen Träger der öffentlichen Jugendhilfe (§§ 43, 85 Abs. 1 SGB VIII). Dies macht in der Praxis eine Abgrenzung zwischen der Förderung in Tageseinrichtungen und in Kindertagespflege erforderlich,[306] worauf auch § 22 Abs. 1 S. 3 SGB VIII hinweist, wenn klargestellt wird, dass das Nähere zur Abgrenzung durch Landesrecht zu regeln ist. 255

Nach der **Systematik des SGB VIII** ist daher davon auszugehen, dass es sich bei der Förderung von Kindern in Tageseinrichtungen und in Kindertagespflege um unterschiedliche Leistungsarten für den gleichen Hilfebedarf handelt. 256

bb) Anwendbarkeit des Wunsch- und Wahlrechts

Nach wohl herrschender Auffassung bezieht sich das Wunsch- und Wahlrecht grundsätzlich entsprechend seines Wortlauts nicht auf die Leistungen und die Hilfeart selbst, da sich diese nach den Rechtsansprüchen des SGB VIII richten, bei deren Gewährung dem Träger der öffentlichen Jugendhilfe im Einzelfall Ermessen oder ein Beurteilungsspielraum zustehen kann oder nicht.[307] Damit ist die **Wahl der Hilfeart und der Hilfeform** nicht Gegenstand des Rechts nach § 5 Abs. 1 SGB VIII, sondern Teil der (vorangegangenen) Entscheidung des Trägers der öffentlichen Jugendhilfe über die im Einzelfall geeignete und notwendige Hilfe.[308] Zur Begründung wird hierbei ausgeführt, dass ansonsten die gesetzlich vorgesehenen Voraussetzungen für die jeweiligen Hilfearten und -formen aus dem Blick verloren würden.[309] 257

306 Vgl BT-Drucks. 15/3676, 31.

307 OVG BB JAmt 2001, 597, 599; *Happe/Saurbier*, in: Jans ua, Kinder- und Jugendhilferecht, Stand: 08/2008, § 5 Rn 8; *Wiesner*, in: ders., SGB VIII, § 5 Rn 1.

308 *Wiesner*, in: ders., SGB VIII, § 5 Rn 1.

309 OVG BB JAmt 2001, 597, 599.

258 Diese Auffassung mit der ihr zugrundeliegenden Begründung lässt sich jedoch nicht ohne weiteres auf den Rechtsanspruch nach § 24 Abs. 2 SGB VIII F. 2013 übertragen. Denn danach besteht der **Anspruch auf Förderung** in Tageseinrichtungen und in Kindertagespflege unter jeweils identischen Voraussetzungen. Im Gegensatz bspw zu den Hilfen zur Erziehung (vgl § 27 Abs. 1 SGB VIII) sind die Förderangebote nach § 24 SGB VIII nicht durch einen Bedarf im Einzelfall indiziert, sondern stellen ein Regelangebot für alle Kinder in einem bestimmten Alter dar.[310]

259 Vor dem Hintergrund der Argumentation zur Nichtanwendbarkeit des Wunsch- und Wahlrechts bei einer Wahl zwischen verschiedenen Leistungsarten ist daher kein Grund ersichtlich, weshalb das Wunsch- und Wahlrecht im Lichte der **nicht priorisierenden „Oder-Regelung" des § 24 Abs. 2 S. 1 SGB VIII F. 2013** nicht grundsätzlich auch bei der Wahl zwischen einer Förderung in Tageseinrichtungen und in Kindertagespflege zur Geltung kommen sollte. Entsprechend wird auch von *Münder* vertreten, dass die Vorstellungen der Berechtigten im Hinblick auf die Hilfearten dann Ausgangspunkt sind, wenn sie sich auf rechtlich zulässige und fachlich geeignete Hilfen beziehen, wenn es also vergleichbare, geeignete Alternativen gibt, die den rechtlich anzuerkennenden jugendhilferechtlichen Bedarf vollständig abdecken.[311] Dass beide Betreuungsarten, die Förderung in Tageseinrichtungen und die Förderung in Kindertagespflege, als gleich geeignet anzusehen sind, hat der Gesetzgeber seit dem Tagesbetreuungsausbaugesetz (TAG) und Kinderförderungsgesetz (KiföG) ausdrücklich betont und entsprechend in der Systematik der §§ 22 ff SGB VIII verankert (hierzu Rn 250 ff).

260 Zur Gestaltung der Hilfe, die vom Wunschrecht umfasst ist, gehört somit dann ausnahmsweise auch die **Art der Hilfe**, wenn der jugendhilferechtliche Bedarf im Einzelfall durch mehrere Hilfearten gedeckt werden kann,[312] wie § 24 Abs. 2 S. 1 SGB VIII F. 2013 es bei der frühkindlichen Förderung mit seiner „Oder-Formulierung" gerade vorsieht. Der Bedarf nach Förderung kann entsprechend der Wahl und den Wünschen der Leistungsberechtigten sowohl in Tageseinrichtungen als auch in Kindertagespflege gedeckt werden.[313]

261 Für die Geltung des Wunsch- und Wahlrechts für die Wahl zwischen den beiden Leistungsarten der Kindertagesbetreuung sprechen auch die **Ausführungen des Gesetzgebers**. Im Gesetzentwurf wird dargelegt, dass Eltern und Kinder aufgrund ihrer unterschiedlichen Lebenssituationen und Bedürfnisse Betreuungsangebote in großer Vielfalt benötigen. Dies könne nicht allein durch die Bereitstellung neuer Plätze in Kindertageseinrichtungen sichergestellt werden. Es gehe vielmehr um die Vielfalt der Angebote in Kinderkrippen, in altersgemischten Gruppen und in der Kindertagespflege.[314] Mit der Schaffung eines vielfältigen Angebots solle auch der Ausbau der Kindertagespflege verbunden sein. Hierbei wird explizit auf das Wahlrecht der Eltern Bezug genommen, welches nur durch eine vielfältige Betreuungslandschaft vollständig realisiert werden könne.[315]

262 Nicht zuletzt gründet die Geltung des § 5 Abs. 1 S. 1 SGB VIII für die Wahl der Betreuungsform auch auf dem verfassungsrechtlichen Erziehungsprimat der Eltern ge-

310 *Lakies*, in: Münder ua, FK-SGB VIII, Vor §§ 22-26 Rn 3.
311 *Münder*, in: ders. ua, FK-SGB VIII, § 5 Rn 8, unter Bezugnahme auf *Münder* RsDE 1998, 55, 62.
312 *Wiesner*, in: ders., SGB VIII, § 5 Rn 11; *Oehlmann-Austermann* ZfJ 1997, 455.
313 BT-Drucks. 16/9299, 15.
314 BT-Drucks. 16/9299, 2.
315 BT-Drucks. 16/9299, 19.

genüber öffentlicher Erziehung (Art. 6 Abs. 2 S. 1 GG, § 1 Abs. 2 SGB VIII).[316] Es findet seine **Ausprägung im Individualisierungsprinzip** sowie einer gesteigerten Bedeutung des Wunsch- und Wahlrechts im Rahmen der Kinderbetreuung. Denn obwohl beide Hilfearten zurecht grundsätzlich als gleich geeignet anzusehen sind, gibt es doch zwischen der Förderung in Tageseinrichtungen und der Förderung in Kindertagespflege nicht unbeachtliche Unterschiede, die Familien unterschiedlich ansprechen bzw der Ausübung des elterlichen Erziehungsrechts unterschiedlich gerecht werden können.

Halten manche Eltern die besonders familiennahe Betreuungsform in kleinen, über- 263
schaubaren Tagespflegegruppen[317] für wünschenswert, so werden andere Familien vielleicht größere Tageseinrichtungen mit einem unter Umständen größeren erzieherischen Angebot bevorzugen. Entsprechend kann sich das Wunsch- und Wahlrecht auch auf **konfessionelle oder nicht-konfessionelle Bindungen, pädagogische oder weltanschauliche Ausrichtungen** usw richten.[318] Auch § 24 Abs. 2 SGB VIII F. 2013 macht insoweit deutlich, dass die Leistungsberechtigten keine „Planungsobjekte sozialpädagogischer Infrastrukturpolitik", sondern individuelle Leistungsberechtigte mit möglicherweise durchaus individuellen Vorstellungen sind und auch sein dürfen.[319]

Wahl der Art der Tagesbetreuung: Die Erziehungsberechtigten haben das Recht, im Rah- 264
men des Wunsch- und Wahlrechts die Art der Tagesbetreuung zu wählen, also die Förderung in einer Tageseinrichtung oder die Förderung in Kindertagespflege.

cc) Beschränkung auf vorhandenes Angebot

Im Ergebnis ist festzuhalten, dass Eltern im Hinblick auf das Wunsch- und Wahlrecht 265
nach § 5 Abs. 1 S. 1 SGB VIII für ihr Kind auch wählen können, ob sie einen Platz in Kindertagespflege oder in einer Tageseinrichtung in Anspruch nehmen wollen.[320] Das zuständige Jugendamt wird daher grundsätzlich verpflichtet sein, den Leistungsberechtigten eine dem **Wunsch der Eltern entsprechende Betreuungsform** zu vermitteln.

Sind allerdings **keine Plätze in Tageseinrichtungen bzw in Tagespflegestellen vorhan-** 266
den oder verfügbar, so kann den entsprechenden Wünschen auch nicht entsprochen werden.[321] Denn das Wunsch- und Wahlrecht gewährt keinen Anspruch auf die Schaffung neuer Dienste und Einrichtungen. Es erstreckt sich nur auf das tatsächlich vorhandene Angebot,[322] auf tatsächlich zur Verfügung stehende Plätze.[323]

Stehen nur freie Plätze in Tageseinrichtungen oder bei bestimmten Kindertagespflege- 267
personen zur Verfügung, beschränkt sich das Wunsch- und Wahlrecht auf diese freien Plätze. Diesbezüglich wird allerdings noch zu klären sein, inwieweit die Wahl und die Wünsche der Leistungsberechtigten schon bei der **Bedarfsplanung des Jugendhilfeträgers** zu berücksichtigen sind (hierzu Rn 296 ff) Außerdem stellt sich die weitere Frage, ob der Träger der öffentlichen Jugendhilfe mit dem Angebot eines entspre-

316 *Jestaedt*, in: Münder ua, Handbuch Kinder- und Jugendhilferecht, Kap. 1.5 Rn 11 ff.
317 *Fischer*, in: Schellhorn ua, SGB VIII, § 23 Rn 1; *Schmid/Wiesner* ZfJ 2005, 274, 275.
318 *Fahlbusch* NDV 2011, 463, 467; *Rixen* NJW 2012, 2839.
319 *Münder* JAmt 2011, 69, 70.
320 *Lakies*, in: Münder ua, FK-SGB VIII, § 23 Rn 7.
321 AA *Rixen* NJW 2012, 2839, der die Wahl zwischen den Hilfearten nicht dem Wunsch- und Wahlrecht und einen Anspruch auf Erfüllung des Rechtsanspruchs U3 durch die gewünschte Hilfeart behauptet, aber nicht begründet.
322 *Schindler*, in: Kunkel, LPK-SGB VIII, § 5 Rn 5.
323 VGH Bayern 2.12.2003, 7 CE 03/2722.

chenden Platzes seine Leistungspflicht erfüllen kann, insbesondere wann ein **zur Verfügung gestellter Platz** zumutbar ist und wann Kinder bei Nichtinanspruchnahme ihren Rechtsanspruch verlieren (hierzu Rn 303 ff).

268 **Beschränkung auf tatsächlich zur Verfügung stehende Plätze:** Das Wunsch- und Wahlrecht ist stets beschränkt auf das tatsächlich zur Verfügung stehende Angebot. Den Wünschen kann nur entsprochen werden, wenn Plätze in Tageseinrichtungen bzw in Tagespflegestellen vorhanden oder verfügbar sind.

c) Keine Aushöhlung der Wahl durch unterschiedliche Kostenbeteiligung

269 Die **pauschalierte Beteiligung an den Kosten** für die Inanspruchnahme der Förderung eines Kindes in Tageseinrichtungen oder in Kindertagespflege (§ 90 Abs. 1 S. 1 Nr 3 SGB VIII) hat mit dem Gesetz zur Weiterentwicklung der Kinder- und Jugendhilfe (KICK) zum 1. Oktober 2005 eine ausdrückliche Bezugnahme auf die Gleichrangigkeit der Angebote erfahren. Ausweislich der Gesetzesbegründung soll sich die Höhe der Beiträge für die Förderung in Kindertagespflege an der Höhe der Beiträge für die Betreuung in Tageseinrichtungen orientieren.[324] Das Gesetz fordert somit zwar keine Identität der Beitragshöhen für Tageseinrichtungen oder Kindertagespflege und für die unterschiedlichen Leistungen können unter Berücksichtigung von zeitlichem Umfang, Qualität und Flexibilität sowie der tatsächlichen Kosten für die unterschiedlichen Leistungen Unterschiede gemacht werden, aber eine **Angleichung.**[325]

270 Die **Höhe der Kosten- bzw Teilnahmebeiträge** für die Betreuung der Kinder in Tageseinrichtungen oder in Kindertagespflege sind in Deutschland nach wie vor äußerst unterschiedlich. 2010 haben Eltern bspw zwischen 8 und 29 % der anfallenden Kosten für die Förderung in Tageseinrichtungen in öffentlicher Trägerschaft übernommen.[326] In 65 % der Kommunen hat der Elternbeitrag für Kindertagespflege eine vergleichbare Höhe wie für Tageseinrichtungen, in 35 % hingegen weicht die Kostenbeteiligung zwischen den beiden Leistungsarten deutlich voneinander ab.[327]

271 Bei der Bemessung der Kostenbeiträge darf jedenfalls keinen Niederschlag finden, wenn Tageseinrichtungen – wie in manchen Ländern – in erheblichem Maß aus Landesmitteln mitfinanziert werden und daher die kommunalen Haushalte weniger belasten als Kindertagespflege.[328] Regelmäßig liegen die **Gesamtkosten** für Tageseinrichtungen höher als diejenigen für einen Platz in Kindertagespflege.[329] Nur diese können für eine Differenzierung bei der Bemessung der Höhe der Kostenbeteiligung berücksichtigt werden.[330]

272 Werden in einer Kommune Unterschiede bei der Kostenbeteiligung für die Förderung in Kindertagespflege und in Tageseinrichtungen gemacht, so sind dem enge Grenzen gesetzt, vor allem im Hinblick auf das aus Art. 3 Abs. 1 GG abgeleitete **Gebot der Belastungsgleichheit,**[331] aber auch den Verhältnismäßigkeitsgrundsatz, nach dem von einer übermäßigen Erhebung von Kosten- bzw Teilnahmebeiträgen auszugehen ist,

---

324 BT-Drucks. 15/3676, 41; siehe auch *Schmid/Wiesner* ZfJ 2005, 274, 276.

325 DIJuF-Rechtsgutachten JAmt 2005, 451; BVerwG NVwZ 1995, 173.

326 Autorengruppe Bildungsberichterstattung, Bildung in Deutschland 2012, S. 54 f.

327 *Sell/Kukula*, Leistungsorientierte Vergütung in der Kindertagespflege, S. 5.

328 *Schmid/Wiesner* ZfJ 2005, 274.

329 Der Gesetzgeber hat dem Kostentableau in der Gesetzesbegründung zum TAG bspw einen mittleren Wert iHv 12.000 EUR/Jahr für einen Platz in einer Kindertageseinrichtung in Westdeutschland zugrunde gelegt, für die Förderung in Kindertagespflege Kosten iHv 7.152 EUR/Jahr; BT-Drucks. 15/3676, 45.

330 DIJuF, Gutachten zu Rechtsfragen der Finanzierung von Kindertagespflege aus öffentlicher Hand – unter Einbeziehung arbeits-, steuer- und versicherungsrechtlicher Faktoren, S. 107 f.

331 BVerwG 19.12.2001, 9 B 90/01 = NJW 2002, 1062 = ZfJ 2002, 135.

wenn die Beiträge den Gesamtaufwand der staatlichen Leistungserbringung übersteigen (**Kosten- bzw Aufwandsdeckungsprinzip**) oder wenn der Vorteil, den das Kind und die Erziehungsberechtigten durch die Tagesbetreuung erhalten, außer Verhältnis zum Kosten- bzw Teilnahmebeitrag steht (**Äquivalenzprinzip**).[332]

Eine **Bemessung der Kostenbeteiligung für Kindertagespflege** ist dann nicht mehr als zulässig anzusehen, wenn die fehlende Förderung aus Landesmitteln sich in der Form auswirkt, dass die Beitragsbemessung für Kindertagespflege deutlich höher ausfällt als für Förderung in Tageseinrichtungen.[333] Eine solche kommunale Steuerung der Inanspruchnahme von entweder Tageseinrichtungen oder Kindertagespflege über die Höhe der Kosten- bzw Teilnahmebeiträge würde das Recht der Erziehungsberechtigten, für ihr Kind zwischen der Förderung in einer Tageseinrichtung oder in Kindertagespflege zu wählen, in unzulässiger Weise einschränken. Auch bei der Kostenbeteiligung ist vielmehr die Gleichrangigkeit der Betreuungsformen anzuerkennen.[334] 273

Keine Zulässigkeit deutlich höherer Kostenbeteiligung: Das Wunsch- und Wahlrecht zwischen der Förderung in Tageseinrichtungen und Kindertagespflege ist auch bei der Kostenbeteiligung zu beachten. Differenzierungen sind im Hinblick auf die Gleichrangigkeit der Angebote, das Gebot der Belastungsgleichheit (Art. 3 Abs. 1 GG) und den Verhältnismäßigkeitsgrundsatz enge Grenzen gesetzt. Regelmäßig unzulässig ist daher bspw, wenn bei Förderung in Kindertagespflege die Kostenbeteiligung im selben Jugendamtsbezirk deutlich höher ausfällt. 274

3. Wahl einer bestimmten, selbst ausgesuchten Tageseinrichtung oder Kindertagespflegeperson

Wendet sich das Kind, vertreten durch die Eltern, an das Jugendamt und beansprucht einen Platz in einer ganz bestimmten, von den Eltern gewählten Tageseinrichtung oder bei einer von ihnen selbst ausgesuchten Kindertagespflegeperson, so kommt das Wunsch- und Wahlrecht gem. § 5 Abs. 1 S. 1 SGB VIII ebenfalls zur Geltung. Die Leistungsberechtigten haben das Recht, **zwischen Einrichtungen und Diensten verschiedener Träger** zu wählen. Dieses Recht beschränkt sich nicht auf (Vermittlungs-)Angebote des Trägers der öffentlichen Jugendhilfe. 275

Die Erziehungsberechtigten, in Vertretung für ihre anspruchsberechtigten Kinder, sind frei darin, eine passende und zur Förderung im Sinne der §§ 22 bis 24 SGB VIII geeignete Tageseinrichtung oder Kindertagespflegeperson für ihr Kind selbst zu suchen bzw aus dem vom Träger der öffentlichen Jugendhilfe bereitgestellten Angebot auszusuchen. Der Wahl und den Wünschen der Leistungsberechtigten soll entsprochen werden (§ 5 Abs. 2 S. 1 SGB VIII). Die **Soll-Verpflichtung** verdichtet sich regelmäßig zu einem Muss, wenn die gewählte Tageseinrichtung oder Kindertagespflegeperson die notwendige Eignung mitbringt und ihre Inanspruchnahme nicht mit unverhältnismäßigen Mehrkosten verbunden ist (hierzu Rn 291 ff).[335] 276

Geeignet ist dabei jedenfalls grundsätzlich sowohl die Förderung in einer Tageseinrichtung als auch in Kindertagespflege (hierzu Rn 250 ff). Über die Voraussetzung der **Geeignetheit** hinaus ist nicht erforderlich, dass der öffentliche Jugendhilfeträger die 277

332 Vgl zum Abgabenrecht zB OVG Thüringen 11.6.2001, 4 N 47/96 = ThürVBl 2002, 65.
333 DIJuF-Rechtsgutachten JAmt 2006, 237; DIJuF, Gutachten zu Rechtsfragen der Finanzierung von Kindertagespflege aus öffentlicher Hand – unter Einbeziehung arbeits-, steuer- und versicherungsrechtlicher Faktoren, S. 107 f.
334 DIJuF-Rechtsgutachten JAmt 2006, 237.
335 *Schellhorn*, in: ders. ua, SGB VIII, § 5 Rn 20.

Leistung für die konkrete Situation für optimal hält.[336] Vorausgesetzt ist aber wiederum, dass in der gewählten Einrichtung oder bei der gewählten Kindertagespflegeperson ein freier Platz zur Verfügung steht.[337]

278 **Wahl einer bestimmten Tageseinrichtung oder Kindertagespflegestelle:** Das Wunsch- und Wahlrecht bezieht sich auch auf die Wahl einer bestimmten Tageseinrichtung oder Kindertagespflegestelle. Es ist wiederum begrenzt auf freie Plätze.

4. Freie Wahl des Ortes für die Kindertagesbetreuung

279 Das Wahlrecht bezieht sich auf das „Wo" der Leistung und umfasst das gesamte Spektrum vorhandener Angebote.[338] Nach der Rechtsprechung des Bundesverwaltungsgerichts gibt es für die Jugendhilfe **kein „Territorialprinzip"** in dem Sinne, dass eine bedarfsdeckende Jugendhilfeplanung in einer Tageseinrichtung für Kinder ausgeschlossen wäre, die außerhalb des örtlichen Zuständigkeitsbereichs des jeweiligen Jugendhilfeträgers gelegen ist.[339] Das Wahlrecht ist damit räumlich nicht auf den Zuständigkeitsbereich des für das Kind örtlich zuständigen Jugendhilfeträgers begrenzt.

280 Die Eltern können für ihr Kind deshalb unter anderem auch eine Einrichtung mit besonderer pädagogischer Ausrichtung (zB Waldorfkindergarten)[340] oder religiöser Bindung[341] und **überörtlichem Einzugsbereich** wählen. Ebenso kommt die Wahl einer Tagespflegestelle mit überörtlichem Einzugsbereich in Betracht. Nur durch die überörtliche Geltung des Wunsch- und Wahlrechts kann die Vielfalt der Überzeugungen und Anschauungen zum Zuge kommen.[342]

281 Ebenso ist die Wahl eines Betreuungsangebots in der **Nähe des Arbeitsplatzes** möglich, womit dem Anliegen Rechnung getragen wird, Aufgaben der Familie und Erwerbstätigkeit besser miteinander zu vereinbaren.[343]

282 Das Wahlrecht kann daher auch nicht mit der Begründung der pauschalen, meist ortsbezogenen Finanzierung der jeweiligen Einrichtung eingeschränkt werden. Vielmehr hat das Landesrecht zum Ausgleich der für die gemeindefremden Kinder entstehenden Kosten deshalb für eine **Kostenerstattung zwischen den kommunalen Gebietskörperschaften** Sorge zu tragen.[344]

283 Das Wahlrecht umfasst alle Einrichtungen, die zur Bedarfsdeckung geeignet sind. Diese Voraussetzung dürfte in der Regel – unter Beachtung des Mehrkostenvorbehalts (hierzu sogleich Rn 291 ff) – unproblematisch erfüllt sein. Eine Grenze könnte sich allerdings aus der Belastung für das Kind durch die **tägliche An- und Abfahrtszeit** ergeben.[345] Diese Grenze wird zumindest im Fall einer arbeitsplatznahen Unterbringung aufgrund der damit verbundenen räumlichen Nähe der Eltern zum Kind während der Betreuung weit zu bestimmen sein. Gerade für die betreffende Altersgruppe kleiner Kinder unter drei Jahren kann es wichtig sein, dass die Eltern keinen langen Weg haben, um im Bedarfsfall schnell anwesend zu sein und das Kind gegebenenfalls abholen zu können.

336 *Münder*, in: ders. ua, FK-SGB VIII, § 5 Rn 9.
337 VGH Bayern 2.12.2003, 7 CE 03//2722.
338 *Wiesner*, in: ders., SGB VIII, § 5 Rn 9.
339 BVerwG ZfJ 2003, 338, 339.
340 *Wiesner*, in: der., SGB VIII, § 5 Rn 10.
341 *Happe/Saurbier*, in: Jans ua, Kinder- und Jugendhilferecht, Stand: 02/2009, § 24 Rn 9.
342 *Happe/Saurbier*, in: Jans ua, Kinder- und Jugendhilferecht, Stand: 02/2009, § 24 Rn 9.
343 *Wiesner*, in: der., SGB VIII, § 5 Rn 10, § 24 Rn 21.
344 *Wiesner*, in: der., SGB VIII, § 24 Rn 22, 22 a.
345 *Wiesner*, in: der., SGB VIII, § 24 Rn 22 a; *Wiesner* ZfJ 2003, 293, 297.

Da das Wahlrecht keinen Anspruch auf die Schaffung neuer Dienste und Einrichtungen[346] einräumt und sich lediglich auf **tatsächlich zur Verfügung stehende Plätze** erstreckt,[347] ist Voraussetzung für die Berücksichtigung der Wahl wiederum, dass die Einrichtung bzw das Angebot vorhanden ist und dort ein freier Platz zur Verfügung steht. 284

Das Kind als Leistungsberechtigter ist daher auch dann in einer von seinen Erziehungsberechtigten gewählten Tageseinrichtung bzw bei einer von ihnen gewählten Tagespflegestelle zu fördern, wenn diese nicht am Wohnort bzw im Bezirk des zuständigen Jugendamts liegt – vorausgesetzt dort steht ein freier Platz zur Verfügung und die Förderung ist nicht mit unverhältnismäßigen Mehrkosten verbunden. 285

Keine räumliche Begrenzung: Es gibt keine räumliche Begrenzung des Wahlrechts auf den Einzugsbereich des für das Kind örtlich zuständigen Jugendhilfeträgers. Die Eltern können für ihr Kind deshalb unter anderem auch eine Einrichtung oder Tagespflegestelle mit besonderer pädagogischer Ausrichtung (zB Waldorfkindergarten) oder religiöser Bindung und überörtlichem Einzugsbereich oder eine Betreuung am Arbeitsplatz wählen. 286

5. Wahl einer privat-gewerblichen Kindertageseinrichtung

Zu den Trägern im Sinne des § 5 SGB VIII gehören grundsätzlich auch privat-gewerbliche, kommerzielle Leistungsanbieter,[348] sodass die Leistungsberechtigten grundsätzlich auch eine **privat-gewerbliche Einrichtung** wählen können. Allerdings ist zu beachten, dass es den Ländern über § 74 a S. 2 SGB VIII freigestellt ist, selbst zu entscheiden, ob für solche Einrichtungen eine öffentliche Förderung vorgesehen wird oder nicht. Von der Möglichkeit der Förderung wird nur teilweise Gebrauch gemacht. Unter anderem wird befürchtet, dass eine Aufgabe des Gemeinnützigkeitsstatus zu Einbußen bei der pädagogischen Qualität und zu Preissteigerungen führt.[349] 287

Lassen die Erziehungsberechtigten ihr Kind in einer privat-gewerblichen Einrichtung betreuen, so ist im Hinblick auf die **Anspruchserfüllung** Folgendes zu beachten: Wird der Platz aufgrund einer landesrechtlichen Regelung oder, wenn Landesrecht dies nicht vorsieht, aufgrund freiwilliger Entscheidung des Jugendamts und ggf unter Aufnahme der Einrichtung in die Bedarfsplanung, finanziell gefördert, so ist der Anspruch der Erziehungsberechtigten hiermit erfüllt. Fehlt eine entsprechende landesrechtliche Regelung, kann der Träger der öffentlichen Jugendhilfe den Leistungsberechtigten aber keinen anderen geförderten Platz anbieten, und sehen sich die Erziehungsberechtigten deshalb gezwungen, ihr Kind in der privat-gewerblichen (nicht geförderten) Einrichtung anzumelden, so kann der Rechtsanspruch der Leistungsberechtigten damit nicht als erfüllt angesehen werden. Der Träger der öffentlichen Jugendhilfe ist weiter verpflichtet, einen Platz in öffentlich geförderter Tagesbetreuung zur Verfügung zu stellen. 288

Entscheiden sich die Erziehungsberechtigten von sich aus trotz fehlender finanzieller Förderung und trotz anderer vorhandener Plätze für die Betreuung in der privat-gewerblichen Einrichtung, so machen die Leistungsberechtigten ihren **Rechtsanspruch** aufgrund ihrer Wahl gegenüber dem Träger der öffentlichen Jugendhilfe (zunächst) 289

346 *Schindler*, in: Kunkel, LPK-SGB VIII, § 5 Rn 5.

347 VGH Bayern 2.12.2003, 7 CE 03/2722.

348 *Wiesner*, in: ders., SGB VIII, § 5 Rn 9; *Münder*, in: ders. ua, FK-SGB VIII, § 5 Rn 7.

349 Vgl *Spieß* APuZ 22-24/2012, 20, 25, nach dem es für die Befürchtungen allerdings keine eindeutigen empirischen Belege gibt.

nicht weiter geltend, denn sie wählen keine Einrichtung, die unter das Leistungsangebot des Trägers der öffentlichen Jugendhilfe fällt. Falls sich Erziehungsberechtigte später für einen Wechsel in einen öffentlich geförderten Platz in Kindertagesbetreuung entscheiden (sei es aus finanziellen oder aus sonstigen Gründen) und damit ihren Anspruch geltend machen, hat der Träger der öffentlichen Jugendhilfe auch einen geförderten Platz in einer Tageseinrichtung oder in Kindertagespflege nachzuweisen.

290 **Abhängigkeit von landesrechtlichen Regelungen:** Für den Fall der Wahl einer privat-gewerblichen Einrichtung ist zu beachten, dass eine Förderung den Ländern freigestellt ist. Fehlt eine solche landesrechtliche Regelung, so kann die Erfüllung des Rechtsanspruchs U3 nicht mit dem Wunsch nach einem Platz in einer solchen Einrichtung eingefordert werden. Allerdings kann der Träger der öffentlichen Jugendhilfe den Rechtsanspruch U3 auch dann erfüllen, wenn er auf die Tageseinrichtung eines privatgewerblichen Trägers verweist, insbesondere wenn diese in die kommunale Bedarfsplanung aufgenommen ist.

6. Mehrkostenvorbehalt (§ 5 Abs. 2 SGB VIII)

291 Der Wahl und den Wünschen der Leistungsberechtigten soll entsprochen werden, sofern dies nicht mit **unverhältnismäßigen Mehrkosten** verbunden ist (§ 5 Abs. 2 S. 1 SGB VIII). Dabei müssen die Kosten, die die erforderliche Hilfe unter Berücksichtigung der Wahl der Leistungsberechtigten erfordert, mit den Kosten, die bei Durchführung der Hilfe ohne eine entsprechende Berücksichtigung entstehen würden, verglichen werden.[350]

292 In die **Kostenermittlung** müssen alle anfallenden Kosten einbezogen werden, wozu neben dem Leistungsentgelt auch die finanzielle Förderung gehört. Förderungsbeiträge (Subventionen) bei den Trägern der freien Jugendhilfe sind in den Kostenvergleich auf beiden Seiten einzubeziehen.[351] Im Fall der pauschalen Bezuschussung nur eines Trägers der freien Jugendhilfe müssen die der Pauschalfinanzierung zugrundeliegenden und prognostisch zur Befriedigung eines bestimmten Bedarfs festgesetzten Kosten auf den Einzelfall bezogen und verglichen werden mit den Kosten, die beim von den Leistungsberechtigten gewünschten Betreuungsangebot zu übernehmen wären.[352] Vorhalte- und Regiekosten sind entweder auf Seiten beider Einrichtungsträger zu berücksichtigen oder haben außer Betracht zu bleiben.[353]

293 **Unverhältnismäßig** sind die Mehrkosten, wenn die Mehrbelastung der öffentlichen Kosten durch die getroffene Wahl in keinem angemessenen Verhältnis steht zum Gewicht der Gründe, die der Auswahl zugrunde liegen.[354] In der Praxis werden Mehrkosten bis zu 20 % in der Regel als nicht unverhältnismäßig anerkannt.[355] Auch geringere Überschreitungen wurden aber im Einzelfall schon als unverhältnismäßig angesehen.[356]

294 Ein allgemeinverbindlicher Maßstab für die Feststellung der Unverhältnismäßigkeit, also eine feste Grenze, die nicht überschritten werden darf, existiert nicht.[357] Die Ein-

350 *Wiesner*, in: ders., SGB VIII, § 5 Rn 12.
351 *Happe/Saurbier*, in: Jans ua, Kinder- und Jugendhilferecht, Stand: 08/2008, § 5 Rn 18 b.
352 *Wiesner*, in: ders., SGB VIII, § 5 Rn 15.
353 *Happe/Saurbier*, in: Jans ua, Kinder- und Jugendhilferecht, Stand: 08/2008, § 5 Rn 18 b; *Wiesner*, in: ders., SGB VIII, § 5 Rn 14.
354 VG Ansbach 4.10.2007, AN 14 K 06.01132.
355 *Schindler*, in: Kunkel LPK-SGB VIII, § 5 Rn 14; *Münder*, in: ders. ua, FK-SGB VIII, § 5 Rn 24 mwN.
356 *Münder*, in: ders. ua, FK-SGB VIII, § 5 Rn 24 mwN.
357 *Happe/Saurbier*, in: Jans ua, Kinder- und Jugendhilferecht, Stand: 02/2009, § 24 Rn 9; *Wiesner*, in: ders., SGB VIII, § 5 Rn 16.

schätzung hängt vielmehr vom Einzelfall ab, wobei neben einem rechnerischen Kostenvergleich eine **wertende Betrachtungsweise** erforderlich ist, bei welcher das Gewicht des Wunsches des Leistungsberechtigten sowie die damit verbundenen Interessen im Einzelfall zu berücksichtigen sind; eher anzuerkennen sind Wünsche vor allem im Hinblick auf individuelle Notsituationen.[358] Unverhältnismäßige Mehrkosten entstehen zum Beispiel, wenn in einer Tageseinrichtung oder Tagespflegestelle wegen eines Elternwunschs noch eine neue Gruppe eröffnet werden müsste, obwohl ein vertretbares Alternativangebot besteht.[359]

Kostenvergleich: Das Wunsch- und Wahlrecht ist begrenzt durch den Mehrkostenvorbehalt. Die Kosten für die gewählte Tagesbetreuung dürfen nicht unverhältnismäßig höher sein als die Kosten für die von der Kommune angebotene, zumutbare Betreuung. In diesen Kostenvergleich müssen Förderungsbeiträge (auch im Fall der Pauschalfinanzierung) auf beiden Seiten mit einbezogen werden. In der Praxis werden Mehrkosten bis zu 20 % in der Regel als nicht unverhältnismäßig anerkannt. Ausgenommen vom Mehrkostenvorbehalt ist die Wahl eines Platzes in einer Tageseinrichtung für Kinder anstelle einer Förderung in Kindertagespflege. 295

7. Wunsch- und Wahlrecht in der Bedarfsplanung

Das Wunsch- und Wahlrecht gilt demnach in Bezug auf § 24 Abs. 2 SGB VIII F. 2013 auf **zwei Ebenen**. Die Leistungsberechtigten können 296

- entscheiden, welche Art der Tagesbetreuung – Förderung in einer Tageseinrichtung oder Förderung in Kindertagespflege – sie in Anspruch nehmen wollen;
- eine bestimmte Tageseinrichtung oder aber Kindertagespflegeperson wählen.

Das Wunsch- und Wahlrecht räumt den Erziehungsberechtigten somit **weitreichende Spielräume bei der Auswahl** der für ihr Kind passenden frühkindlichen Förderung ein. Es gilt allerdings immer nur im Hinblick auf das tatsächlich zur Verfügung stehende Angebot und ist begrenzt durch den Mehrkostenvorbehalt. 297

Es stellt sich daher die Frage, inwieweit dieses Gestaltungsrecht der Leistungsberechtigten im Rahmen der **Bedarfsplanung** des Trägers der öffentlichen Jugendhilfe Berücksichtigung finden muss. 298

Der Träger der öffentlichen Jugendhilfe hat den Bedarf unter **Berücksichtigung der Wünsche, Bedürfnisse und Interessen** der jungen Menschen und der Personensorgeberechtigten zu ermitteln (§ 80 Abs. 1 S. 2 SGB VIII). Dies entspricht auch dem Grundgedanken des § 5 SGB VIII, wonach die Wünsche und Vorstellungen der Betroffenen schon möglichst frühzeitig zu berücksichtigen und daher auch schon in die Jugendhilfeplanung mit einzubeziehen sind.[360] 299

Das Wunsch- und Wahlrecht (§ 5 SGB VIII) und die Berücksichtigung des Rechts der Eltern auf Bestimmung der Grundrichtung der Erziehung (§ 9 Nr 1 SGB VIII) setzen das **Vorhandensein konfessioneller und weltanschaulich neutraler Einrichtungen** voraus.[361] Das Angebot muss die Möglichkeit einräumen, dass Erziehungsberechtigte das von ihnen präferierte Erziehungsmodell wählen können.[362] Dafür muss eine möglichst vielfältige Betreuungslandschaft zur Verfügung gestellt werden. Der öffentliche 300

358 *Wiesner*, in: ders., SGB VIII, § 5 Rn 16.
359 *Oehlmann-Austermann* ZfJ 1996, 7, 8 ff.
360 *Münder*, in: ders. ua, FK-SGB VIII, § 5 Rn 5.
361 *Gerstein*, in: Fieseler ua, GK-SGB VIII, Stand: 06/2011, § 24 Rn 13.
362 *Lakies*, in: Münder ua, FK-SGB VIII, § 24 Rn 23; *Freudenberg*, in: Jung, SGB VIII, § 24 Rn 6.

Träger der Jugendhilfe muss durch seine Bedarfsplanung und die Bereitstellung öffentlicher Mittel für ein derartiges plurales Angebot sorgen.[363] Daraus ergibt sich allerdings keine durchsetzbare Verpflichtung des Trägers der öffentlichen Jugendhilfe, immer genügend Plätze in allen Arten von Tageseinrichtungen oder Tagespflegestellen vorzuhalten.[364]

301 Jedenfalls aber hat der Träger der öffentlichen Jugendhilfe im Rahmen seiner Planungen die Überlegungen und Entscheidungen der Leistungsberechtigten zu berücksichtigen und der eigenen Planung zugrunde zu legen.[365] Dazu ist der Träger der öffentlichen Jugendhilfe gehalten, **sowohl Plätze in Kindertageseinrichtungen als auch in Kindertagespflege bereitzustellen**[366] und hierbei möglichst ermittelte Wünsche der Erziehungsberechtigten zu berücksichtigen.[367] Zum einen sind die Plätze in den Bedarfsplan einzustellen, für die bereits eine Geltendmachung des Rechtsanspruchs angemeldet wurde. Darüber hinaus sind auch zusätzliche Plätze zu planen, um das Wunsch- und Wahlrecht auch für Eltern zu gewährleisten, die sich noch nicht angemeldet haben oder die sich später für eine andere Einrichtung oder Betreuungsart entscheiden.

302 **Berücksichtigungspflicht in der Bedarfsplanung:** Der Träger der öffentlichen Jugendhilfe muss das Wunsch- und Wahlrecht bereits im Rahmen der Bedarfsplanung berücksichtigen. Er hat daher entsprechend der erwartbaren Wahl der Erziehungsberechtigten sowohl Plätze in Kindertageseinrichtungen als auch in Kindertagespflege vorzuhalten.

Einschränkungen aus organisatorischen Gründen: Es besteht allerdings keine durchsetzbare Verpflichtung, für jeden Einzelfall freie Plätze sowohl in Tageseinrichtungen als auch in Kindertagespflege vorzuhalten. Insbesondere im Fall von Betreuungswünschen außerhalb der üblichen Betreuungszeiten von Tageseinrichtungen, etwa in den Abend- und Nachtstunden, wird aus organisatorischen Gründen davon auszugehen sein, dass der Anspruch in Kindertagespflege erfüllt werden kann. Weiterhin muss auch im ländlichen Bereich und vor allem in kleinen Splittersiedlungen gegebenenfalls eine Kindertagespflegeperson (oder aber ein längerer Fahrweg) akzeptiert werden.

II. Zumutbarkeit des Angebots

303 Nach dem Wortlaut des § 24 Abs. 2 SGB VIII F. 2013 richtet sich der Rechtsanspruch auf die Förderung in einer Tageseinrichtung oder in Kindertagespflege. Nähere Ausführungen hinsichtlich der konkreten Ausgestaltung der von der Förderung umfassten Erziehung, Bildung und Betreuung (§ 22 Abs. 3 S. 1 SGB VIII), etwa im Hinblick auf den Ort der Betreuung, die Gruppengröße oder den Personalschlüssel, enthält das SGB VIII nur begrenzt. Daher kann das **Landesrecht** unter Beachtung der bundesgesetzlichen Rahmenvorgaben das Nähere über den Inhalt der Leistung regeln (§ 26 SGB VIII).[368] Zu beachten ist dabei insbesondere der bundesgesetzliche Qualitätsrahmen, wie er in §§ 22, 22 a, 23 und §§ 43, 45 SGB VIII seine Konkretisierung erfährt (hierzu ausführlich Rn 56 ff).

363 *Gerstein*, in: Fieseler ua, GK-SGB VIII, Stand: 06/2011, § 24 Rn 13.
364 *Fischer*, in: Schellhorn ua, SGB VIII, § 24 Rn 17.
365 *Münder*, in: ders. ua, FK-SGB VIII, § 5 Rn 5.
366 BT-Drucks. 16/9299, 19.
367 Zum Angebot einer Ermittlung des Bedarfs siehe DJI/ISA, Jugendamtsspezifische Elternbefragung zum Betreuungsbedarf von unter 3-jährigen Kindern (http://www.forschungsverbund.tu-dortmund.de/index.php?id=302 oder www.isa-muenster.de). ▸ Frühe Kindheit und Familie ▸ Jugendamtsspezifische Elternbefragung zum Betreuungsbedarf U3.
368 *Lakies*, in: Münder ua, FK-SGB VIII, § 24 Rn 20.

Um den Rechtsanspruch erfüllen zu können, muss der Träger der öffentlichen Jugendhilfe den Leistungsberechtigten einen Platz zur Verfügung stellen oder nachweisen, der den gesetzlichen Anforderungen, insbesondere an die Qualität, gerecht wird und **im Einzelfall zumutbar** ist.[369] Andernfalls, wenn der angebotene Platz diesen Anforderungen nicht genügt, werden die Leistungsberechtigten den Platz ablehnen können, ohne ihren Anspruch dadurch zu verlieren. 304

Anspruchserfüllung nur bei zumutbarem Angebot: Der „Rechtsanspruch U3" ist nur erfüllt, wenn der angebotene Platz im Einzelfall zumutbar ist. Dabei ist neben dem Erfordernis eines wohnortnahen Platzes vor allem die Qualität des Betreuungsangebots von Bedeutung. 305

1. Wohnortnahes Angebot

Zur Erfüllung des Anspruchs genügt es nicht, dass irgendwo ein Platz zur Verfügung gestellt wird.[370] Die **Geltung des Prinzips der Wohnortnähe** als allgemeines Prinzip der Kinder- und Jugendhilfe (vgl § 80 Abs. 2 Nr 1 SGB VIII) ergibt sich für die Kindertagesbetreuung aus § 22 Abs. 2 SGB VIII.[371] Erforderlich ist die Möglichkeit einer ortsnahen Betreuung sowohl für die Förderung der Entwicklung des Kindes (§ 22 Abs. 2 Nr 1 SGB VIII), da hierdurch Kontakte im sozialen Umfeld erhalten und gepflegt werden können, als auch für die Verbesserung der Vereinbarkeit von Erwerbstätigkeit und Kindererziehung (§ 22 Abs. 2 Nr 3 SGB VIII). 306

Dies bedeutet, dass die Tageseinrichtung oder Tagespflegestelle vom Wohnort des Kindes in vertretbarer Zeit erreichbar sein muss.[372] Im Rahmen der Bestimmung der **zumutbaren Entfernung** sind sowohl die Zumutbarkeit für das Kind selbst als auch der Zeitaufwand für den begleitenden Elternteil zu berücksichtigen.[373] Außerdem ist den jeweiligen örtlichen Gegebenheiten Rechnung zu tragen.[374] Die Maßstäbe, die zur Bewertung der zumutbaren Entfernung derzeit für den Rechtsanspruch der über drei Jahre alten Kinder gelten, werden für den Rechtsanspruch der unter dreijährigen Kinder ab August 2013 erst recht gelten müssen. 307

Die **Bewertung der Zumutbarkeit** einer Entfernung zur Tageseinrichtung oder Tagespflegestelle ist kontext- und ortsabhängig und wird im wenig besiedelten ländlichen Raum anders zu beurteilen sein als in der Großstadt. Fahrtzeiten für vergleichbare Entfernungen variieren wiederum zwischen den Stadtteilen, Fahrtstrecken oder Tageszeiten mitunter beträchtlich. 308

Dies im Blick wird in einer **Gerichtsentscheidung** schon bei den über Dreijährigen als wünschenswert angesehen, dass die Tageseinrichtung oder Tagespflegestelle zu Fuß erreicht werden kann.[375] Ein anderes Urteil hat einen zwanzigminütigen Fußweg als Obergrenze angesehen.[376] Wiederum ein anderes Gericht hat die Grenze des Zumutbaren als überschritten angesehen bei einer Entfernung von 15 Kilometern mit einer PKW-Fahrzeit von 20 Minuten.[377] Kann die Betreuungsstätte allerdings auch mit öffentlichen Verkehrsmitteln auf kurzem und sicherem Weg erreicht werden, so wurde 309

369 *Struck*, in: Wiesner, SGB VIII, § 24 Rn 23; *Oehlmann-Austermann* ZfJ 1996, 7, 8.
370 *Struck*, in: Wiesner, SGB VIII, § 24 Rn 20.
371 *Lakies*, in: Münder ua, FK-SGB VIII, § 24 Rn 21.
372 *Oehlmann-Austermann* ZfJ 1996, 7 ff.
373 *Lakies*, in: Münder ua, FK-SGB VIII, § 24 Rn 21.
374 *Struck*, in: Wiesner, SGB VIII, § 24 Rn 20.
375 OVG Brandenburg NVwZ-RR 1997, 555, 558; *Struck*, in: Wiesner, SGB VIII, § 24 Rn 20.
376 *Oehlmann-Austermann* ZfJ 1996, 7, 9.
377 OVG Saarland ZfJ 1998, 80, 81.

hier ebenfalls noch von einer Erreichbarkeit ausgegangen.[378] Ein kombinierter Fuß- und Busweg von 30 Minuten wurde hingegen hinsichtlich der Vertretbarkeit des Zeitaufwands als nicht mehr zumutbar betrachtet.[379]

310 Für die Zumutbarkeit lassen sich somit nur begrenzt allgemeingültige Aussagen treffen. Insbesondere im **ländlichen Bereich** kann es zumutbar sein, öffentliche Verkehrsmittel zu benutzen. Ebenfalls als zumutbar wurde zB eine Entfernung von sieben Kilometern vom Kindergarten zur Wohnung angesehen, wobei in dem entschiedenen Fall auch der Wunschkindergarten vier Kilometer entfernt gewesen wäre.[380] Der Grundsatz der Ortsnähe erfährt allerdings bei mangelndem Bedarf eine Einschränkung. Da der Bedarf nicht losgelöst von der sinnvollen Verwendung öffentlicher Mittel gesehen werden kann, können die Leistungsberechtigten daher jedenfalls nicht verlangen, dass in jeder kleinen Splittersiedlung eine oder gar mehrere Tageseinrichtungen oder Tagespflegestellen zur Verfügung stehen.[381] Die Leistungsberechtigten müssen sich dort daher vernünftigerweise auf längere Wege einstellen.

311 Jedenfalls aber darf der Träger der öffentlichen Jugendhilfe einen Platz, der den Kriterien der Wohnortsnähe sowie der sozialen Bezüge nicht entspricht, nur bei Vorliegen atypischer Umstände anbieten. Dies muss er darlegen und begründen und darf bei der Planung nicht davon ausgehen, es genüge, irgendwo irgendeinen Platz anzubieten.[382] **Ausnahmen vom Prinzip der Wohnortnähe** können sich davon abgesehen nur aus dem Wunsch- und Wahlrecht der Leistungsberechtigten im Falle zB der Wahl einer Einrichtung mit besonderer pädagogischer Ausrichtung und überörtlichem Einzugsbereich ergeben.[383]

312 **Erreichbarkeit in vertretbarer Zeit:** Das Prinzip der Wohnortnähe bedeutet, dass die Tageseinrichtung oder Tagespflegestelle vom Wohnort des Kindes in vertretbarer Zeit erreichbar sein muss, dh in angemessener Entfernung zu Fuß oder auf sicherem Weg mit öffentlichen Verkehrsmitteln. Der Grundsatz der Ortsnähe kann bei unzureichender Kinderzahl für den Betrieb einer Tageseinrichtung eine Einschränkung erfahren (zB im ländlichen Bereich).

2. Qualität des Angebots

313 Zumutbar und somit anspruchserfüllend kann nur ein Förderungsangebot sein, das den Anforderungen an die Qualität der Tagesbetreuung gerecht wird (hierzu eingehend Rn 56 ff). **Unzumutbarkeit** und damit Nichterfüllung des Rechtsanspruchs U3 aufgrund qualitativ unzureichenden Angebots kann sich insbesondere ergeben im Hinblick auf Defizite bei der Gruppengröße, beim Personalschlüssel oder bei der Qualifizierung des Betreuungspersonals.

314 Die Erfüllung des Rechtsanspruchs U3 kommt nur in Betracht, wenn in der angebotenen Tageseinrichtung oder Tagespflegestelle die regelmäßig landesgesetzlich definierten **Mindeststandards** in Bezug auf die Gruppengröße, den Erzieher/innen-Kind-Schlüssel und die personelle und sächliche Ausstattung erfüllt sind (dazu Rn 66 ff u. 87 ff).[384] Wenn wissenschaftliche Mindeststandards im Hinblick auf die Fachkraft-Kind-Relation bzw den Personalschlüssel (vgl Tabelle 2 in Rn 84) in einer angebote-

378 OVG Brandenburg NVwZ-RR 1997, 555, 558; *Struck*, in: Wiesner, SGB VIII, § 24 Rn 20.
379 VG Schleswig ZfJ 2000, 193 f.
380 VGH Bayern 2.12.2003, 7 CE 03.2722.
381 OVG Saarland ZfJ 1998, 80 ff; *Fischer*, in: Schellhorn ua, SGB VIII, § 24 Rn 15.
382 *Oehlmann-Austermann* ZfJ 1996, 7, 8 f.
383 BVerwG 25.11.2004, 5 C 66.03.
384 *Mann*, in: Schellhorn ua, SGB VIII, § 24 Rn 13.

nen Tageseinrichtung unterschritten werden (vgl Tabelle 1 in Rn 80), ist die Zumutbarkeit eines solchen Angebots im Hinblick auf die Bundesrechtskonformität der landesrechtlichen Vorgaben in Frage zu stellen. Gestattet Landesrecht eine gleichzeitige Anwesenheit von mehr als fünf Kindern in Großtagespflegestellen, so stehen die wissenschaftlich festgestellten Mindeststandards der Erteilung einer entsprechenden Kindertagespflegeerlaubnis nach § 43 SGB VIII teilweise entgegen (hierzu Tabelle 2 in Rn 84), wenn hierbei Kinder im Alter unter drei Jahren betreut werden.

Nicht mehr mit Bundes- und Landesrecht zu vereinbaren ist jedenfalls ein Platzangebot, bei dem der **Personalschlüssel** für die Erziehung, Bildung und Betreuung der entsprechenden Altersgruppe in einer Tageseinrichtung oder die Höchstzahl für gleichzeitig anwesende Kinder in einer Tagespflegestelle überschritten ist. Die statistisch ermittelten realen Personalschlüssel in einzelnen Bundesländern liegen insoweit über den landesrechtlich vorgegebenen Zahlen (siehe Tabelle 1 in Rn 80).[385] Die Erziehungsberechtigten können die Inanspruchnahme eines solchen Platzes zurückweisen, ohne dass ihr Kind seinen Rechtsanspruch U3 verliert. 315

Insgesamt ist zu konstatieren, dass sich die Lage in Bezug auf die Fachkraft-Kind-Relation bzw den Personalschlüssel, die Gruppengröße und die Qualifikation der Betreuungspersonen und damit die Qualität der Tagesbetreuung von Bundesland zu Bundesland bislang deutlich uneinheitlich darstellt. Im Hinblick auf die **derzeit lediglich mittelmäßige und teilweise unzureichende Qualität**[386] wird die aktuelle Situation zurecht kritisiert.[387] 316

Bei der Qualifizierung des Betreuungspersonals in einer angebotenen Tageseinrichtung ist zur Erfüllung des Rechtsanspruchs U3 das in der Regel landesrechtlich näher definierte **Fachkräftegebot** (§ 72 SGB VIII) einzuhalten. Bei Kindertagespflegepersonen ist mindestens zu fordern, dass eine Ausbildung erfolgreich absolviert wurde, welche mit den Anforderungen des **DJI-Curriculum** (hierzu Rn 89 ff) sowohl in Bezug auf den zeitlichen Umfang von mindestens 160 Stunden als auch auf die Inhalte zu vergleichen ist. 317

Einhaltung landes- und bundesrechtlicher Vorgaben: Ein qualitativ unzureichendes Angebot, das sich insbesondere aus Defiziten bei der Gruppengröße, beim Personalschlüssel oder bei der Qualifizierung des Betreuungspersonals ergeben kann, kann zur Unzumutbarkeit und damit zur Nichterfüllung des Rechtsanspruchs U3 führen. Wenn die Erziehungsberechtigten die Inanspruchnahme eines Platzangebots in einer Gruppe zurückweisen, in der die landes- bzw bundesrechtlichen Vorgaben nicht beachtet sind, verliert ein Kind seinen Anspruch nicht. Verstöße sind auch im Rahmen der Aufsicht durch die überörtlichen Träger der öffentlichen Jugendhilfe zu sanktionieren. 318

Gruppengröße in der Kindertagespflege: Für die Kindertagespflege ist eine maximale Gruppengröße von fünf gleichzeitig anwesenden Kindern vorgegeben (§ 43 Abs. 3 S. 1 SGB VIII). Soweit landesrechtliche Regelungen für Großtagespflegestellen eine höhere Kinderzahl für zulässig erklären, dürften wissenschaftlich anerkannte Mindeststandards der Erteilung einer Kindertagespflegeerlaubnis für die Betreuung von unter dreijährigen Kindern in einer Gruppe von über fünf Kindern entgegenstehen.

Anforderungen an die Qualifizierung der Betreuungspersonen: Beim Betreuungspersonal in einer angebotenen Tageseinrichtung ist zur Erfüllung des Rechtsanspruchs U3 das in der Regel landesrechtlich näher definierte Fachkräftegebot (§§ 22 a Abs. 2, 72 SGB VIII)

385 Bertelsmann Stiftung, Länderreport Frühkindliche Bildungssysteme 2011 – Profile der Bundesländer.
386 Zur defizitären Qualität der Tagesbetreuung U3 in Deutschland *Tietze* ua, NUBBEK, S. 8.
387 *Viernickel/Schwarz*, Schlüssel zu guter Bildung, Erziehung und Betreuung, S. 47.

einzuhalten. Bei Kindertagespflegepersonen ist mindestens zu fordern, dass eine Grundqualifikation erfolgreich absolviert wurde, welche den Anforderungen des DJI-Curriculum sowohl in Bezug auf den zeitlichen Umfang von mindestens 160 Stunden als auch auf die Inhalte entspricht.

3. Grenzen der Zumutbarkeit in weiteren Fällen

319 Nach den bisherigen Ausführungen ist eine Tageseinrichtung oder Tagespflegestelle nicht zumutbar und der Träger der öffentlichen Jugendhilfe erfüllt daher den Anspruch nicht, wenn er eine solche anbietet, die dem Erfordernis der Ortsnähe oder den Qualitätsanforderungen (insbesondere hinsichtlich der Qualifizierung der Betreuungspersonen sowie der Gruppengröße und des Betreuer-Kind-Schlüssels) nicht genügt. Darüber hinaus kann eine **Unzumutbarkeit** des unterbreiteten Angebots in weiteren und im Folgenden ohne Anspruch auf Vollständigkeit aufgeführten Fällen in Betracht kommen.

a) Zumutbarkeit einer Tageseinrichtung mit speziellem konfessionellen oder weltanschaulichen Konzept

320 Wenn von den Erziehungsberechtigten die Betreuung in einer ganz speziellen **konfessionellen oder weltanschaulichen Einrichtung** gewünscht wird, werden sich die Leistungsberechtigten unter Umständen mit einer etwas weiter entfernten Wunscheinrichtung arrangieren.

321 Im umgekehrten Fall hingegen, wenn die Leistungsberechtigten eine weltanschaulich neutrale Einrichtung wünschen, so kann das Angebot eines Platzes in einer Einrichtung mit einem **hoch religiös, weltanschaulich oder ideologisch geprägten Konzept oder der Praktizierung einer Religion** nicht anspruchserfüllend sein, wenn Kinder, die nicht die gleiche Weltanschauung oder Religion teilen, entweder zur Teilnahme gezwungen wären oder eine Nichtteilnahme diskriminierende Wirkung im Gruppengeschehen hätte. Zumutbar kann, sofern nichts anderes gewünscht oder wenigstens akzeptiert wird, im Einzelfall nur eine Einrichtung sein, die auch andere konfessionelle oder weltanschauliche Orientierungen in den Betreuungsalltag nichtdiskriminierend integriert (und in erreichbarer Nähe ist, entsprechend den in Rn 279 ff dargestellten Maßstäben).

322 Von der Wertung her ist es eher hinzunehmen und mit dem **Elternrecht** zu vereinbaren, wenn Erziehungsberechtigte mit einer speziellen Konfession oder Weltanschauung ihr Kind in einer diesbezüglich neutralen Einrichtung betreuen lassen müssen als umgekehrt, wenn Kinder in einer stark weltanschaulich oder konfessionell geprägten Einrichtung, deren Ziele und Werte die Erziehungsberechtigten ablehnen, betreut werden sollen.

323 **Erfordernis nichtdiskriminierender Integration:** Wünschen die Leistungsberechtigten eine weltanschaulich neutrale Einrichtung, so kann das Angebot eines Platzes in einer Einrichtung mit einem dezidiert religiös oder weltanschaulich geprägten Konzept oder der Praktizierung einer Religion nicht anspruchserfüllend sein, wenn nicht auch andere konfessionelle oder weltanschauliche Orientierungen in den Betreuungsalltag nichtdiskriminierend integriert werden.

b) Zumutbares Angebot bei Unvereinbarkeiten insbesondere in der Kindertagespflege

324 Im Bereich der Kindertagespflege kommt eine weitere spezifische Situation hinzu. Während in Tageseinrichtungen wegen des Vorhandenseins mehrerer Betreuungspersonen regelmäßig die Möglichkeit besteht, eine Beziehung zu einer/einem anderen Er-

zieher/in aufzubauen oder unter Umständen sogar die Gruppe zu wechseln, ist bei einer Kindertagespflegeperson die Betreuung von einer besonderen Nähe zu einer einzelnen Person geprägt. Im **Bereich der Kindertagespflege** kann sich daher aufgrund der einzelpersonenbezogenen Betreuung in besonderem Maß das Problem ergeben, dass die Erziehungsberechtigten mit der vom Träger der öffentlichen Jugendhilfe vermittelten Kindertagespflegeperson nicht zurechtkommen oder aber das Kind selbst Schwierigkeiten hat, zu ihr eine Beziehung aufzubauen.

Dieser Umstand ist bei der Erfüllung des Rechtsanspruchs nach § 24 Abs. 2 SGB VIII 325
F. 2013 durch Vermittlung einer Kindertagespflegeperson zu berücksichtigen. Der Anspruch ist jedenfalls bei Kindertagespflege durch eine Einzelperson als nicht erfüllt anzusehen, wenn der Platz bei nur einer Kindertagespflegeperson angeboten und diese von den Erziehungsberechtigten abgelehnt wird. Erforderlich ist, dass den Leistungsberechtigten eine **echte Wahlmöglichkeit** geboten wird. Bei Großtagespflegestellen ist dies nicht notwendig in gleichem Maße der Fall, da diese Angebotsform eher einer Tageseinrichtung als einer Kindertagespflege durch eine Einzelperson gleicht.

Im Lichte des Elternrechts und unter Berücksichtigung ethischer Gesichtspunkte in 326
personalen Hilfebeziehungen wird der Anspruch erst dann als erfüllt anzusehen sein, wenn dem Kind und seinen Erziehungsberechtigten mehrere Kindertagespflegepersonen – jeweils in erreichbarer Nähe und mit einer den gesetzlichen Anforderungen entsprechenden Qualifizierung – zur Vermittlung angeboten werden. Daher ist bei der Betreuung durch eine Einzelperson das Recht zuzugestehen, zweimal ein Angebot abzulehnen, ohne dass das Kind seinen Anspruch verliert. Im Bedarfsfall ist somit die **Vermittlung von mindestens drei Kindertagespflegepersonen** zu fordern (vgl § 14 Abs. 5 S. 3 SGB IX).[388] Gesundheitliche Erwägungen können bspw dann eine Rolle spielen, wenn die Leistungsberechtigten eine Kindertagespflegeperson angeboten bekommen, die ein Haustier hält, gegen welches das zu betreuende Kind oder die Erziehungsberechtigten selbst eine Allergie haben.

Angebot von drei Kindertagespflegepersonen: Im Bereich der Kindertagespflege ist we- 327
gen der spezifischen einzelpersonenbezogenen Betreuungssituation das Angebot nur im Fall einer echten Wahlmöglichkeit zumutbar. Als Mindestanforderung zur Erfüllung des Rechtsanspruchs ist bei Ablehnung einer zuerst vermittelten Kindertagespflegeperson das Angebot weiterer Kindertagespflegepersonen zu fordern. Als Mindestanzahl bietet sich in Anlehnung an medizinische Begutachtung das Angebot von drei Kindertagespflegepersonen an.

c) Zumutbarkeit des Angebots einer Tageseinrichtung bei Wahl der Tagespflege bzw eines Tagespflegeplatzes bei Wahl einer Tageseinrichtung

Machen die Leistungsberechtigten von ihrem Wahlrecht hinsichtlich der Betreuungs- 328
form (Förderung in einer Tageseinrichtung oder in Kindertagespflege) Gebrauch, so stellt sich die Frage, ob der Träger der öffentlichen Jugendhilfe einen **Platz in der jeweils anderen Betreuungsform** anbieten darf, um den Rechtsanspruch zu erfüllen. Dies wird im Hinblick auf die grundsätzliche Gleichwertigkeit beider Förderungsformen zu bejahen sein, wenn nur in einer der beiden Betreuungsformen ein Platz frei ist.

388 Mit vergleichbarem ethischen Hintergrund sichert § 14 Abs. 5 S. 3 SGB IX die Wahlmöglichkeit von Leistungsberechtigten mit Behinderung, bei denen für die Leistungsgewährung eine Begutachtung erforderlich ist. Ihnen sind „in der Regel drei möglichst wohnortnahe Sachverständige" zu benennen.

329 Der Träger der öffentlichen Jugendhilfe ist zwar grundsätzlich zur **Vorhaltung eines möglichst vielseitigen Angebots** verpflichtet und muss in diesem Rahmen grundsätzlich auch Plätze in beiden Betreuungsformen schaffen. Hieraus kann sich aber keine durchsetzbare Verpflichtung ergeben, in jedem Einzelfall immer freie Plätze sowohl in Tageseinrichtungen als auch in Kindertagespflege vorzuhalten.

330 Insbesondere im Fall von Betreuungswünschen außerhalb der üblichen Betreuungszeiten von Tageseinrichtungen, etwa in den **Abend- und Nachtstunden**, ist aus organisatorischen Gründen davon auszugehen, dass der Anspruch häufig nur in Kindertagespflege erfüllt werden kann. Weiterhin muss auch im **ländlichen Bereich** und vor allem in kleinen Splittersiedlungen gegebenenfalls eine Kindertagespflegeperson (oder aber ein längerer Transportweg) akzeptiert werden, wenn sich die Eröffnung einer Tageseinrichtung aufgrund fehlender Auslastung nicht rentieren kann.

331 Ein ursprünglich geeigneter Platz in einer Tagespflegestelle kann ausnahmsweise auch vor dem Erreichen des Alters von drei Jahren nicht mehr zumutbar sein, etwa wenn ein älteres Kind durch einen **Wechsel der Zusammensetzung der Gruppe** nicht mehr mit Gleichaltrigen, sondern nur noch mit ganz kleinen Kindern zusammen betreut wird.

D. Pflicht zur Inanspruchnahme des Rechtsanspruchs U3 zur Vermeidung von Transferleistungen: keine Perspektive

I. Wahlrecht in den ersten drei Lebensjahren des Kindes

332 § 24 Abs. 2 SGB VIII in der ab 1. August 2013 geltenden Fassung schafft einen Anspruch für ein- bis dreijährige Kinder auf frühkindliche Förderung in einer Tageseinrichtung oder in Kindertagespflege. Es handelt sich hierbei um einen **Anspruch auf Kindertagesbetreuung**, nicht aber um eine Pflicht zur Inanspruchnahme.

333 Um den Eltern das Wahlrecht zu ermöglichen, wie sie ihr Kind in den ersten drei Lebensjahren erziehen und fördern wollen, haben Arbeitnehmer/innen in den ersten drei Lebensjahren ihres Kindes Anspruch darauf, **Elternzeit** zu nehmen (§ 15 Abs. 1 und 2 BEEG). Die Erziehungsberechtigten können frei entscheiden, ob sie die Betreuung ihres unter dreijährigen Kindes selbst übernehmen oder eine Förderung in einer Tageseinrichtung oder in Kindertagespflege in Anspruch nehmen wollen.

334 Dieses **Wahlrecht der Eltern** ergibt sich aus dem verfassungsrechtlich garantierten Elternrecht (Art. 6 Abs. 2 S. 1 GG). Der Vorrang der Eltern als Erziehungsträger gegenüber dem Staat ist verfassungsrechtlich garantiert. Das staatliche Wächteramt (Art. 6 Abs. 2 S. 2 GG) kommt nur dann zum Tragen, wenn Eltern ihrer Elternverantwortung nicht gerecht werden.[389] Liegen Anhaltspunkte für einen Förderbedarf des Kindes vor, kann der Jugendhilfeträger darauf hinwirken, dass die Eltern die Möglichkeit nutzen, ihr Kind in einer Tageseinrichtung oder in Kindertagespflege fördern zu lassen. Verpflichtet werden, ihre Kinder außerfamiliär betreuen zu lassen, können Eltern grundsätzlich vor dem Hintergrund des Elternrechts aus Art. 6 Abs. 2 S. 1 GG jedenfalls so lange nicht, wie ihnen das Sorgerecht zusteht und sie ihrer Verantwortung zur Pflege und Erziehung nachkommen. Nur wenn sie ihre Elternpflicht nicht erfüllen, kommen Maßnahmen durch das Familiengericht nach § 1666 BGB wegen Kindeswohlgefährdung – bspw auf Anregung des Jugendamts – in Betracht, so zB

389 Vgl BVerfGE 24, 119, 138, 144.

auch die Auflage, Tagesbetreuung in Anspruch zu nehmen (§ 1666 Abs. 1 iVm Abs. 3 Nr 1 BGB).

II. Einschränkung des Wahlrechts bei Inanspruchnahme von Transferleistungen?

Beanspruchen Eltern **Leistungen zum Lebensunterhalt nach SGB II oder SGB XII**, stellt sich die Frage, ob ihre Wahlfreiheit uneingeschränkt gilt oder ob sie in diesem Fall eine Verpflichtung treffen kann, den Rechtsanspruch des Kindes auf frühkindliche Förderung in einer Tageseinrichtung oder in Kindertagespflege aus § 24 Abs. 2 SGB VIII geltend zu machen, um ihren Lebensunterhalt mit Erwerbstätigkeit selbst bestreiten zu können. 335

Auf dem Arbeitsmarkt finden sich insbesondere im Dienstleistungsgewerbe, bspw im Einzelhandel oder in der Gastronomie, vielerorts freie Stellen zu atypischen Zeiten, also abends/nachts oder am Wochenende. Dies könnte zu **Überlegungen von Sozialleistungsträgern** führen, bei denen die durch die finanziellen Transferleistungen belasteten öffentlichen Haushalte besonders fest im Blick sind, ob Sozialleistungsempfänger/innen aufgrund des neu geschaffenen Anspruchs auf Kindertagesbetreuung für unter dreijährige Kinder angehalten werden können, anstelle einer Inanspruchnahme von Leistungen zum Lebensunterhalt eine entsprechende Erwerbstätigkeit aufzunehmen und gleichzeitig ihren individuellen Bedarf an Kinderbetreuung (bzw den entsprechenden Bedarf ihres Kindes) in diesen Abend-/Nachtstunden bzw am Wochenende geltend zu machen. Diese Frage soll im Folgenden zunächst für das SGB II (s. Rn 337 ff) und anschließend für das SGB XII (s. Rn 356 ff) beantwortet werden. 336

III. Unzumutbarkeit der Arbeit nach SGB II

Im Bereich des SGB II-Leistungsbezugs ist dem/der erwerbsfähigen Hilfebedürftigen grundsätzlich **jede Arbeit zumutbar** (§ 10 Abs. 1 SGB II). Von diesem Grundsatz gibt es jedoch ausdrücklich normierte Ausnahmen. 337

1. Unzumutbarkeit bei Gefährdung der Erziehung

Die Ausübung einer Arbeit ist unzumutbar, wenn dies die Erziehung des eigenen oder des Kindes des/der Partners/-in gefährden würde (§ 10 Abs. 1 Nr 3 Halbs. 1 SGB II). Unter Gefährdung ist die **Wahrscheinlichkeit eines Nachteils für die Erziehung** zu verstehen. Die Bewertung, ob die Erziehung als „vorteilhaft für das Kind“ anzusehen ist, steht grundsätzlich allein den Eltern zu. Sie entscheiden darüber, wie und wer die Erziehung ihres Kindes in den ersten Jahren begleitet. Dies folgt unmittelbar aus dem Elternrecht des Art. 6 Abs. 2 S. 1 GG und aus dem daraus abgeleiteten sog. Interpretationsprimat der Eltern.[390] Die Eltern haben das Recht und die Pflicht zur Bestimmung der Erziehungsziele und der Erziehungsmittel,[391] sodass Eltern grundsätzlich frei darüber entscheiden können, ob sie die Betreuung und Erziehung ihrer Kinder selbst übernehmen oder diese teilweise durch andere Personen (bspw in einer Tageseinrichtung oder bei einer Kindertagespflegeperson) übernehmen lassen. 338

390 Zum Ganzen *Rixen*, in: Eicher/Spellbrink, SGB II, § 10 Rn 58.
391 *Antoni*, in: Hömig, GG, Art. 6 Rn 15.

2. Einschränkung der Wahlfreiheit ab Vollendung des dritten Lebensjahrs des Kindes

339 Wenn die Kinder das Alter von drei Jahren erreicht haben, nimmt das SGB II die Wertung vor, dass eine Gefährdung nicht anzunehmen ist, wenn die Betreuung des Kindes aufgrund einer Förderung in Tageseinrichtungen oder in Kindertagespflege nach §§ 22 ff SGB VIII sichergestellt ist (§ 10 Abs. 1 Nr 3 Halbs. 2 SGB II). Bei Kindern ab **Vollendung des dritten Lebensjahrs** sind die kommunalen Träger der öffentlichen Jugendhilfe gehalten, die erwerbsfähigen Erziehenden bei der Platzvergabe vorrangig zu berücksichtigen (§ 10 Abs. 1 Nr 3 SGB II aE). Zur Verwirklichung einer ganzheitlichen und umfassenden Betreuung und Unterstützung bei der Eingliederung in das Erwerbsleben kann, wenn erforderlich, der Kosten- bzw Teilnahmebeitrag für den Platz des Kindes in Kindertagesbetreuung durch den Grundsicherungsträger übernommen werden (§ 16 a Nr 1 SGB II).[392]

340 Maßgeblich ist insofern nicht der gesetzliche Anspruch auf einen Betreuungsplatz, sondern das **tatsächliche Vorhandensein eines Betreuungsplatzes.**[393] Dies ergibt sich bereits daraus, dass alle Kinder ab dem Alter von drei Jahren einen gesetzlichen Anspruch auf den Besuch einer Tageseinrichtung haben (§ 24 Abs. 1 SGB VIII). Eine Arbeit darf erwerbsfähigen Hilfebedürftigen also regelmäßig zugemutet werden, soweit die Betreuung des über drei Jahre alten Kindes sichergestellt ist, also in den Betreuungszeiten.[394] Die Regelvermutung des § 10 Abs. 1 Nr 3 Halbs. 2 SGB II bedeutet, dass die Leistungsempfänger/innen bei Nichtinanspruchnahme der Kindertagesbetreuung und daraus resultierender Nichtaufnahme der Erwerbstätigkeit den Nachweis führen müssen, weshalb im Einzelfall trotz sichergestellter Kinderbetreuung von einer Gefährdung der Erziehung auszugehen ist.

341 Das Elternprimat ist somit ab Vollendung des dritten Lebensjahrs des Kindes beschränkt. Liegt **Hilfebedürftigkeit** vor, weil Erziehungsberechtigte ihren Lebensunterhalt nicht oder nicht ausreichend aus eigenem Einkommen oder Vermögen sichern können (§ 9 Abs. 1 SGB II), wird das **Bestimmungsrecht der Eltern**, wie sie die Betreuung und Erziehung ihres Kind sicherstellen wollen, indirekt eingeschränkt. Ihr Anspruch auf Leistungen zur Sicherung des Lebensunterhalts wird (der Höhe nach) ua davon abhängig gemacht, ob sie eine zumutbare Arbeit aufnehmen (§ 31 Abs. 1 Nr 2 iVm § 31 a SGB II). De facto besteht für SGB II-Leistungsempfänger/innen im Regelfall somit eine Verpflichtung, den Anspruch auf Kinderbetreuung eines Kindes im Alter von drei Jahren oder älter geltend zu machen, da ihr Anspruch auf Leistungen nach dem SGB II ansonsten gekürzt werden bzw sogar ganz entfallen könnte.

3. Keine Einschränkung der Wahlfreiheit bei Kindern U3

342 Für unter dreijährige Kinder besteht nach der **Konzeption der Zumutbarkeit in § 10 Abs. 1 SGB II** keine solche Regelvermutung. Hinsichtlich der Betreuung von Kindern im Alter unter drei Jahren kann im Umkehrschluss zur Wertung für Kinder im Alter von über drei Jahren (§ 10 Abs. 1 Nr 3 Halbs. 2 SGB II) nicht davon ausgegangen werden, dass die Erziehung in der Regel aufgrund der Ausübung einer Arbeit durch den/die Erziehungsberechtigte/n nicht gefährdet ist. Der Grundsicherungsträger könnte aber möglicherweise im Einzelfall auf die Inanspruchnahme von Kindertages-

392 *Meysen*, in: Münder ua, FK-SGB VIII, § 10 Rn 40; VG Leipzig 12.7.2012, 5 K 652/11.
393 *Armborst*, in: Münder, LPK-SGB II, § 10 Rn 21.
394 *Armborst*, in: Münder, LPK-SGB II, § 10 Rn 18.

betreuung verweisen, wenn er nachweist, dass für das Kind eine Förderungsmöglichkeit in einer Tageseinrichtung oder in Kindertagespflege besteht und dass damit die Erziehung eines Kindes vor Vollendung des dritten Lebensjahrs nicht dadurch gefährdet würde, dass der/die Erziehungsberechtigte einer Erwerbstätigkeit nachgeht. Mit dem Rechtsanspruch U3 ab 1. August 2013 ist jedenfalls davon auszugehen, dass den erwerbsfähigen Erziehungsberechtigten – mehr oder weniger verlässlich – ein entsprechendes Angebot an Kindertagesbetreuung zur Verfügung steht.

Hier liegt also der umgekehrte Fall vor: Während bei Kindern im Alter von über drei 343
Jahren in der Regel bei sichergestellter Betreuung von einer Nichtgefährdung der Erziehung ausgegangen wird, wenn die Eltern einer Erwerbstätigkeit nachgehen, besteht eine solche **Regelvermutung bei unter dreijährigen Kindern nicht**. Dies hat zur Folge, dass grundsätzlich davon auszugehen ist, dass einer erwerbsfähigen leistungsberechtigten Person, die ihr Kind oder das Kind ihres/r Partners/-in betreut/erzieht, eine Arbeitsaufnahme nicht zumutbar ist.

Hiervon geht auch die **Bundesagentur für Arbeit** aus, wenn sie in ihren fachlichen 344
Hinweisen zu § 10 Abs. 1 Nr 3 SGB II Folgendes ausführt:

„In einer Familie mit einem Kind, welches das 3. Lebensjahr noch nicht vollendet hat, kann sich ein Partner/eine Partnerin wegen der Kinderbetreuung auf die Unzumutbarkeit der Arbeitsaufnahme berufen. Der sachgerechte Gebrauch des Rechts setzt eine Aufklärung über Rechte und Möglichkeiten voraus, wozu auch Hinweise auf lokale Angebote der Kinderbetreuung von Dritten gehören. Die Eltern sind frei darin, zu bestimmen, wer die Kinderbetreuung übernimmt. Die Entscheidung ist unabhängig von der Frage, welcher Elternteil Elterngeld bezieht oder Elternzeit in Anspruch nimmt.

Auch in den Fällen, in denen sich beide Partner dafür entscheiden, gleichzeitig Elterngeld zu beziehen, bleibt es bei dem Grundsatz, dass sich nur ein Partner auf Unzumutbarkeit wegen Kinderbetreuung berufen kann.“[395]

Die **Wahlfreiheit der Eltern** hinsichtlich der Betreuungsmöglichkeiten für ihre unter 345
dreijährigen Kinder besteht also nicht nur für Arbeitnehmer/innen (§ 15 Abs. 1, Abs. 2 BEEG), sondern nach derzeitiger Rechtslage auch für die Empfänger/innen von Leistungen nach dem SGB II. Abzuleiten ist die dargestellte Auslegung auch aus dem Elternrecht des Art. 6 Abs. 2 S. 1 GG. Die verfassungsrechtlich determinierte Institutsgarantie enthält die grundrechtliche Wertung, die Familienerziehung bei der Gestaltung der Rechtsbeziehungen zu sichern.[396]

Folglich enthält das SGB II grundsätzlich keine Verpflichtung der Eltern von Kindern, 346
die das dritte Lebensjahr noch nicht vollendet haben, zukünftig den Anspruch auf frühkindliche Förderung in einer Tageseinrichtung oder in Kindertagespflege (§ 24 Abs. 2 SGB VIII F. 2013) geltend zu machen. Auch wenn sich dies dem Gesetzestext nicht ausdrücklich entnehmen lässt, ist das Ergebnis bei **verfassungskonformer Auslegung** zwingend. Ein Elternteil darf in den ersten drei Lebensjahren des Kindes frei entscheiden, ob er die Kinderbetreuung selbst übernimmt. Sofern dieser Elternteil es nicht ausdrücklich wünscht, kann er nicht aufgefordert oder gar mit Sanktionen gezwungen werden, in der Zeit der ersten drei Lebensjahre seines Kindes für den Ar-

395 Fachliche Hinweise der Bundesagentur für Arbeit zum SGB II, Punkt 2.3 Kinderbetreuung (§ 10 Abs. 1 Nr 3) Abs. 3, Stand: Juli 2012 (www.arbeitsagentur.de/zentraler-Content/A01-Allgemein-Info/A015-Oeffentlichkeitsarbeit/Publikation/pdf/Gesetzestext-10-SGB-II-Zumutbarkeit.pdf).

396 *Coester-Waltjen*, in: von Münch/Kunig, GG, Bd. 1, Art. 6 Rn 59.

beitsmarkt zur Verfügung zu stehen und vermittelte Arbeit anzunehmen. Ein entsprechendes Vorgehen der Jobcenter wäre nicht mit dem Gesetz vereinbar.

347 Der **Rechtsanspruch ab 2013** ändert insoweit nichts an der bisherigen Rechtslage. Das SGB II geht unabhängig vom Bestehen eines Rechtsanspruchs U3 nicht davon aus, dass bei Ausübung einer Arbeit keine Gefährdung der Erziehung eines unter dreijährigen Kindes vorliegt, selbst wenn eine Betreuung im Rahmen der Förderung in einer Tageseinrichtung oder in Kindertagespflege sichergestellt ist.

348 Entscheiden sich Eltern jedoch aus **eigenem Entschluss** für die Inanspruchnahme einer außerfamiliären Betreuung für ihr Kind bereits vor Vollendung des dritten Lebensjahrs und erhalten sie auch tatsächlich einen Betreuungsplatz, so ist die Aufnahme einer Arbeit für den Zeitraum der Betreuung zumutbar und die Erziehung des Kindes kann nicht mehr als Hinderungsgrund im Sinne des § 10 Abs. 1 Nr 3 SGB II angeführt werden.

4. Verfassungswidrigkeit einer weiteren Einschränkung der Wahlfreiheit

349 Die gesetzliche Einschränkung des elterlichen Interpretationsprimats, die arbeitsfähige Eltern mit Kindern im **Alter von über drei Jahren** hinnehmen müssen, wenn sie zur Sicherung ihres Lebensunterhalts auf Leistungen nach SGB II angewiesen sind, wird bereits als verfassungsrechtlich nicht unbedenklich eingestuft.[397] Wie dargestellt, ist der Gesetzgeber gehalten, dem Elternrecht aus Art. 6 Abs. 2 S. 1 GG bei der Wahl der Modalitäten für die Erziehung des Kindes in einer Weise Geltung zu verschaffen, dass Eltern die Kindererziehung selbst wahrnehmen können.[398]

350 Die gesellschaftlichen Wertungen zur Kindeswohlförderlichkeit und sozialen Erwartbarkeit einer Inanspruchnahme eines Kindergartenplatzes bei Kindern im Alter über drei Jahren lassen die Verfassungsmäßigkeit der derzeitigen Konzeption des § 10 Abs. 1 Nr 3 SGB II noch zumindest als diskussionswürdig erscheinen. Die **Grenzen des verfassungsrechtlich Zulässigen** wären jedoch eindeutig überschritten, wenn die Wahlfreiheit der Eltern auch in Bezug auf die Erziehung ihrer Kinder im Alter zwischen Vollendung des ersten und dritten Lebensjahrs eingeschränkt würde.

351 Dieser grundrechtlichen Wertung trägt auch das **zivilrechtliche Unterhaltsrecht** des BGB Rechnung, indem es bis zum Alter des Kindes von drei Jahren echte Wahlfreiheit ermöglicht. So kann ein geschiedener Ehegatte von dem anderen wegen der Pflege und Erziehung eines gemeinsamen Kindes für mindestens drei Jahre nach der Geburt Unterhalt verlangen (§ 1570 Abs. 1 S. 1 BGB). Nach Vollendung des dritten Lebensjahrs greift der Grundsatz der Eigenverantwortung (§ 1569 BGB), von dem nur aus besonderen Gründen eine Ausnahme von der eigenen Erwerbsobliegenheit gemacht werden kann (§ 1570 Abs. 1 S. 2, Abs. 2 BGB). Entsprechendes gilt für den Betreuungsunterhalt des Elternteils, der das Kind betreut und nicht mit dem anderen Elternteil verheiratet ist (§ 1615 l Abs. 2 S. 3 BGB).

352 Das zivilrechtliche Ehegatten- bzw Betreuungsunterhaltsrecht kennt folglich für die ersten drei Lebensjahre ausdrücklich keine Erwerbsobliegenheit des betreuenden Elternteils – mit damit einhergehender Notwendigkeit einer Inanspruchnahme von Tagesbetreuung für das Kind. Eine bedingt andere Wertung kann in besonders gelagerten Konstellationen der sog. **„Hausmannrechtsprechung“** gelten, wenn ein Elternteil

397 *Rixen*, in: Eicher/Spellbrink, SGB II, § 10 Rn 60.
398 *Coester-Waltjen*, in: von Münch/Kunig, GG, Bd. 1, Art. 6 Rn 59.

für ein Kind barunterhaltspflichtig ist und ein weiteres Kind im Alter von unter drei Jahren hat, bei dem er oder der andere Elternteil dieses Kindes die Betreuung übernehmen könnten. In diesem Fall kann aufgrund der gesteigerten Unterhaltspflicht (§ 1603 Abs. 2 BGB) unter Umständen fiktives Einkommen zugerechnet werden, obwohl ein Kind im Alter von unter drei Jahren zu betreuen ist.[399]

Im Lichte der **verfassungsrechtlichen und gesellschaftlichen Wertungen** sowie deren Spiegelung in der Rechtsordnung erscheint es somit weder nach derzeitigem Recht noch nach der Rechtslage ab August 2013 noch auf absehbare Zeit durch spätere Gesetzesänderung möglich, die Regelung des § 10 Abs. 1 Nr 3 SGB II auf Erwerbsfähige mit Kindern im Alter zwischen einem und drei Jahren auszuweiten. 353

Da Eltern im Leistungsbezug nach SGB II auch nach Inkrafttreten des Rechtsanspruchs in § 24 Abs. 2 SGB VIII F. 2013 nicht verpflichtet werden können, diesen Anspruch geltend zu machen, darf der Grundsicherungsträger die **Leistungen zum Lebensunterhalt nicht davon abhängig** machen, dass Erziehungspersonen von unter dreijährigen Kindern Arbeit annehmen, denn eine solche bleibt unzumutbar, auch wenn die Betreuung des Kindes in einer Tageseinrichtung oder in Kindertagespflege sichergestellt werden könnte. 354

Wollen die Erziehungsberechtigten **Leistungen der Arbeitsvermittlung** in Anspruch nehmen (§§ 14 ff SGB II), steht ihnen das frei und der Kosten- bzw Teilnahmebeitrag ist ggf zur Ermöglichung der Eingliederung ins Erwerbsleben vom Jobcenter zu übernehmen (§ 16 a Nr 1 SGB II).[400] Ob bei einer Aufnahme einer Erwerbstätigkeit Anspruch auf Förderung des Kindes in einer Tageseinrichtung oder in Kindertagespflege besteht (zB zu atypischen Zeiten), ist jedoch unabhängig hiervon zu beurteilen und richtet sich allein nach Ausgestaltung und Umfang des Anspruchs nach § 24 Abs. 2 SGB VIII sowie den am Kindeswohl orientierten Grenzen der Förderung (hierzu eingehend Rn 196 ff). 355

IV. Unzumutbarkeit von Erwerbstätigkeit nach SGB XII

Nicht Erwerbsfähige beziehen keine Leistungen zum Lebensunterhalt nach SGB II (§ 8 SGB II), sondern haben bei Bedürftigkeit Anspruch auf **Hilfe zum Lebensunterhalt nach SGB XII**. Voraussetzung ist, dass sie ihren notwendigen Lebensunterhalt nicht oder nicht ausreichend aus eigenen Kräften und Mitteln, insbesondere aus eigenem Einkommen und Vermögen, bestreiten können (§ 19 Abs. 1 SGB XII). 356

Leistungsberechtigte sind verpflichtet, eine **zumutbare Tätigkeit** aufzunehmen, wenn sie hierdurch Einkommen erzielen können (§ 11 Abs. 3 S. 4 SGB XII). Eine Tätigkeit darf bspw dann nicht zugemutet werden, wenn dadurch die geordnete Erziehung eines Kindes gefährdet würde (§ 11 Abs. 4 S. 2 SGB XII). Auch hier wird eine altersabhängige Differenzierung hinsichtlich einer möglichen Gefährdung der Erziehung vorgenommen: Es wird die **Regelvermutung** aufgestellt, dass die Erziehung bei Kindern, die das dritte Lebensjahr vollendet haben, in der Regel nicht gefährdet ist, soweit die Betreuung in einer Tageseinrichtung oder in Kindertagespflege nach SGB VIII sichergestellt ist (§ 11 Abs. 4 S. 3 SGB XII). Die Träger der Sozialhilfe sollen darauf hinwir- 357

399 BGH FamRZ 2006, 1827, 1830; DIJuF-Themengutachten „Unterhaltsrechtliche Leistungsfähigkeit und Einkommen Dritter“, Ziff. 7, zu finden unter www.dijuf.de ► Rechtsberatung/Rechtspolitik ► DIJuF-Themengutachten.

400 *Meysen*, in: Münder ua, FK-SGB VIII, § 10 Rn 40; VG Leipzig 12.7.2012, 5 K 652/11.

ken, dass Alleinerziehenden vorrangig ein Platz in Kindertagesbetreuung angeboten wird (§ 11 Abs. 4 S. 4 SGB XII).

358 Auch bei der **Definition der Zumutbarkeit** einer Aufnahme von Erwerbstätigkeit nach SGB XII greift für Erziehungspersonen unter dreijähriger Kinder keine entsprechende Vermutung. Auch hier wird dem Elternrecht aus Art. 6 Abs. 2 S. 1 GG Rechnung getragen und daher den Eltern die Wahlfreiheit darüber überlassen, in welcher Form sie die Erziehung ihres Kindes bis zur Vollendung des dritten Lebensjahrs gestalten wollen.

359 Auch die **Sozialhilfeträger** dürfen von Leistungsempfänger/inne/n, die ihr eigenes unter dreijähriges Kind oder das Kind ihres Partners/ihrer Partnerin betreuen und erziehen, nicht die Aufnahme einer Erwerbstätigkeit verlangen. Es besteht – auch nach Inkrafttreten des Rechtsanspruchs aus § 24 Abs. 2 SGB VIII F. 2013 – keine korrespondierende Pflicht der Leistungsberechtigten nach § 19 SGB XII, Förderung in einer Tageseinrichtung oder in Kindertagespflege für ihr unter dreijähriges Kind in Anspruch zu nehmen, um eine Erwerbstätigkeit zu ermöglichen.

360 **Grundsätzlich keine Erwerbsverpflichtung:** In den ersten drei Lebensjahren ihres Kindes können Eltern im Leistungsbezug nach SGB II oder SGB XII auch nach dem 1. August 2013 durch die Jobcenter oder Sozialämter weder auf die Möglichkeit verwiesen und verpflichtet werden, einer Erwerbstätigkeit nachzugehen, noch auf die Möglichkeit, den Anspruch ihres Kindes auf Förderung in einer Tageseinrichtung oder in Kindertagespflege geltend zu machen (§ 10 Abs. 1 Nr 3 SGB II, § 11 Abs. 4 S. 3 u. 4 SGB XII). Es besteht keine indirekte Arbeitspflicht und damit auch nicht die Pflicht zur Inanspruchnahme von Tagesbetreuung. Unter den derzeitigen gesellschaftlichen Rahmenbedingungen könnte der Gesetzgeber den Bezug von Leistungen zum Lebensunterhalt nicht davon abhängig machen, dass Eltern, die ein Kind in dessen ersten drei Lebensjahren betreuen, arbeiten gehen und ihr Kind außerfamiliär betreuen lassen, ohne hierbei Grundrechte der Eltern zu verletzen.

Erwerbsverpflichtung im Fall der Inanspruchnahme von Tagesbetreuung: Wollen Erziehungsberechtigte mit Kindern im Alter unter drei Jahren, die im Leistungsbezug nach SGB II oder SGB XII stehen, nach dem 1. August 2013 eine Erwerbstätigkeit vermittelt bekommen und ihr Kind in dieser Zeit in einer Tageseinrichtung oder bei der Kindertagespflegeperson erziehen, bilden und betreuen lassen (vgl § 16 a Nr 1 SGB II), haben ihre Kinder hierauf ebenso Anspruch wie alle anderen Kinder. Nehmen sie für ihr Kind Tagesbetreuung aufgrund freien Entschlusses in Anspruch, ist ihnen zumutbar, in dieser Zeit eine Erwerbstätigkeit aufzunehmen, und können die Jobcenter dies auch fordern.

Teil 2: Rechtsanspruch U3, aber kein Platz: Was erwartet die Kommunen?

Thomas Meysen, Janna Beckmann, David Seltmann, Petra Birnstengel

A. Ausgangslage: Rechtsanspruch U3 ab August 2013

I. Inhalt und Umfang des Rechtsanspruchs U3

Am 1. August 2013 tritt eine neue Fassung des § 24 Abs. 2 SGB VIII in Kraft. Alle Kinder im Alter von einem bis zum vollendeten dritten Lebensjahr erhalten einen **individuellen Rechtsanspruch auf frühkindliche Förderung.** Bei diesem „Rechtsanspruch U3" handelt es sich um die letzte Stufe zum Ausbau der Tagesbetreuung für die betreffende Altersgruppe nach dem Stufenplan im Kinderförderungsgesetz (KiföG 2008). 361

Mit der Einführung des „Rechtsanspruchs U3" erhält jedes Kind dieser Altersgruppe das Recht auf Förderung in einer Tageseinrichtung oder in Kindertagespflege. Der Träger der öffentlichen Jugendhilfe hat für alle Kinder ein **infrastrukturelles Regelangebot** zu sichern. Die Kinder haben Anspruch auf eine Betreuung von mindestens vier Stunden täglich an fünf Tagen die Woche. Die Tageszeiten und die nähere Ausgestaltung des Regelangebots obliegen dem Träger der öffentlichen Jugendhilfe im Rahmen seiner Bedarfsplanung, wobei nach Möglichkeit Rücksicht zu nehmen ist auf unterschiedliche Wünsche der Erziehungsberechtigten (zB auf die alternative Wahl zwischen der Buchung eines vierstündigen Platzes am Vormittag oder am Nachmittag). 362

Über das Regelangebot hinaus oder abweichend davon können die Erziehungsberechtigten für ihr Kind einen vom Rechtsanspruch U3 umfassten „individuellen Bedarf" geltend machen und damit eine **einzelfallindizierte Erweiterung des Regelangebots** (§ 24 Abs. 2 S. 2 iVm Abs. 1 S. 3 SGB VIII). Anzuerkennen sind elternbezogene (zB Ausbildung, Erwerbstätigkeit, Qualifizierung, familiäre Pflegeaufgaben) und kindbezogene Gründe (zB besondere Belastungen in der Familie, die ein besonderes Profitieren von der Förderung in Tageseinrichtungen oder Kindertagespflege erwarten lassen). Soweit ein „individueller Bedarf" anzuerkennen ist, konfiguriert dieser den Rechtsanspruch U3 und der Träger der öffentlichen Jugendhilfe ist mit rechtsanspruchsgestützter Verbindlichkeit gehalten, sich mit seinem Angebot auf den „individuellen Bedarf" des Kindes und seiner Familie einzustellen. 363

Allerdings ist der **Rechtsanspruch U3 kein Freibrief** zur Erfüllung jeglicher individueller Interessen der Erziehungsberechtigten. Vielmehr findet der Wunsch nach zeitlicher Ausdehnung oder Flexibilität der außerfamiliären Förderung nach §§ 22 ff SGB VIII seine Grenzen im Kindeswohl (hierzu Rn 196 ff). 364

Schließlich ist die mit der Neuregelung verbundene Fokussierung auf eine geeignete, insbesondere aber auch qualitativ wertige Förderung zu beachten. Maßgeblich für die wirksame Erfüllung des Rechtsanspruchs ist damit nicht allein die Berücksichtigung der im Einzelfall bedarfsbezogenen Interessen von Kind und Eltern, sondern auch die in personeller/pädagogischer Hinsicht (auch im Hinblick auf den jeweiligen Betreuungsschlüssel nachhaltige) **qualitative Umsetzung der Förderung.** Damit wird insbesondere auf die in §§ 22, 22 a SGB VIII niedergelegten Grundsätze Bezug genommen. Gem. § 26 SGB VIII können Einzelheiten – wie etwa Qualifikationsanforderungen an das Betreuungspersonal – landesgesetzlich geregelt werden. 365

366 **„Rechtsanspruch U3"** (§ 24 Abs. 2 iVm Abs. 1 S. 3 SGB VIII F. 2013): Alle Kinder im Alter von einem bis zur Vollendung des dritten Lebensjahrs haben ab dem 1. August 2013 Anspruch auf frühkindliche Förderung als infrastrukturelles Regelangebot von täglich mindestens vier Stunden an fünf Tagen die Woche; die nähere Ausgestaltung obliegt dem Träger der öffentlichen Jugendhilfe. Können die Erziehungsberechtigten einen individuellen Bedarf geltend machen, bestimmt dieser dem Grunde nach den Umfang und die Zeiten der Förderung. Die Kommunen haben sich bis zu der Grenze darauf einzustellen, an welcher die Betreuung keine Förderung für das Kind beinhaltet oder mit dem Kindeswohl nicht mehr vereinbar ist.

II. Die Neuerungen: Vergleich zur Rechtslage bis 1. August 2013

367 Bis zum 31. Juli 2013 besteht ein Rechtsanspruch nur für Kinder **ab Vollendung des dritten Lebensjahrs bis zum Schuleintritt**. Dieser bezieht sich lediglich auf das infrastrukturelle Angebot eines Halbtagsplatzes und auch nur auf die Förderung in einer Tageseinrichtung. Die Vorhaltung von Ganztagesplätzen ist objektive Rechtspflicht der Träger der öffentlichen Jugendhilfe, die Förderung in Kindertagespflege nur ergänzend zur Tageseinrichtung vorgesehen (§ 24 Abs. 1 SGB VIII).

368 Mit Einführung des Rechtsanspruchs U3 in § 24 Abs. 2 SGB VIII F. 2013 zum 1. August 2013 sind die Träger der öffentlichen Jugendhilfe nicht mehr nur objektiv-rechtlich verpflichtet, ein bedarfsgerechtes Angebot an Betreuungsplätzen zur Verfügung zu stellen. Vielmehr ist den Kindern eine **wehrhafte Rechtsposition** eingeräumt, die ggf auch gerichtlich durchgesetzt werden kann. Das Angebot wird zudem nur noch in Bezug auf das Regelangebot allein von den Trägern der öffentlichen und freien Jugendhilfe gesteuert. Sofern Erziehungsberechtigte einen anzuerkennenden individuellen Bedarf geltend machen können, steuert dieser die nähere Ausgestaltung des Angebots.

369 Das **Wunsch- und Wahlrecht (§ 5 Abs. 1 SGB VIII)** ermöglicht es den Erziehungsberechtigten, für ihr Kind generell die Förderung in einer Tageseinrichtung oder in Kindertagespflege oder auch eine bestimmte Tageseinrichtung oder Kindertagespflegestelle zu wählen (hierzu Rn 250 ff). Der Wahl und den Wünschen ist zu entsprechen, wenn sie nicht mit unverhältnismäßigen Mehrkosten verbunden sind (§ 5 Abs. 2 SGB VIII). Allerdings steht das Wunsch- und Wahlrecht unter dem Vorbehalt freier Plätze, sodass mangels Alternativen grundsätzlich auch ein angebotener Platz in einer anderen Betreuungsform oder Einrichtung bzw Tagespflegestelle den Rechtsanspruch U3 erfüllen kann.

370 Beansprucht ab dem 1. August 2013 ein Kind aus der Altersgruppe zwischen einem und drei Jahren Förderung in einer Tageseinrichtung oder in Kindertagespflege und erfüllt der zuständige Träger der öffentlichen Jugendhilfe den Rechtsanspruch auf Förderung in einer Tageseinrichtung oder in Kindertagespflege nicht rechtzeitig, können die Erziehungsberechtigten hiergegen vorgehen. Zunächst stellt sich die Frage, ob sie die Zurverfügungstellung eines Platzes (**Primäranspruch**) einklagen können (hierzu B.). Wenn das Kind nicht rechtzeitig einen zumutbaren Platz in einer Tageseinrichtung oder Tagespflegestelle angeboten bekommt und dadurch dem Kind oder den Erziehungsberechtigten ein Aufwand und/oder Schaden entsteht, stellt sich die weitere Frage, ob sie einen Haftungsanspruch (**Sekundäranspruch**) gegenüber dem Träger der öffentlichen Jugendhilfe geltend machen können (hierzu Rn 406 ff).

371 **Wunsch- und Wahlrecht** (§ 5 SGB VIII): Die Erziehungsberechtigten haben das Recht, für ihr Kind eine Tageseinrichtung oder Tagespflegestelle zu wählen, die ihren Vorstell-

ungen am ehesten entspricht. Dieses Wunsch- und Wahlrecht steht unter dem Vorbehalt, dass in der gewünschten Einrichtung bzw bei der ausgewählten Kindertagespflegeperson tatsächlich Plätze zur Verfügung stehen. In jedem Fall hat der Träger der öffentlichen Jugendhilfe die Pflicht, ein in Bezug auf Ortsnähe und pädagogische Qualität zumutbares Angebot zu machen.

B. Durchsetzung des Rechtsanspruchs U3

Individuelle Rechtsansprüche weisen den Anspruchsinhaber/inne/n regelmäßig Rechtspositionen zu, die sie im Rahmen der **Garantie effektiven Rechtsschutzes** (Art. 19 Abs. 4 GG) durchsetzen können. Beim Rechtsanspruch U3 stellt sich allerdings die Frage, ob dieser Grundsatz auf der Ebene der Durchsetzung des Primäranspruchs uneingeschränkt Geltung beanspruchen kann. Denn ein nicht zur Verfügung stehender Platz in einer Tageseinrichtung oder Tagespflegestelle könnte zwar durch Gerichtsentscheidung fiktiv zugesprochen, aber nicht geschaffen werden. 372

I. Klage auf Zuweisung eines Platzes

1. Zulässigkeit

Der Träger der öffentlichen Jugendhilfe kann gegenüber Kindern als Inhabern eines Rechtsanspruchs U3 den Anspruch nicht dadurch ausschließen, dass er sich darauf beruft, die **Kapazitäten in den vorhandenen Tageseinrichtungen und Tagespflegestellen** seien erschöpft.[401] Begehren Erziehungsberechtigte für ihr mindestens ein Jahr altes Kind ab August 2013 gleichwohl erfolglos einen Betreuungsplatz, so stellt sich die Frage, ob und wie sie die Erfüllung des Rechtsanspruchs des Kindes einklagen können. 373

Kläger ist in dem Fall das Kind als Anspruchsinhaber (§ 24 Abs. 2 SGB VIII F. 2013),[402] vertreten durch seine Eltern (§§ 1626, 1629 Abs. 1 S. 1 BGB). Gegen die vereinzelt vertretene Auffassung, nach der auch die Erziehungsberechtigten Inhaber des Rechtsanspruchs auf frühkindliche Förderung seien,[403] spricht der eindeutige Wortlaut der Vorschrift. Anspruchsgegner und somit **Beklagter** ist der Träger der öffentlichen Jugendhilfe (§ 69 Abs. 1 SGB VIII iVm Landesrecht), dies ist idR der Landkreis/Kreis bzw die kreisfreie Stadt, in einzelnen Ländern auch eine kreisangehörige Gemeinde, sofern diese entsprechend den landesrechtlichen Vorgaben örtliche Träger der öffentlichen Jugendhilfe sind.[404] 374

Die **Klage auf Erfüllung des Rechtsanspruchs U3** ist ein Antrag auf Gewährung einer Sozialleistung nach dem SGB VIII. Es handelt sich um eine öffentlich-rechtliche Streitigkeit, die nicht in den Bereich der Sozialgerichtsbarkeit fällt (§ 51 SGG), sodass der Rechtsweg zu den Verwaltungsgerichten eröffnet ist (§ 40 Abs. 1 VwGO) 375

Bezüglich der statthaften **Klageart** wird teilweise vertreten, dass es sich bei der begehrten Betreuungsplatz-Zusage um einen Verwaltungsakt handelt und insofern die 376

401 *Lakies*, in: Münder ua, FK-SGB VIII, § 24 Rn 26.

402 Für den Rechtsanspruch auf einen Kindergartenplatz *Lakies*, in: Münder ua, FK-SGB VIII, § 24 Rn 8; *Struck*, in: Wiesner, SGB VIII, § 24 Rn 27; *Kaiser*, in: Kunkel, LPK-SGB VIII, § 24 Rn 3; *Fischer*, in: Schellhorn ua, SGB VIII, § 24 Rn 20.

403 OVG RP 25.10.2012, 7 A 10671/12; für den Rechtsanspruch auf einen Kindergartenplatz *Georgii* NJW 1996, 686, 689 f.

404 *Struck*, in: Wiesner, SGB VIII, § 24 Rn 30; vgl zB § 5 Abs. 1 LKJHG BW, § 5 Abs. 1 und 2 KJGB HE, § 2 Abs. 2 AG KJHG NI, § 2 AG-KJHG NW, § 2 Abs. 1 und 2 AG KJHG RP.

Verpflichtungsklage statthaft sei.[405] Eine **allgemeine Leistungsklage** kommt nach dieser Auffassung nur ausnahmsweise in Betracht, wenn der örtliche Träger (oder das Gericht) einem Antrag auf Zurverfügungstellung eines Platzes bereits durch Verwaltungsakt stattgegeben hat, dieser aber faktisch nicht zur Verfügung steht.[406] Dagegen wird vorgetragen, dass der Anspruch auf die reale Bereitstellung eines Platzes zur Förderung in einer Tageseinrichtung oder in Kindertagespflege gerichtet sei; statthafte Klageart sei daher die allgemeine Leistungsklage.[407]

377 Letztere Auffassung vermag zu überzeugen. Das in die Zukunft gerichtete Interesse der Erziehungsberechtigten besteht darin, eine Betreuungsmöglichkeit zur Verfügung gestellt zu bekommen. Die Zurverfügungstellung eines Betreuungsplatzes wird durch die örtlichen Träger aber nur in wenigen Ausnahmefällen durch Verwaltungsakt ausgesprochen. In aller Regel jedoch liegt in der Zurverfügungstellung einer Betreuungsmöglichkeit selbst ein schlichtes verwaltungsrechtliches Handeln, das ggf im Wege der allgemeinen Leistungsklage eingefordert werden kann. Nur wenn die Anerkennung eines bestimmten individuellen Bedarfs durch einen Verwaltungsakt abgelehnt wird, ist zur Durchsetzung des individuellen Bedarfs die **Verpflichtungsklage** statthaft (hierzu Rn 402 ff).

378 Teilweise wird vertreten, dass die Klage durch Zeitablauf unstatthaft wird, weil damit eine Erledigung verbunden ist.[408] Dies wird damit begründet, dass sich der Erfüllungsanspruch naturgemäß nur auf Bereitstellung bzw Zuweisung im einzelnen Fall (zum Erfordernis rechtzeitiger Beanspruchung s. Rn 545 ff) immer nur auf einen in der Zukunft liegenden Zeitraum beziehen kann. Für einen bereits beantragten in der Vergangenheit liegenden Zeitraum hingegen könne der Hoheitsträger den Förderungsanspruch tatsächlich aufgrund Unmöglichkeit nicht mehr erfüllen, sodass der Primäranspruch untergegangen ist. Dies kann aber allenfalls für den in der Vergangenheit liegenden Zeitraum gelten. Für die Zukunft können Erziehungsberechtigte **trotz des Zeitablaufs weiterhin Interesse an der Bereitstellung eines Platzes** haben. Solange ihrem Kind keine ausreichende Förderung in einer Tageseinrichtung oder in Kindertagespflege iSd §§ 22 ff SGB VIII zuteil wird, ist der Rechtsanspruch U3 nicht erfüllt und der Anspruch kann geltend gemacht sowie ggf im Klagewege durchgesetzt werden.

379 **Kläger und Klageart:** Anspruchsberechtigt nach § 24 SGB VIII ist das Kind und somit ist es auch Kläger im verwaltungsgerichtlichen Verfahren auf Erfüllung des Rechtsanspruchs U3. Beklagter ist der örtlich zuständige Träger der öffentlichen Jugendhilfe. Die Zurverfügungstellung eines Platzes ist im Wege der allgemeinen Leistungsklage geltend zu machen. Wenn die Leistungsgewährung ausnahmsweise in Form eines Verwaltungsakts abgelehnt wurde, etwa wegen eines nicht anerkannten individuellen Bedarfs, ist die Verpflichtungsklage die richtige Klageart.

2. Einstweiliger Rechtsschutz

380 Da die Erfüllung des Rechtsanspruchs aufgrund der Dauer verwaltungsgerichtlicher Verfahren gefährdet sein kann, kommt im Fall der Eilbedürftigkeit auch eine einstweilige Anordnung gem. § 123 VwGO in Betracht.[409] Konkret ist an eine einstweilige

---

405 *Struck*, in: Wiesner, SGB VIII, § 24 Rn 5; *Rixen* NJW 2012, 2839, 2841.
406 *Rixen* NJW 2012, 2839, 2841.
407 *Happe/Saurbier*, in: Jans ua, KJHR, Stand: 05/08, § 24 Rn 29.
408 *Rixen* NJW 2012, 2839, 2841.
409 *Grube*, in: Hauck/Noftz, SGB VIII, Stand: 04/2009, § 24 Rn 22; *Happe/Saurbier*, in: Jans ua, KJHR, Stand: 05/2008, § 24 Rn 29.

(Regelungs-)Anordnung zu denken, mit welcher ein vorläufiger Zustand geregelt wird (§ 123 Abs. 1 S. 2 VwGO). Der **Anordnungsanspruch** setzt voraus, dass nach summarischer Prüfung mit überwiegender Wahrscheinlichkeit die materiell-rechtlichen Voraussetzungen des Rechtsanspruchs U3 gegeben sind. Dies dürfte von den Erziehungsberechtigten in der Mehrzahl der Fälle relativ leicht glaubhaft zu machen sein.

Zusätzlich bedarf es eines **Anordnungsgrunds**, also eine dringliche Notlage, welche zur Verwirklichung effektiven Rechtsschutzes gem. Art. 19 Abs. 4 GG eine sofortige Entscheidung gebietet.[410] Eine solche Dringlichkeit ist jedenfalls dann anzunehmen, wenn Erziehungsberechtigte andernfalls eine Berufstätigkeit nicht (wieder) aufnehmen können. Aber auch bei einer bloßen Nichterfüllung des Rechtsanspruchs U3 kann dem Kind mit Blick auf die Dauer verwaltungsgerichtlicher Verfahren unwiederbringlich die frühkindliche Förderung in einer Tageseinrichtung oder in Kindertagespflege entgehen. Für das Begehren eines Betreuungsplatzes kann das Zeitmoment mit Blick auf die kindliche Entwicklung daher eine erhebliche Rolle spielen. 381

Ist nicht besonderer **individueller Bedarf** geltend gemacht, der eine eingehende Prüfung der Kindeswohldienlichkeit der gewünschten Betreuungszeiten bzw -settings voraussetzt oder besondere Herausforderungen bei der Zurverfügungstellung eines Platzes erfordert, wird das (weitere) Abwarten der Anspruchsberechtigten in Anbetracht des eindeutigen Bestehens des Rechtsanspruchs U3 regelmäßig unzumutbar sein (materiell-akzessorische Interessenabwägung). Es fehlt zudem an einer zumutbaren oder einfacheren Möglichkeit zur vorläufigen Wahrung des Rechts des Kindes auf frühkindliche Förderung. Die Möglichkeit der Selbstbeschaffung kann dem Anordnungsgrund jedenfalls nicht entgegengehalten werden, da den Anspruchsberechtigten damit das Prozessrisiko aufgebürdet würde, in einem späteren gerichtlichen Verfahren zu obsiegen.[411] 382

Folglich ist in der Regel aufgrund der **materiell-akzessorischen Prüfung** auch nicht zu befürchten, dass die einstweilige – vorläufige – Verpflichtung des Trägers der öffentlichen Jugendhilfe zur Bereitstellung eines Platzes eine (unzulässige) Vorwegnahme der Hauptsache darstellt. Denn das Verbot der Vorwegnahme einer Entscheidung in der Hauptsache gilt nach allgemeiner Überzeugung im Hinblick auf die Gewährung effektiven Rechtsschutzes nicht, wenn die durch weiteres Abwarten entstehenden Nachteile des Berechtigten schlechterdings unzumutbar sind und ein Obsiegen des Antragstellers überwiegend wahrscheinlich ist.[412] Wegen der voranschreitenden Entwicklung des Kindes ist mit Blick auf die Dauer verwaltungsgerichtlicher Verfahren häufiger davon auszugehen, dass eine Entscheidung in der Hauptsache für die frühkindliche Förderung im jeweiligen Alter zu spät kommen würde und für den Anspruchsteller eine unzumutbare Verzögerung darstellen dürfte. 383

Anordnungsanspruch und -grund: Im Eilverfahren ist der Anordnungsanspruch bei Nichterfüllung des Rechtsanspruchs U3 in der Regel unschwer glaubhaft zu machen. Ein Anordnungsgrund ist jedenfalls anzunehmen, wenn den Erziehungsberechtigten andernfalls die Möglichkeit entgeht, (wieder) berufstätig zu sein. 384

410 *Trenczek*, in: Münder ua, FK-SGB VIII, Anhang Verfahren Rn 91, 93.
411 *Kunkel*, in: ders., LPK-SGB VIII, § 36 a Rn 11, der darauf hinweist, dass ein Antrag auf einstweilige Anordnung im Einzelfall nicht notwendig daran hindert, während des Verfahrens die Leistung selbst zu beschaffen.
412 *Schenke*, in: Kopp/Schenke, VwGO, § 123 Rn 14.

3. Klage auf Zuweisung eines bestimmten zur Verfügung stehenden Platzes

385 Für den Fall, dass in einer Tageseinrichtung oder Tagespflegestelle ein Platz tatsächlich zur Verfügung steht, kann der örtliche Träger der öffentlichen Jugendhilfe, sofern er die **Einrichtung oder Tagespflegestelle selbst betreibt**, gerichtlich verpflichtet werden, dem betreffenden Kind diesen Platz zur Verfügung zu stellen. Betreibt der örtliche Träger die Einrichtung hingegen nicht selbst, so kann nur in dem Fall, dass eine kreisangehörige Stadt oder Gemeinde eine in Betracht kommende Einrichtung betreibt, in der ein Platz frei ist, der Landkreis in etlichen Bundesländern gerichtlich verpflichtet werden, die Stadt oder Gemeinde ggf anzuweisen, das Kind aufzunehmen (hierzu Rn 397 ff).[413] Die freien Träger kann der örtliche Träger der öffentlichen Jugendhilfe hingegen nicht zwingen, das Kind aufzunehmen. Er hat insofern kein Zuweisungsrecht. Etwas Anderes kann nur im Fall entsprechender vertraglicher Verpflichtungen, sog. Leistungssicherstellungsvereinbarungen[414] des Trägers der Einrichtung gegenüber dem Träger der öffentlichen Jugendhilfe gelten.

386 Anders als die kreisangehörigen Gemeinden, die sich entschließen, Aufgaben der Förderung von Kindern in Tagesbetreuung zu übernehmen, können die **Träger der freien Jugendhilfe** zum Abschluss eines solchen Vertrags nicht verpflichtet werden. Wohl aber könnte in Betracht kommen, dass der örtliche Träger verpflichtet wird, darauf hinzuwirken. Denn auch wenn er die Träger der freien Jugendhilfe nicht zwingen kann, ein bestimmtes Kind aufzunehmen, muss er doch, wenn er sich zur Erfüllung der ihm selbst obliegenden Aufgaben Dritter bedient, alles ihm Mögliche zur Erfüllung seiner Aufgaben tun.[415] In diesem Rahmen muss er unter Berücksichtigung und Anerkennung der Entscheidungsfreiheit der freien Träger auf diese einwirken.

387 Weitere Voraussetzung ist, dass ein Platz tatsächlich zur Verfügung steht. Ob dies der Fall ist, also die Kapazitäten noch nicht erschöpft sind, richtet sich nach der tatsächlichen Aufnahmefähigkeit. Hat eine Einrichtung die Gruppenstärke mit Hilfe einer Ausnahmegenehmigung erhöht, so ist keine anerkennungsfähige **Kapazitätserschöpfung** anzunehmen, solange die Grenzen der Ausnahmegenehmigung nicht erschöpft sind.[416]

388 Handelt es sich um einen in diesem Sinne freien Platz in einer eigenen Einrichtung des örtlichen Trägers der öffentlichen Jugendhilfe, so lautet der **Klageantrag** auf Zuweisung dieses Platzes. Betreibt der örtliche Träger die Einrichtung oder Tagespflegestelle hingegen nicht selbst, so muss beantragt werden, dass der Träger der öffentlichen Jugendhilfe verpflichtet wird, darauf hinzuwirken, dass der vorhandene Platz dem Kläger zur Verfügung gestellt wird.

389 **Verpflichtung des Trägers der öffentlichen Jugendhilfe:** Der Träger der öffentlichen Jugendhilfe kann nur verpflichtet werden, einen Platz in einer Tageseinrichtung oder Tagespflegestelle zur Verfügung zu stellen, wenn er sie selbst betreibt. Träger der freien Jugendhilfe kann der öffentliche Träger außer im Fall vorhandener Leistungssicherstellungsverträge nicht verpflichten und somit kann er auch nicht auf Zurverfügungstellung eines bestimmten Platzes bei einem Träger der freien Jugendhilfe verurteilt werden.

413 VG Göttingen NVwZ-RR 1999, 130.
414 *Lakies* ZfJ 1996, 299, 302.
415 OVG NI 24.1.2003, 4 ME 596/02 = JAmt 2003, 429.
416 VG Göttingen NVwZ-RR 1999, 130 f; *Struck*, in: Wiesner, SGB VIII, § 24 Rn 25.

4. Klage auf Zuweisung eines beliebigen Betreuungsplatzes

Begehren die Erziehungsberechtigten die Zurverfügungstellung eines beliebigen zumutbaren Betreuungsplatzes, ist aber die Grenze der Aufnahmefähigkeit der vorhandenen Tageseinrichtungen und Tagespflegestellen erreicht, so wird vertreten, dass auch durch eine Gerichtsentscheidung ein nicht vorhandener Platz nicht zur Verfügung gestellt werden kann. Es bestünde insofern **kein Anspruch auf die Schaffung neuer Plätze.**[417] 390

Allerdings müssen jedenfalls alle tatsächlichen und rechtlichen Möglichkeiten ausgeschöpft sein.[418] Diesbezüglich kann der öffentliche Träger etwa verpflichtet werden, darauf hinzuwirken, dass in Übereinstimmung mit den landes- und bundesrechtlichen Regelungen eine **Ausnahmegenehmigung** eingeholt oder eine Erweiterung der Kindertagespflegeerlaubnis ausgesprochen wird, um in Tageseinrichtungen oder Tagespflegestellen die Gruppengrößen (vorübergehend) erhöhen zu dürfen.[419] Kommt es dadurch zu einer Überbelegung bzw zu einer Vergrößerung der Gruppen, so ist zu beachten, dass der Platz dann nicht mehr zumutbar ist und damit auch für alle anderen Kinder unzumutbar wird, wenn die Tagesbetreuung dadurch den bundesgesetzlichen Qualitätsanforderungen nicht mehr genügt; dies ist insbesondere der Fall, wenn gegen landesrechtliche Regelungen (die von Land zu Land teilweise sehr unterschiedlich ausfallen) zur Gruppengröße und zum Personalschlüssel bzw zur Fachkraft-Kind-Relation verstoßen wird (hierzu Rn 66 ff). 391

Der gerichtliche Antrag kann eventuell auch auf **Schaffung eines neuen Platzes** gerichtet sein, konkret darauf, einen zumutbaren Betreuungsplatz innerhalb einer bestimmten, angemessenen Frist bereitzustellen[420] (zB durch Schaffung einer neuen Gruppe in einer bestehenden Einrichtung, Inbetriebnahme einer neuen Einrichtung bzw deren Initiierung, Gewinnung und Fortbildung von Kindertagespflegepersonen). Der Träger der öffentlichen Jugendhilfe kann dann allerdings rechtliche (zB Unmöglichkeit der zeitnahen Einholung baurechtlicher Genehmigungen aus Gründen des Nachbarrechtsschutzes) und tatsächliche Gründe (zB fehlendes Vorhandensein von Trägern oder ausreichend qualifizierten Tagespflegepersonen, fehlendes hinreichend qualifiziertes Personal) vortragen, aus denen zumindest die sofortige oder kurzfristige Schaffung eines Platzes nicht möglich ist. 392

In ähnlich gelagerten Fällen eines „beschränkten Kontingents“ (zB Studienzulassung) soll das Gericht im Einzelfall befugt sein, eine Verpflichtung der Behörde zum Erlass des gewünschten Verwaltungsakts über das bestehende Kontingent hinaus auszusprechen.[421] Denkbar wäre insofern auch eine Verpflichtung zur **Zuteilung des nächsten frei werdenden Platzes** (*argumentum a maiore ad minus*).[422] 393

In Anlehnung an diese Grundsätze muss nach der hier vertretenen Ansicht das Verwaltungsgericht je nach Umständen des Einzelfalls – ungeachtet bestehender Sekundäransprüche – erst recht die Möglichkeit haben, auf entsprechenden Antrag hin im 394

417 OVG SH 1.11.2000, 2 M 32/00; *Struck*, in: Wiesner, SGB VIII, § 24 Rn 25; aA *Tillmanns*, in: MünchKommBGB, § 24 SGB VIII Rn 6.
418 *Struck*, in: Wiesner, SGB VIII, § 24 Rn 25.
419 OVG NI 24.1.2003, 4 ME 596/02, *Meysen* DJI Impulse 98, 02/2012; abl. *Rixen* NJW 2012, 2839.
420 *Meysen* DJI-Impulse 98, 02/2012.
421 Zu vergleichbaren Konstellationen bei beschränkten Platzkontingenten siehe etwa *Gerhardt*, in: Schoch ua, VwGO, Stand: 01/2001, § 113 Rn 68, 70; *Schenke*, in: Kopp/Schenke, VwGO, § 113 Rn 209, 211.
422 Vgl *Schenke*, in: Kopp/Schenke, VwGO, § 113 Rn 209 mwN.

Urteil bzw Beschluss den Träger der öffentlichen Jugendhilfe als Beklagter zur **Schaffung eines Platzes in einer gerichtlich bestimmten Frist** zu verpflichten.[423]

395 Im Fall des akuten Bedarfs bei gleichzeitig bestehender tatsächlicher (und überprüfbarer) Ausschöpfung sämtlicher vorhandener Kapazitäten ist das Gericht letztlich jedoch darauf beschränkt, einen gegebenen Primäranspruch im Hinblick auf zu prüfende Sekundäransprüche (hierzu Rn 406 ff) festzustellen.

396 **Tenor der verwaltungsgerichtlichen Entscheidung:** Besteht die Möglichkeit einer rechtmäßigen Erweiterung der Gruppengröße durch Einholung einer Ausnahmegenehmigung bei der Aufsichtsbehörde oder durch Erweiterung einer Kindertagespflegeerlaubnis für mehr Kinder, kann der Träger der öffentlichen Jugendhilfe hierzu ggf verpflichtet werden. Möglich ist auch die verwaltungsgerichtliche Anordnung, einen weiteren Platz innerhalb einer bestimmten Frist zu schaffen oder den nächsten frei werdenden Platz zuzuweisen.

5. Klage auf Verpflichtung des Landkreises zur Ausübung der Aufsichtsbefugnisse gegenüber kreisangehörigen Städten und Gemeinden

397 Im Landesrecht der Flächenländer besteht regelmäßig die Möglichkeit, dass kreisangehörige Städte und Gemeinden zur Erfüllung von Aufgaben der Förderung von Kindern in Tageseinrichtungen und in Kindertagespflege herangezogen werden (§ 69 Abs. 5 S. 1 SGB VIII aF).[424] Die **kreisangehörigen Städte und Gemeinden ohne eigenes Jugendamt** werden damit nicht zum Träger der öffentlichen Jugendhilfe, die Zuständigkeit des Landkreises als örtlicher Träger der öffentlichen Jugendhilfe im Außenverhältnis und seine Gesamtverantwortung nach § 79 SGB VIII bleiben unberührt.

398 Die Möglichkeit zur Übertragung der Aufgabenerfüllung auf kreisangehörige Städte und Gemeinden fällt **in den Ländern unterschiedlich** aus. Teilweise ist landesgesetzlich geregelt, dass die kreisangehörigen Städte und Gemeinden ohne eigenes Jugendamt für die Schaffung und den Betrieb von Tageseinrichtungen und Tagespflegestellen verantwortlich sind (Bayern,[425] Hessen,[426] Schleswig-Holstein[427]) bzw verpflichtet sind, bei Bedarf die erforderlichen Plätze bereitzustellen (Rheinland-Pfalz,[428] Sachsen,[429] Thüringen[430]). In einigen Bundesländern wird die Möglichkeit der vertraglichen Verpflichtung vorgesehen, mit welcher der Landkreis als Träger der öffentlichen Jugendhilfe die Erfüllung von Aufgaben der Förderung von Kindern in Tageseinrichtungen und in Kindertagespflege auf kreisangehörige Städte oder Gemeinden übertragen kann (Baden-Württemberg,[431] Brandenburg,[432] Mecklenburg-Vorpommern[433]). Im Saarland[434] besteht eine Pflicht des Landkreises, darauf hinzuwirken, dass die Gemeinde die Errichtung und den Betrieb einer Tageseinrichtung im Wege der kommunalen Zusammenarbeit übernimmt, wenn geeignete Träger der freien Jugendhilfe

---

423 *Meysen* DJI-Impulse 98, 02/2012.

424 Entsprechendes Landesrecht besteht auch nach Aufhebung der Vorschrift fort, vgl *Happe/Saurbier*, in: Jans ua, KJHR, Stand: 02/2009, § 69 Rn 27.

425 Art. 30 AGSG BY.

426 § 30 Abs. 2 KJGB HE.

427 § 8 KitaG SH.

428 § 10 Abs. 2 S. 1 KindertagesstättenG RP.

429 § 9 Abs. 3 KitaG SN.

430 § 17 KitaG TH.

431 § 6 LKJHG BW.

432 § 12 Abs. 1 KitaG BB.

433 § 14 Abs. 1 S. 3 KiföG MV.

434 § 8 Abs. 2 Nr 2 S. 2 Ausführungs-VO KBBG SL.

nicht vorhanden sind. Teilweise können kreisangehörige Städte und Gemeinden, die kein eigenes Jugendamt haben, im Einvernehmen mit dem Landkreis Aufgaben der Tagesbetreuung wahrnehmen (Niedersachsen[435]) oder werden schlicht zu potenziellen Trägern bzw Betreibern von Tageseinrichtungen bestimmt (Nordrhein-Westfalen,[436] Saarland,[437] Sachsen-Anhalt[438]).

Werden kreisangehörige Städte oder Gemeinden gesetzlich oder durch Vereinbarung in die Pflicht genommen, handelt es sich um ein **öffentlich-rechtliches Auftragsverhältnis zur verwaltungsmäßigen Durchführung.**[439] Sie handeln im Auftrag des Landkreises und sind diesem gegenüber verpflichtet, Plätze für Kinder in Tageseinrichtungen oder in Kindertagespflege zu schaffen.[440] Gleiches gilt, wenn und solange sich die kreisangehörige Stadt oder Gemeinde – im Einvernehmen mit dem Landkreis – zur Aufgabenwahrnehmung selbst verpflichtet (Niedersachsen).[441] Erfüllt die kreisangehörige Stadt oder Gemeinde nicht die Pflicht zur Schaffung eines bedarfsgerechten Angebots an ortsnahen Plätzen, auf die ein Rechtsanspruch U3 besteht, handelt sie rechtswidrig und kann durch den **Landkreis als Rechtsaufsichtsbehörde** zur Schaffung von Plätzen angehalten werden.[442] Wenn es sich bei Übertragung der Aufgaben der Förderung in Tagesbetreuung um eine Übertragung der Durchführung von Aufgaben handelt, erfolgt deren Wahrnehmung durch die kreisangehörigen Städte und Gemeinden auch nicht im Rahmen der kommunalen Selbstverwaltung (Ausnahme Rheinland-Pfalz[443]) und räumt Landesrecht den Landkreisen regelmäßig auch die **Fachaufsicht** ein.[444] 399

Bestehen solche landesrechtlichen Regelungen zur Übertragung der Aufgaben nach §§ 22 ff SGB VIII auf kreisangehörige Städte und Gemeinden (Bayern, Schleswig-Holstein, Hessen, Rheinland-Pfalz, Sachsen, Thüringen) oder haben sich die kreisangehörigen Städte oder Gemeinden durch einen öffentlich-rechtlichen Vertrag oder selbst zur Übernahme verpflichtet (Baden-Württemberg, Brandenburg, Mecklenburg-Vorpommern, Niedersachsen), so kann der Landkreis als Träger der öffentlichen Jugendhilfe **gerichtlich dazu verpflichtet** werden, von seinen Instrumenten der Rechts- und Fachaufsicht Gebrauch zu machen und entsprechend auf die kreisangehörigen Städte oder Gemeinden einzuwirken, weitere Betreuungsplätze zu schaffen. Im Saarland kann der Landkreis verpflichtet werden, seiner **Hinwirkungspflicht** nachzukommen. In Ländern, die keine entsprechenden Pflichtenbindungen der kreisangehörigen Städte und Gemeinden kennen (Nordrhein-Westfalen, Saarland, Sachsen-Anhalt), können die Landkreise als Träger der öffentlichen Jugendhilfe mangels Möglichkeiten der Aufsicht gegenüber den kreisangehörigen Städten und Gemeinden nicht entsprechend gerichtlich verpflichtet werden. Sie bleiben als Träger der öffentlichen Jugendhilfe aber Verpflichtete für den Rechtsanspruch U3 und sind Beklagte in verwaltungsgerichtlichen Verfahren. 400

435 § 13 Abs. 1 AG KJHG NI.
436 § 6 Abs. 1 KiBiz NW.
437 § 2 Abs. 3 KBBG SL.
438 § 10 Abs. 1 Nr 1 KiFöG ST.
439 *Schoch/Wieland*, Aufgabenzuständigkeit und Finanzierungsverantwortung verbesserter Kinderbetreuung, S. 121.
440 *Struck*, in: Wiesner, SGB VIII, 3. Aufl. 2006, § 69 Rn 49.
441 VG Göttingen NVwZ-RR 1999, 130.
442 DIJuF-Rechtsgutachten JAmt 2007, 138 f.
443 § 10 Abs. 2 S. 1 KindertagesstättenG RP: Pflichtaufgabe der Selbstverwaltung.
444 DIJuF-Rechtsgutachten JAmt 2007, 138, 139.

401 **Kreisangehörige Städte und Gemeinden unter Rechts- und Fachaufsicht:** In den meisten Flächenländern können die Landkreise verpflichtet werden, die kreisangehörigen Städte und Gemeinden ohne eigenes Jugendamt als Betreiber von Tageseinrichtungen zur Schaffung von zusätzlichen Plätzen im Wege der Rechtsaufsicht anzuweisen (Ausnahme Nordrhein-Westfalen, Saarland, Sachsen-Anhalt).

II. Klage auf Platz entsprechend des „individuellen Bedarfs"

402 Denkbar ist weiter der Fall, in dem der örtliche Träger dem Kind zwar einen Platz im Umfang des kommunal gewährten Regelangebots zur Verfügung stellt, dieser jedoch nicht dem tatsächlichen Bedarf entspricht. Hier ist zu berücksichtigen, dass ab August 2013 der **Umfang des Rechtsanspruchs** durch den individuellen Bedarf der Leistungsberechtigten und nicht mehr durch die Kommunen gesteuert wird. Die Kommunen sind zwar berechtigt und verpflichtet, für alle Kinder ein vom jeweiligen Einzelfall losgelöstes Regelangebot zur Verfügung zu stellen; können Erziehungsberechtigte jedoch einen über das Regelangebot hinausgehenden oder von diesem Angebot abweichenden individuellen Bedarf darlegen, der aufgrund der Zielsetzung des Gesetzgebers anzuerkennen ist (hierzu Rn 138 ff), so ist ein entsprechender Betreuungsplatz zur Verfügung zu stellen.

403 Machen Erziehungsberechtigte für ihr Kind einen solchen besonderen individuellen Bedarf geltend und lehnt der örtliche Träger aber die Anerkennung dieses Bedarfs ab, so stellt diese **Ablehnung regelmäßig einen Verwaltungsakt** dar (§ 31 SGB X). Die Erziehungsberechtigten können in Vertretung des anspruchsberechtigten Kindes gegen die Ablehnung im Wege von Widerspruch oder Verpflichtungsklage vorgehen (§§ 68 Abs. 2, 113 Abs. 4 VwGO). Im Fall der Eilbedürftigkeit ist die Beantragung einer einstweiligen Anordnung möglich (§ 123 Abs. 1 VwGO).

404 Beim „individuellen Bedarf" iSd § 24 Abs. 1 S. 3 SGB VIII F. 2013 handelt es sich um einen **unbestimmten Rechtsbegriff**, dessen Auslegung durch den Träger der öffentlichen Jugendhilfe voll gerichtlich überprüfbar ist.[445] Bei der dabei vorzunehmenden konkreten Auslegung im Einzelfall hat die Behörde somit weder ein Ermessen noch Beurteilungsspielraum.[446] Wenn der örtliche Träger eine über das Regelangebot hinausgehende Betreuung aus Gründen des Kindeswohls begrenzt (zu den kindeswohlbedingten Grenzen der Anerkennungsfähigkeit s. Rn 196 ff) bzw nach seiner Prüfung zu dem Ergebnis gelangen sollte, die gewünschte Betreuung sei noch nicht oder nicht mehr als Förderung im Sinne des SGB VIII zu betrachten, so haben die Verwaltungsgerichte im Streitfall diese Auslegung uneingeschränkt zu überprüfen.[447]

405 **Individueller Bedarf:** Die ausdrückliche Nichtanerkennung oder -berücksichtigung eines individuellen Bedarfs erfolgt als ablehnender Verwaltungsakt. Die Entscheidung des Jugendamts ist mit einer Verpflichtungsklage voll gerichtlich überprüfbar.

---

445 Zur teils umstrittenen, überwiegend mit Blick auf Art. 19 Abs. 4 GG aber sehr restriktiv gebrauchten bzw abgelehnten Einräumung eines Beurteilungsspielraums auch im Jugendhilfebereich, zB bei der Bestimmung des erzieherischen Bedarfs iSd § 27 Abs. 1 SGB VIII, vgl *Trenczek*, in: Münder ua, FK-SGB VIII, Anhang Verfahren und Rechtsschutz Rn 87 mwN; *Tammen*, in: Münder ua, Kinder- und Jugendhilferecht, Kap. 3.5 Rn 69 ff.

446 Allg. zum unbestimmten Rechtsbegriff siehe auch BVerfGE 88,40, 45 ff; *Kunkel*, in: LPK-SGB VIII, § 79 Rn 8; *Fischer*, in: Münder ua, Kinder- und Jugendhilferecht, Kap. 6.3 Rn 22.

447 Zum ebenfalls voll überprüfbaren „unbestimmten" Rechtsbegriff der unverhältnismäßigen Mehrkosten (§ 5 Abs. 2 S. 1 SGB VIII) siehe etwa OVG ST 23.4.2007, 3 M 215/06.

C. Haftung

Kann ein Träger der öffentlichen Jugendhilfe nach dem 1. August 2013 den Rechtsanspruch U3 eines Kindes nicht erfüllen, kommen Haftungsansprüche in Betracht. Auch für das Geltendmachen dieser Haftungsansprüche ist **Kläger** das anspruchsberechtigte Kind und **Beklagter** der Träger der öffentlichen Jugendhilfe (hierzu Rn 374), nicht aber die kreisangehörige Stadt oder Gemeinde, die kein eigenes Jugendamt hat. 406

Das Staatshaftungsrecht stellt für die Haftung eine Reihe von gesetzlich normierten oder aber richterrechtlich anerkannten Anspruchsgrundlagen zur Verfügung (hierzu Rn 407 ff). Diese unterscheiden sich hinsichtlich der jeweiligen Voraussetzungen (s. Rn 429 ff) und des Anspruchsumfangs teils erheblich (s. Rn 474 ff).

I. Anspruchsgrundlagen

1. Aufwendungsersatz bei selbst beschaffter Betreuung

a) Zulässige Selbstbeschaffung einer Sozialleistung

In einer richtungsweisenden Entscheidung hat das **OVG Rheinland-Pfalz** am 25. Oktober 2012[448] den Eltern einen Anspruch auf Ersatz ihrer Aufwendungen für eine selbst organisierte Betreuung zugestanden. Anders noch als das VG Mainz[449] in der ersten Instanz hat es den Anspruch nicht auf die Anspruchsgrundlage eines Folgebeseitigungsentschädigungsanspruchs gestützt, sondern auf das richterrechtliche Haftungsinstitut des Aufwendungsersatzes bei selbst beschaffter Sozialleistung.[450] Die Kommune hat gegen die Entscheidung Revision zum BVerwG eingelegt.[451] 407

In Rechtsprechung[452] und Literatur[453] wurden die Voraussetzungen herausgearbeitet, wann Anspruchsberechtigte ihren Aufwand ersetzt verlangen können, den sie haben, weil sie sich eine Sozialleistung selbst beschafft haben, auf die gegenüber dem zuständigen Sozialleistungsträger ein Anspruch bestand. Voraussetzung ist ein **Systemversagen**, das zur Selbstbeschaffung berechtigt. 408

Die von der Rechtsprechung entwickelten Rechtsgrundsätze hat der Gesetzgeber später aufgegriffen und den Aufwendungsersatzanspruch bei Selbstbeschaffung an zwei Stellen im Sozialgesetzbuch ausdrücklich geregelt. Anknüpfend an die strikten Fristenregelungen für die Zuständigkeitsklärung und Entscheidung über die Leistungsgewährung im Bereich der Leistungen zur Rehabilitation und Teilhabe für Menschen mit Behinderung (§ 14 SGB IX) sind die Anspruchsberechtigten von Leistungen zur Rehabilitation und Teilhabe im Sinne des SGB IX seit dessen Einführung im Juli 2001[454] ausdrücklich berechtigt, dem Rehabilitationsträger eine Frist zu setzen, nach deren Verstreichen sie sich die erforderliche Leistung selbst beschaffen dürfen. Der zuständige Rehabilitationsträger ist verpflichtet, den Aufwand für die Selbstbeschaf- 409

448 OVG RP 25.10.2012, 7 A 10671/12.OVG.

449 VG Mainz 10.5.2012, 1 K 981/11.MZ.

450 Der Beschluss des OVG Rheinland-Pfalz ist noch nicht rechtskräftig, abzuwarten bleibt die Entscheidung des BVerwG im laufenden Revisionsverfahren (BVerwG 5 C 35.12).

451 Vgl Stellungnahme der SFK 1 des DIJuF JAmt 2002, 498, 498 f; *Stähr*, in: Hauck/Noftz, SGB VIII, Stand: 06/2009, § 36 a Rn 4, 22; *Grube* JAmt 2002, 490; *Fischer*, in: Schellhorn ua, SGB VIII, § 36 a Rn 20; *Wiesner*, in: ders., SGB VIII, § 36 a Rn 42; zur grundsätzlichen Anerkennung der Selbstbeschaffung in der Rechtsprechung vgl ua auch BVerwG 11.8.2005, 5 C 18.04 = NVwZ 2006, 697 f.

452 BSGE 35, 10, 14; BVerwGE 74, 206 NJW-RR 1987, 581; BVerwG NVwZ 1987, 412; 13.6.1991, 5 C 27.88 = NJW 1991, 3165, 3166; 28.9.2000, 5 C 29.99 = NJW-RR 2000, 763.

453 *Mrozynski*, in: ders., SGB I, § 42 Rn 4, § 43 Rn 30; SFK 1 des DIJuF JAmt 2002, 498, 498 f; *Grube* JAmt 2002, 490; *Fischer* JAmt 2002, 492, 493 f.

454 In Kraft getreten am 1.7.2001, BGBl I S. 1046.

fung – „unter Beachtung der Grundsätze der Wirtschaftlichkeit und Sparsamkeit“ – zu erstatten (**§ 15 Abs. 1 S. 3 SGB IX**). Ein entsprechender Anspruch besteht auch, wenn eine unaufschiebbare Leistung nicht rechtzeitig erbracht wird oder eine Leistung zu Unrecht abgelehnt wird (§ 15 Abs. 1 S. 4 SGB IX).

410 Das Kinder- und Jugendhilferecht enthält in **§ 36 a Abs. 3 SGB VIII** seit dem 1. Oktober 2005 mit dem Gesetz zur Weiterentwicklung der Kinder- und Jugendhilfe (KICK) eine eigene Regelung zur Selbstbeschaffung. Zunächst wird klargestellt, dass Aufwendungen grundsätzlich nicht erstattungsfähig sind, wenn Hilfen direkt – unter Umgehung und ohne Kenntnis des Jugendhilfeträgers – von (potenziell) Anspruchsberechtigten selbst beschafft werden (§ 36 a Abs. 1 SGB VIII: Entscheidungsprimat des Trägers der öffentlichen Jugendhilfe).[455] Voraussetzung für einen Aufwendungsersatzanspruch ist vielmehr, dass der Träger Kenntnis von seiner Leistungspflicht hatte, die Leistungsvoraussetzungen zum Zeitpunkt der ausgebliebenen Erfüllung eines Rechtsanspruchs vorlagen und die Deckung des Bedarfs bis zur Entscheidung über die Leistungsgewährung oder zur Erlangung verwaltungsgerichtlichen Rechtsschutzes keinen zeitlichen Aufschub geduldet hat (§ 36 a Abs. 3 S. 1 SGB VIII).

411 Auf die Förderung von Kindern in Tageseinrichtungen und in Kindertagespflege ist § 36 a SGB VIII allerdings nicht unmittelbar anzuwenden. Die Regelung bezieht sich aufgrund ihrer Stellung im Gesetz nur auf Leistungen der Hilfe zur Erziehung (§§ 27 ff SGB VIII), Eingliederungshilfe wegen seelischer Behinderung (§ 35 a SGB VIII) und Hilfe für junge Volljährige (§ 41 SGB VIII). In § 36 a Abs. 3 SGB VIII kommen jedoch die von der Rechtsprechung allgemein herausgearbeiteten **Grundsätze der Haftung bei Selbstbeschaffung** wegen Systemversagen zum Ausdruck.

412 Nach herrschender Auffassung in der Literatur[456] ist die Vorschrift daher **entsprechend anzuwenden** bei Vorenthaltung eines Platzes in der Tagesbetreuung für Kinder, auf den ein Rechtsanspruch besteht. Aber selbst wenn eine analoge Anwendung des § 36 a Abs. 3 SGB VIII abgelehnt wird,[457] ergibt sich aus den richterrechtlich entwickelten Grundsätzen ein entsprechender Anspruch auf Aufwendungsersatz. Jedenfalls werden durch die ausdrückliche Regelung des § 36 a Abs. 3 SGB VIII die allgemeinen zur Selbstbeschaffung entwickelten Grundsätze für Leistungen außerhalb dieser Regelung nicht ausgeschlossen.[458] Die rechtsdogmatische Auseinandersetzung über die Herleitung des Anspruchs und eine analoge Anwendung des § 36 a Abs. 3 SGB VIII kann daher dahinstehen.

413 **Richterrecht; Haftung bei Selbstbeschaffung:** Bei Systemversagen erkennt die Rechtsprechung das Recht zur Selbstbeschaffung und auf Ersatz der Aufwendungen an. Ob bei Tagesbetreuung § 36 a Abs. 3 SGB VIII analog anzuwenden oder auf die richterrechtlich herausgearbeiteten Grundsätze zurückzugreifen ist, kann dahinstehen.

b) Folgenbeseitigungsentschädigungsanspruch

414 Als Anspruchsgrundlage für eine finanzielle Entschädigung wird auch das richterrechtlich entwickelte haftungsrechtliche Institut des Folgenbeseitigungsentschädi-

---

455 *Wiesner*, in: ders., SGB VIII, § 36 a Rn 42; *Kunkel*, in: ders., LPK-SGB VIII, § 36 a Rn 2.

456 *Fischer*, in: Schellhorn ua, SGB VIII, § 24 Rn 28; *Werner*, in: Jans ua, KJHR, Stand: 04/2007, § 36 a Rn 6; *Meysen*, in: Münder ua, FK-SGB VIII, § 36 a Rn 5 f, 39; *Grube*, in: Hauck/Noftz, SGB VIII, Stand: 04/2009, § 24 Rn 23; *Wiesner*, in: ders., SGB VIII, § 24 Rn 26 a; aA *Kunkel*, in: ders., LPK-SGB VIII, § 36 a Rn 1.

457 So *Kunkel*, in: ders., LPK-SGB VIII, § 36 a Rn 1.

458 OVG RP 25.10.2012, 7 A 10671/12.

gungsanspruchs diskutiert.[459] Es handelt sich dabei um eine Ausprägung und **Weiterentwicklung** des allgemein anerkannten und vom BVerwG in ständiger Rechtsprechung bestätigten öffentlich-rechtlichen Folgenbeseitigungsanspruchs.[460]

Der **Folgenbeseitigungsanspruch**[461] richtet sich grundsätzlich auf die Wiederherstellung des (ursprünglichen) rechtmäßigen Zustands (*status quo ante*) durch Beseitigung der Folgen rechtswidrigen Verwaltungshandelns (Naturalrestitution), sofern diese Wiederherstellung möglich, rechtlich zulässig und zumutbar ist. Ein solches Handeln kann auch im Unterlassen der Erfüllung einer Rechtspflicht liegen.[462] 415

Wird trotz Rechtsanspruch U3 einem Kind der betreffenden Altersgruppe kein Platz in einer Tageseinrichtung oder in Kindertagespflege vermittelt und kann der **rechtswidrige Zustand** wegen Zeitablaufs nicht mehr beseitigt werden, wird versucht, über den Folgenbeseitigungsentschädigungsanspruch die begrenzte Reichweite des Folgenbeseitigungsanspruchs zu kompensieren.[463] 416

Das BVerwG hat mit Blick auf Fälle, in denen die Wiederherstellung rechtmäßiger Zustände rechtlich oder tatsächlich unmöglich ist, gestützt auf die Rechtsgedanken in § 251 Abs. 1 BGB bzw § 74 Abs. 2 S. 3 VwVfG wiederholt die Notwendigkeit einer „Weiterentwicklung des Folgenbeseitigungsanspruchs" betont und einen Ausgleich in Geld gefordert.[464] Es bestünde daher grundsätzlich die Möglichkeit einer Umwandlung des Anspruchs auf Folgenbeseitigung in einen **Anspruch auf Entschädigung (Surrogat)**.[465] Der Grundsatz effektiven Rechtsschutzes (Art. 19 Abs. 4 GG) gebiete nicht nur die (gerichtliche) Feststellung einer Rechtsverletzung, sondern auch ein wirksames Sanktionsrecht durch einen Ausgleich in Geld gegen eingetretene Rechtsverletzungen.[466] Mit der dogmatischen Einordnung und Reichweite dieses Haftungsinstituts hat sich das BVerwG bisher allerdings nur rudimentär auseinandergesetzt und die eigentlichen Fragen zur Begründung sowie Abgrenzung einer solchen auf Entschädigung gerichteten Schadenskompensation zum allgemeinen Schadenersatzrecht offen gelassen.[467] 417

Zwar hat das **VG Mainz** in einer viel beachteten Entscheidung vom 10. Mai 2012 den Entschädigungsanspruch eines zweijährigen Kindes in Rheinland Pfalz[468] bejaht und sich auf den Folgenbeseitigungsentschädigungsanspruch gestützt.[469] Das OVG Rheinland-Pfalz hat den Folgenbeseitigungsentschädigungsanspruch in der Rechtsmittelinstanz jedoch als Anspruchsgrundlage ausdrücklich abgelehnt.[470] Rechtsfolge des Folgenbeseitigungsanspruchs könne auch nach der Rechtsprechung des BVerwG nur in Ausnahmefällen eine Restitution in Geld sein, zB wenn die rechtswidrige Folge 418

459 VG Mainz 10.5.2012, 1 K 981/11.MZ; 16.8.2012, 1 L 921/12.MZ; *Rixen* NJW 2012, 2839, 2842.

460 VG Mainz 10.5.2012, 1 K 981/11.MZ; BVerwG 19.7.1984, 3 C 81.82 (sog. Bardepotentscheidung); 15.6.2011, 9 C 4.10.

461 Zur Ableitung siehe ua BVerwG NJW 1972, 269; *Bettermann* DÖV 1955, 528, 529 ff.

462 BVerwG 21.9.2000, 2 C 5.99; *Rixen* NJW 2012, 2839, 2842.

463 OVG RP 25.10.2012, 7 A 10671/12; VG Mainz 10.5.2012, 1 K 981/11.MZ; 16.8.2012, 1 L 921/12.MZ; *Rixen* NJW 2012, 2839, 2842.

464 BVerwG 19.7.1984, 3 C 81.82; 14.4.1989, 4 C 34.88; 26.8.1993, 4 C 24.91; offen gelassen in BVerwG 15.6.2011, 9 C 4.10.

465 BVerwG 26.8.1993, 4 C 24.91; kritische Auseinandersetzung bei *Hain* VerwArch 95 (2004), 498, 501 ff; ablehnend *Kemmler* JA 2005, 908, 909.

466 BVerwG 26.8.1993, 4 C 24.91.

467 BVerwG 19.7.1984, 3 C 81.82; 26.8.1993, 4 C 24.91.

468 In Rheinland-Pfalz haben Kinder gem. § 5 Abs. 1 KitaG RP ab Vollendung des zweiten Lebensjahrs einen Rechtsanspruch auf Förderung.

469 VG Mainz 10.5.2012, 1 K 981/11.MZ; zustimmend *Rixen* NJW 2012, 2839, 2842.

470 OVG RP 25.10.2012, 7 A 10671/12.OVG.

direkt in einem Geldverlust bestünde[471] oder wenn die Wiederherstellung des *status quo ante* unzumutbar[472] oder wegen einer Unteilbarkeit der Leistung unmöglich sei.[473]

419 In jedem Fall kann der als Folgenbeseitigungsentschädigungsanspruch modifizierte Folgenbeseitigungsanspruch nach ganz herrschender Auffassung nicht zu einer über den Aufwendungsersatz hinausgehenden vom Herstellungsanspruch entkoppelten Haftung führen, die sich auf allgemeine, entferntere bzw mittelbare Schäden des rechtswidrigen Verwaltungshandelns bezieht.[474] Nur ganz vereinzelt finden sich in der Literatur Stimmen für eine **weitere Öffnung des Anwendungsbereichs** des Folgenbeseitigungsentschädigungsanspruchs auf der Rechtsfolgenseite hin zu einem umfassenden, auch Schadenersatz umfassenden Grundtatbestand.[475] Dagegen spricht, dass mit dem Folgenbeseitigungsentschädigungsanspruch lediglich ein Surrogat, eine Umwandlungsmöglichkeit, für die nicht erfolgende Wiederherstellung eines rechtmäßigen Zustands (*status quo ante*) geschaffen werden sollte.[476] Daher kann allenfalls ein Ersatz des Aufwands umfasst sein, durch den durch die Leistungsberechtigten selbst der rechtswidrige Zustand aufgehoben wird.

420 Auch wenn die Rechtsprechung andere schadenersatztypische Aspekte wie haftungsausfüllende Kausalität oder Schutzzweck auf das Entschädigungsrecht überträgt,[477] hat der Folgenbeseitigungsentschädigungsanspruch **nicht den gleichen Umfang wie andere Schadenersatzansprüche**. Selbst wenn er in der Konstellation der selbst beschafften Tagesbetreuung für ein Kind ergänzende Anwendung finden sollte, käme für eine den Aufwendungsersatz überschreitende Haftung derzeit allein der vor den Zivilgerichten einzuklagende Amtshaftungsanspruch gem. § 839 BGB iVm Art. 34 GG in Betracht (hierzu Rn 428 ff u. 447 ff).

421 Kein Folgenbeseitigungsentschädigungsanspruch: Der Folgenbeseitigungsentschädigungsanspruch hat beim Aufwendungsersatz wegen selbst beschaffter Tagesbetreuung keinen eigenen Anwendungsbereich.

c) Öffentlich-rechtliche Geschäftsführung ohne Auftrag

422 Diskutiert wird auch eine Erstattung von Aufwendungen auf Grundlage eines Anspruchs aus öffentlich-rechtlicher Geschäftsführung ohne Auftrag (GoA).[478] Danach würde sich ein **Aufwendungsersatz gem. §§ 670, 683, 677 BGB analog** ergeben. Jedenfalls für beanspruchte Aufwendungen, die aus der Selbstorganisation einer Betreuung im Falle einer Nichterfüllung des Primäranspruchs resultieren, liegt eine Geschäftsbesorgung für die Behörde (das Jugendamt) vor.[479]

423 Die Annahme einer öffentlich-rechtlichen Geschäftsführung ohne Auftrag ist wegen der Gewaltenteilung und der Hoheit der zuständigen Verwaltungsträger über die Er-

471 Vgl die Bardepotentscheidung des BVerwG 19.7.1984, 3 C 81.82 Rn 33 (unter Bezugnahme auf *Bettermann* DÖV 1955, 528 ff).

472 BVerwG 26.8.1993, 4 C 24.91.

473 BVerwG 14.4.1989, 4 C 34.88.

474 BVerwG 15.6.2011, 9 C 4.10; VGH BY 2002, 637; *Gerhardt*, in: Schoch ua, VwGO, Stand: 01/2001, Vorb. § 113 Rn 9.

475 *Grzeszick*, in: Erichsen/Ehlers, Allg. VerwR, § 44 Rn 131; wohl auch *Mazur* zjs-online 4-5/2011, 321, 324 f; aA BVerwG 19.7.1984, 3 C 81.82 mwN.

476 BVerwG 26.8.1993, 4 C 24.91; gegen umfassende (FBA-)Entschädigung auch *Hain* VerwArch 95 (2004), 498, 502 ff.

477 BVerwG 19.7.1984, 3 C 81.82; OVG Niedersachsen 31.3.2004; 13 LB 11/03.

478 ZB *Lakies*, in: Münder ua, FK-SGB VIII, § 24 Rn 28; *Kaiser*, in: Kunkel, LPK-SGB VIII, § 24 Rn 17.

479 *Lakies*, in: Münder ua, FK-SGB VIII, § 24 Rn 28; *Kaiser*, in: Kunkel, LPK-SGB VIII, § 24 Rn 17.

füllung öffentlicher Aufgaben jedoch **nur bei Vorliegen echter Notfälle** anerkannt. Voraussetzung wäre daher, dass ein Tätigwerden (der Eltern) für die Behörde zur Abwendung einer Gefahr erforderlich ist und keine andere Möglichkeit besteht, diese abzuwenden.[480] In diesem Fall sind jedoch notwendig auch alle Voraussetzungen für einen Anspruch auf Aufwendungsersatz bei zulässiger Selbstbeschaffung erfüllt (vgl § 36 a Abs. 3 S. 2 SGB VIII), sodass der öffentlich-rechtlichen Geschäftsführung ohne Auftrag – wie schon dem Folgenbeseitigungsentschädigungsanspruch – kein eigenständiger Anwendungsbereich zukommt.

Keine öffentlich-rechtliche Geschäftsführung ohne Auftrag: Die auf Notfälle beschränkte Geschäftsführung ohne Auftrag hat bei selbst beschaffter Tagesbetreuung keinen eigenständigen Anwendungsbereich. 424

d) Sozialrechtlicher Herstellungsanspruch

Erwogen werden könnte, einen Erstattungsanspruch für selbstbeschaffte Aufwendungen auf das Rechtsinstitut des sozialrechtlichen Herstellungsanspruchs zu stützen. Das BSG[481] hat diesen – ähnlich der **zivilrechtlichen Rechtskonstruktion der „positiven Forderungsverletzung“** – für die Verletzung von (Neben-)Pflichten des Sozialleistungsträgers entwickelt. Grundsätzlich handelt es sich hierbei um einen wiederum verschuldensunabhängigen Wiederherstellungsanspruch, welcher insbesondere für den Bereich der Leistungsverwaltung einen Nachteilsausgleich für die Verletzung von Beratungs- und Auskunftspflichten, aber auch alle anderen gesetzlich oder aufgrund eines Sozialrechtsverhältnisses dem Leistungsberechtigten im Sinne einer umfassenden Betreuungsverantwortung gegenüber entstehenden Pflichten gewähren soll. Auch die verzögerte Behandlung eines Leistungsbegehrens kann ausreichen, um Erstattungsansprüche auszulösen, wenn der Anspruchsberechtigte durch das pflichtwidrige Verwaltungshandeln zu für ihn nachteiligen Dispositionen veranlasst wurde. In der Folge ist der Berechtigte so zu stellen, wie er gestanden hätte, wenn die Pflichtverletzung unterblieben wäre. 425

Zwar erfolgt der Nachteilsausgleich auch beim sozialrechtlichen Wiederherstellungsanspruch grundsätzlich im Wege der Naturalrestitution. In Fällen der Selbstbeschaffung kann auch ein **„negatorischer“ Wiederherstellungsanspruch** diskutiert werden, also eine allgemeine Wiedergutmachungsentschädigung in Geld.[482] Da der Haftungsumfang insoweit deckungsgleich ist mit dem Aufwendungsersatz bei zulässig selbst beschaffter Sozialleistung ist ein eigenständiger Anwendungsbereich zumindest zu bezweifeln.[483] 426

Kein sozialrechtlicher Wiederherstellungsanspruch: Für den Aufwendungsersatz bei selbst beschaffter Tagesbetreuung findet der sozialrechtliche Wiederherstellungsanspruch keinen eigenständigen Anwendungsbereich. 427

2. Schadenersatz: Amtshaftung (§ 839 BGB iVm Art. 34 S. 1 GG)

Erfüllt der öffentliche Träger den Rechtsanspruch auf Förderung gem. § 24 Abs. 2 SGB VIII F. 2013 nicht, verletzt er eine Amtspflicht. Es kommt ein Anspruch auf 428

480 *Meysen*, Die Haftung aus Verwaltungsrechtsverhältnis, S. 126 f.
481 BSGE 49, 76, 78 f; BSG 25.1.1994, 7 RAr 50/93 = SozR 3-4100 § 249 e Nr. 4.
482 *Grzeszick*, in: Erichsen/Ehlers, Allg. VerwR, § 45 Rn 138; allgemein zur Möglichkeit der Kostenerstattung in „bestimmten“ Fällen siehe auch BSG 27.4.1989, 9 RV 9/88 = SozR 3100 § 18 Nr. 11; 30.1.2001, B 3 KR 27/01 R.
483 *Rixen* NJW 2012, 2839, 2843.

Schadenersatz wegen Amtspflichtverletzung in Betracht (§ 839 Abs. 1 BGB iVm Art. 34 GG).[484] Der Anspruch umfasst bei Vorliegen der Voraussetzungen allen Schaden, der aufgrund der Amtspflichtverletzung entstanden ist – also sowohl die entstandenen Aufwendungen als auch sonstigen kausalen materiellen Schaden.

II. Anspruchsvoraussetzungen

1. Aufwendungsersatz bei selbst beschaffter Betreuung

429 Wird einem Kind trotz Rechtsanspruch U3 kein – dem Bedarf entsprechender – Platz in einer Tageseinrichtung oder bei einer Kindertagespflegeperson zur Verfügung gestellt, entsteht dadurch ein rechtswidriger Zustand. Erfolgt dessen Beseitigung dadurch, dass die Erziehungsberechtigten sich selbst einen Platz verschaffen, kommt – wie gesehen – ein **Aufwendungsersatzanspruch wegen selbst beschaffter Sozialleistung** in Betracht. Folgenbeseitigungsentschädigungsanspruch und der sozialrechtliche Herstellungsanspruch haben, soll ihnen daneben ein Anwendungsbereich zugebilligt werden (hierzu Rn 414 ff u. 425 f), ähnliche Zugänge.

Anspruchsinhaber für den Aufwendungsersatz ist das Kind als Anspruchsberechtigter gem. § 24 Abs. 2 SGB VIII F. 2013. Voraussetzungen für die Zulässigkeit einer Selbstbeschaffung sind von der Rechtsprechung entwickelt und in § 36 a Abs. 3 SGB VIII beschrieben (zu der – offen gelassenen – Frage einer analogen Anwendung des § 36 a Abs. 3 SGB VIII auf den Bereich der Förderung in Tagesbetreuung s. Rn 410 ff).

a) Rechtzeitiges Herantragen des Wunsches nach Tagesbetreuung

430 Damit sich ein/e Anspruchsberechtigte/r eine Leistung nach SGB VIII auf Kosten des Verpflichteten selbst beschaffen darf, müssen die Erziehungsberechtigten den zuständigen Träger der öffentlichen Jugendhilfe zuvor über den Wunsch zur Geltendmachung des Rechtsanspruchs U3 für ihr Kind **in Kenntnis gesetzt** haben, um ihm die Chance zu geben, den Leistungsanspruch zu erfüllen. Diese Voraussetzung ergibt sich aus § 36 a Abs. 3 S. 1 Nr 1 SGB VIII analog, entspricht aber auch den bereits von der Rechtsprechung entwickelten Grundsätzen.[485] Es genügt ein – formloses – Herantragen des Wunsches auf Betreuung. Machen die Erziehungsberechtigten ihren Anspruch bei einer unzuständigen Stelle geltend, ist zu differenzieren:

- Handelt es sich um eine **unzuständige Stelle beim zuständigen Träger** der öffentlichen Jugendhilfe, kommt es in Anwendung des § 16 SGB I iVm §§ 133, 157 BGB lediglich darauf an, dass Leistungsbegehren bzw Antrag auch in den „Machtbereich" des Jugendhilfeträgers gelangen.[486] Dieses hat zwar grundsätzlich auf dem gewöhnlichen, „dafür vorgesehenen" Weg zu geschehen.[487] Die Nichtbeachtung der innerorganisatorischen Zuständigkeitsverteilung steht einer wirksamen Entgegennahme jedoch nicht entgegen.[488] Soweit es sich um rechtlich nicht verselbstständigte „Eigeneinrichtungen" des zuständigen Trägers handelt, können (und

484 *Fischer*, in: Schellhorn ua, SGB VIII, § 24 Rn 30; *Lakies* ZfJ 1996, 299, 301; LG Wiesbaden 19.1.2000, 5 O 182/99; *Georgii* NJW 1996, 686, 689 f.
485 OVG RP 25.10.2012, 7 A 10671/12.
486 *Mrozynski*, in: ders., SGB I, § 16 Rn 13 f.
487 *Mrozynski*, in: ders., SGB I, § 16 Rn 14.
488 *Hauck*, in: Hauck/Noftz, SGB I, § 16 Rn 7.

müssen) auch diese ein entsprechendes Leistungsbegehren grundsätzlich „in Empfang nehmen".[489]

- Treten die Erziehungsberechtigten an einen **unzuständigen öffentlichen Träger** heran (zB an die kreisangehörige Gemeinde ohne Jugendamt statt den Landkreis oder das Jugendamt am Arbeitsplatz statt am Wohnort), so sind diese verpflichtet, das Leistungsbegehren weiterzuleiten (§ 16 Abs. 2 SGB I), sodass auch ein solches Herantragen an einen unzuständigen Träger ausreichen kann.[490]
- Erkundigen sich die Erziehungsberechtigten hingegen lediglich **bei freien Trägern oder privaten Tagespflegestellen** nach Plätzen bzw machen dort Betreuungswünsche geltend, so haben sie Ihren Wunsch damit nicht an den Träger der öffentlichen Jugendhilfe als Anspruchsverpflichteten und Sozialleistungsträger herangetragen und ein Anspruch auf Aufwendungsersatz kommt nicht in Betracht.

Weiter ist gefordert, dass das Inkenntnissetzen so rechtzeitig erfolgt, dass eine ordnungsgemäße Prüfung sowie zeit- und bedarfsgerechte Leistungserbringung realisiert werden kann.[491] Insgesamt werden an das Erfordernis der Rechtzeitigkeit **perspektivisch keine übermäßigen Anforderungen** zu stellen sein.[492] Wenn ein Platz im Regelangebot oder in einem üblichen Zeitfenster zur Ermöglichung von Berufstätigkeit, Ausbildung etc beansprucht wird, ist der Träger der öffentlichen Jugendhilfe verpflichtet, ausreichend Plätze vorzuhalten und ist ihm nur bedingt eine Vorlaufzeit eingeräumt. 431

Da allerdings derzeit als allgemein bekannt vorausgesetzt werden kann, dass etliche Kommunen noch Schwierigkeiten haben, eine ausreichende Zahl an Betreuungsplätzen vorzuhalten, dürften **vorübergehend höhere Anforderungen an die Rechtzeitigkeit** zu stellen sein, um den Kommunen in dieser Transitionsphase noch die Chance für die Erfüllung des Rechtsanspruchs U3 zu geben. Eine – rechtzeitige – Anmeldung des Wunsches nach Inanspruchnahme eines Betreuungsplatzes dürfte in der Phase nach Einführung des Rechtsanspruchs U3 zunächst bei einem Vorlauf von mindestens drei Monaten unproblematisch gegeben sein. Im Fall eines kurzfristig auftretenden Bedarfs, wenn zB eine Arbeitsstelle kurzfristig angetreten werden muss und die Erziehungsberechtigten den öffentlichen Träger deshalb nicht früher in Kenntnis setzen konnten, könnte allerdings Einiges dafür sprechen, ausnahmsweise auch schon in der Übergangsphase kürzere Fristen gelten zu lassen. Dies entspricht der Verpflichtung des Trägers der öffentlichen Jugendhilfe, auch für einen unvorhergesehenen Bedarf Vorsorge zu treffen (§ 80 Abs. 1 Nr 3 SGB VIII). 432

Beim Rechtsanspruch U3 als infrastrukturelles Regelangebot für alle Kinder der betreffenden Altersgruppe, die es in Anspruch nehmen wollen (hierzu Rn 129 ff), wird dem Träger der öffentlichen Jugendhilfe somit zukünftig allenfalls dann ein Zeitraum für die Prüfung der Leistungsvoraussetzungen zuzugestehen sein, wenn ein vom Regelangebot abweichender individueller Bedarf geltend gemacht wird, bei dem nicht ohne Weiteres erkennbar ist (zB bei Vorlage eines Teilzeit-Arbeitsvertrags), ob er anzuerkennen und/oder mit dem Kindeswohl vereinbar ist (hierzu Rn 138 ff u. 196 ff). Wenn eine **Tagesbetreuung zu flexiblen oder zu Randzeiten** gefordert wird, ist die In- 433

489 *Mrozynski*, in: ders., SGB I, § 16 Rn 14.

490 *Meysen*, in: Münder ua, FK-SGB VIII, § 36 a Rn 40.

491 *Fischer*, in: Schellhorn/Fischer/Mann/Kern, SGB VIII, § 36 a Rn 22 ff.

492 *Wiesner*, in: ders., SGB VIII, § 24 Rn 45, § 36 a Rn 51; *Fieseler*, in: GK-SGB VIII, Stand: 10/2008, § 36 a Rn 23 a („zwei Wochen"); *Stähr*, in: Hauck/Noftz, SGB VIII, Stand: 12/2005, § 36 a Rn 35; für den Amtshaftungsanspruch siehe unten (C.III.2.h dd).

anspruchnahme allerdings so rechtzeitig anzumelden, dass das Jugendamt in die Lage versetzt ist, für die Bereitstellung eines adäquaten Betreuungsplatzes zu sorgen. Wegen der begrenzten Einflussmöglichkeiten ist Vergleichbares anzunehmen, wenn ein Platz in der Nähe des Arbeitsplatzes benötigt wird, dieser aber außerhalb des Zuständigkeitsbereichs des Trägers der öffentlichen Jugendhilfe liegt.

434 **Landesrecht** kann allerdings bestimmen, dass Eltern bzw Erziehungsberechtigte den Träger der öffentlichen Jugendhilfe oder die beauftragte Stelle innerhalb einer bestimmten Frist vor der beabsichtigten Inanspruchnahme der Leistung in Kenntnis setzen (§ 24 Abs. 4 S. 2 SGB VIII, § 24 Abs. 5 S. 2 SGB VIII F. 2013). Bei Fristversäumnis kann somit landesrechtlich dann ein längeres Warten bis zur Erfüllung des Rechtsanspruchs zugemutet werden, wenn keine anzuerkennenden Gründe für die kurzfristige Anmeldung vorliegen. Wenn jedoch ein Bedarf aus einem von der Erziehungsberechtigten nicht zu vertretenden Grund kurzfristig zu decken ist, so hat der Träger der öffentlichen Jugendhilfe für diesen im Rahmen der Planung Sorge zu tragen.[493] In Berlin gilt grundsätzlich eine zweimonatige Frist, die den Erziehungsberechtigten bei kurzfristigem Betreuungsbedarf allerdings nicht vorgehalten werden kann, etwa nach Geburt oder Umzug oder im Fall der kurzfristigen Aufnahme einer bedarfsbegründenden Tätigkeit.[494] In Baden-Württemberg ist sogar eine Frist von sechs Monaten vor der beabsichtigten Inanspruchnahme der Leistung vorgesehen, wobei auch ein unverschuldet kurzfristig entstehender Bedarf im Rahmen der Planung zu berücksichtigen ist.[495] In Niedersachsen können die örtlichen Träger – bislang beschränkt auf den Anspruch auf einen Kindergartenplatz – Fristen festlegen, die von den Erziehungsberechtigten im Fall besonderer Härten nicht eingehalten werden müssen.[496]

435 **Inkenntnissetzen:** Vorübergehend wird für ein rechtzeitiges Herantragen des Bedarfs grundsätzlich eine Vorlaufzeit von mindestens drei Monaten anzunehmen sein. Perspektivisch werden die Fristen – wenn Landesrecht nichts Abweichendes bestimmt – kürzer zu bemessen sein. Bei individuellem Bedarf nach ungewöhnlichem Betreuungssetting sind grundsätzlich längere Vorlaufzeiten zur Prüfung und Schaffung eines Platzes zu fordern.

Herantragen an unzuständigen Träger: Wenn eine unzuständige Stelle beim Träger der öffentlichen Jugendhilfe oder eine kreisangehörige Stadt oder Gemeinde von dem Wunsch auf Geltendmachung des Rechtsanspruchs U3 in Kenntnis gesetzt wird, hindert dies das Recht zur Selbstbeschaffung nicht, denn es besteht eine Pflicht zur Weiterleitung (§ 16 SGB I). Ein Anfragen bei Trägern der freien Jugendhilfe genügt den Anforderungen nicht.

b) Bestehender Rechtsanspruch

436 Weiter ist gefordert, dass die Voraussetzungen für die Hilfegewährung vorgelegen haben (§ 36 a Abs. 3 S. 1 Nr 2 SGB VIII analog bzw allgemeine von der Rechtsprechung entwickelte Grundsätze),[497] also insbesondere ein **Rechtsanspruch U3 tatsächlich besteht.** Dies kann wegen des Rechtscharakters der Tagesbetreuung als Infrastrukturangebot für alle Kinder der betreffenden Altersgruppe allenfalls dann in Frage stehen, wenn ein geltend gemachter individueller Bedarf nicht anzuerkennen ist.

493 *Struck*, in: Wiesner ua, SGB VIII, § 24 Rn 45.
494 § 3 Abs. 1 S. 1VOKitaFöG.
495 § 3 Abs. 2 a KitaG BW.
496 § 12 Abs. 5 KitaG.
497 OVG RP 25.10.2012, 7 A 10671/12.

c) Unaufschiebbarkeit der Bedarfsdeckung

437 Weiteres Erfordernis bei analoger Anwendung des § 36 a Abs. 3 S. 1 SGB VIII ist nach dessen Nr 3, dass die Deckung des Bedarfs bis zur Zurverfügungstellung eines Platzes oder bis zur Entscheidung über ein Rechtsmittel keinen Aufschub duldet. **Unaufschiebbar** in diesem Sinne ist die Bedarfsdeckung, wenn die Leistung sofort und ohne die Möglichkeit eines nennenswerten zeitlichen Aufschubs erbracht werden muss und der Leistungsberechtigte im Fall der Nichterbringung gezwungen ist, umgehend selbst für die Bedarfsdeckung zu sorgen.[498]

aa) Zeitpunkt des Vorliegens der Anspruchsvoraussetzungen

438 In der Regel muss die Unaufschiebbarkeit des Hilfebedarfs im jeweiligen Einzelfall geprüft werden.[499] Wenn ein **„individueller Bedarf"** iSd § 24 Abs. 2 S. 2 iVm Abs. 1 S. 3 SGB VIII F. 2013 geltend gemacht werden kann (zB Ermöglichung von Berufstätigkeit, Ausbildung, familiärer Pflege), kann bei rechtzeitigem Inkenntnissetzen ab Eintritt des Zeitpunkts der gewünschten Inanspruchnahme ein weiteres Abwarten häufig nicht zugemutet werden. Die Deckung des individuellen Bedarfs duldet zB jedenfalls dann keinen Aufschub, wenn beide Eltern oder ein alleinerziehender Elternteil berufstätig sind/ist und eine anderweitige Betreuung des Kindes nicht sichergestellt werden kann.[500] Für die Förderung im Regelangebot ohne anzuerkennenden individuellen Bedarf der Erziehungsberechtigten bedürfen die auf eine individuelle Bedarfsprüfung zugeschnittenen Anspruchsvoraussetzungen, wie sie § 36 a Abs. 3 SGB VIII normiert, der Modifizierung.

439 Auch das OVG Rheinland-Pfalz hat im Rahmen der Prüfung der Voraussetzungen eines Aufwendungsersatzanspruchs nach den von der Rechtsprechung entwickelten Grundsätzen die Frage aufgeworfen, ob bei Tagesbetreuung die Unaufschiebbarkeit des § 36 a Abs. 3 S. 1 Nr 3 SGB VIII vorauszusetzen sei.[501] Die Beantwortung dieser Frage hat das Oberverwaltungsgericht zwar offengelassen, jedoch darauf hingewiesen, dass mit § 36 a Abs. 3 SGB VIII eine spezielle Regelung für Hilfen nach den §§ 27 ff SGB VIII aufgrund der besonderen Problemstellung des komplexen Hilfeplanverfahrens geschaffen werden sollte. Für die frühkindliche Förderung dürfte eine **weitere Vorenthaltung des infrastrukturellen Angebots regelmäßig unzumutbar** sein, wenn sie bei rechtzeitiger Anmeldung nicht ermöglicht wird und im Einzelfall die Prüfung eines „individuellen Bedarfs" keine besonderen Herausforderungen birgt.[502]

440 Gehen die Eltern während der Zeit, in welcher ihr Kind betreut wird und die als Schadenersatz geltend gemachten Kosten der selbst gesuchten, privaten Betreuungsmöglichkeit entstehen, keiner Erwerbstätigkeit oder vergleichbaren Tätigkeit nach und nutzen die Zeit für **„Freizeitaktivitäten"**, stellt sich die Frage, ob ihnen entgegengesetzt werden kann, sie hätten ihre Kinder kostenfrei selbst betreuen können. Da der Anspruch auf Förderung gem. § 24 Abs. 2 SGB VIII F. 2013 gerade nicht zur Voraussetzung hat, dass die Eltern einer Erwerbstätigkeit nachgehen, kann von den Erziehungsberechtigten nicht gefordert werden, auf die Tagesbetreuung zu verzichten und

---

498 OVG NW 14.3.2003, JAmt 2003, 482, 485; VG Frankfurt aM 10.1.2007, JAmt 2008, 218; *Stähr*, in: Hauck/Noftz, SGB VIII, Stand: 12/2005, § 36 a Rn 34 f; *Fieseler*, in: GK-SGB VIII, Stand: 10/2008, § 36 a Rn 25; *Meysen*, in: Münder ua, FK-SGB VIII, § 36 a Rn 45; *Wiesner*, in: ders., SGB VIII, § 36 a Rn 49.

499 *Fischer*, in: Schellhorn ua, SGB VIII, § 36 Rn 29.

500 OVG RP 25.10.2012, 7 A 10671/12.

501 OVG RP 25.10.2012, 7 A 10671/12.

502 Im Jugendhilfebereich grundsätzlich Unaufschiebbarkeit annehmend *Mrozynski*, in: ders., SGB VIII, § 36 a Rn 15; Anwendbarkeit von § 36 a Abs. 3 S. 1 Nr 3 SGB VIII analog offen gelassen vom OVG RP 25.10.2012, 7 A 10671/12.

das Kind selbst zu betreuen. Dies würde den Anspruch der Kinder konterkarieren, deren Eltern nicht erwerbs- oder vergleichbar tätig sind.

441 Die Voraussetzung eines Hilfebedarfs, dessen Deckung keinen zeitlichen Aufschub duldet, muss insofern – unabhängig von der Frage, ob man die allgemeinen von der Rechtsprechung entwickelten Grundsätze oder § 36 a Abs. 3 SGB VIII analog anwendet – **losgelöst von einem speziellen Bedarf im Einzelfall** als erfüllt gelten.

442 **Kein zeitlicher Aufschub geduldet:** Das infrastrukturelle Angebot der Förderung in Tagesbetreuung setzt nur ausnahmsweise eine differenzierte Bedarfsprüfung voraus, sodass der Wunsch nach Inanspruchnahme regelmäßig nur sehr begrenzt Aufschub duldet. Besondere Eilbedürftigkeit ergibt sich bei einer Notwendigkeit zur Aufnahme von Berufstätigkeit oder vergleichbarem individuellen Bedarf.

bb) Möglichkeit der Inanspruchnahme von Primärrechtsschutz

443 Gem. § 36 a Abs. 3 S. 1 Nr 3 Buchst. b SGB VIII wird vorausgesetzt, dass die Deckung des Bedarfs bis zur **Entscheidung über ein Rechtsmittel** keinen zeitlichen Aufschub duldet. Auch nach allgemeinen Rechtsgrundsätzen müssen Primäransprüche vorrangig vor Sekundäransprüchen geltend gemacht werden.[503] Wenn der Träger der öffentlichen Jugendhilfe nun vor dem Zeitpunkt der gewünschten Betreuung mitteilt, dass kein Platz vorhanden ist oder nicht in dem gewünschten Umfang nach dem geltend gemachten individuellen Bedarf zur Verfügung gestellt wird, müsste der Anspruchsinhaber an sich zunächst Primärrechtsschutz in Anspruch nehmen. Allerdings ist zu beachten,[504] dass selbst ein Eilverfahren durch einstweilige Anordnung solange dauern kann, dass es die Selbstbeschaffung nach § 36 a Abs. 3 SGB VIII nicht hindert.

444 Jedenfalls gilt der Grundsatz der **Vorrangigkeit des Primärrechtsschutzes** nur dann, wenn diese Inanspruchnahme zumutbar wäre, also insbesondere Abhilfe durch die Inanspruchnahme von Primärrechtsschutz tatsächlich erwartet werden kann.[505] Dies dürfte aber jedenfalls dann nicht der Fall sein, wenn es nur Plätze in anderen Einrichtungen oder Tagespflegestellen als solchen des örtlichen Trägers selbst gibt und daher der örtliche Jugendhilfeträger nur zum Hinwirken auf die Schaffung neuer Plätze oder zur Einwirkung auf die freien Träger verpflichtet werden könnte. Ist nicht abzusehen, wann die gerichtlich angeordnete Erfüllung des Rechtsanspruchs U3 tatsächlich möglich wird, dürfte die Inanspruchnahme von Primärrechtsschutz nicht zumutbar sein.[506]

445 Das Erfordernis der Unaufschiebbarkeit muss daher in den Fällen als erfüllt gelten, in denen entweder nicht rechtzeitig mit einer gerichtlichen Entscheidung gerechnet werden könnte oder durch diese **gerichtliche Entscheidung keine Abhilfe** zu erwarten wäre. Letzteres ist bei Nichterfüllung des Rechtsanspruchs regelmäßig der Fall (hierzu Rn 385 ff).

446 **Kein Vorrang des Primärrechtsschutzes:** Steht kein zumutbarer Platz in einer Tageseinrichtung oder Tagespflegestelle zur Verfügung, kann eine verwaltungsgerichtliche Entscheidung in der Regel keine Abhilfe schaffen, sodass der Selbstbeschaffung nicht der Vorrang des Primärrechtsschutzes entgegensteht.

---

503 OVG RP 25.10.2012, 7 A 10671/12.
504 *Kunkel*, in: ders., LPK-SGB VIII, § 36 a Rn 11.
505 Vgl OVG RP 25.10.2012, 7 A 10671/12.
506 Vgl OVG RP 25.10.2012, 7 A 10671/12.

2. Schadenersatz: Amtshaftung (§ 839 Abs. 1 BGB iVm Art. 34 S. 1 GG)

a) Jemand in Ausübung eines ihm anvertrauten öffentlichen Amtes

Der klassische Amtshaftungsanspruch setzt zunächst voraus, dass ein/e Beamter/-in handelt bzw nicht handelt. Dies können zwar nur natürliche Personen sein,[507] der **haftungsrechtliche Beamtenbegriff** erfährt aber über Art. 34 S. 1 GG eine denkbar weite Auslegung.[508] Zudem bedarf es nicht der Feststellung der verantwortlichen Einzelperson, wenn das pflichtwidrige Verhalten einer Behörde feststeht.[509] Ist der gesamte Haftungstatbestand in der Person irgendwelcher Amtsträger der in Anspruch genommenen Körperschaft erfüllt, muss der Geschädigte den einzelnen Amtsträger, der ihm gegenüber die Pflichtverletzung begangen hat, nicht konkret bezeichnen.[510] 447

Die Pflicht, den Rechtsanspruch U3 zu erfüllen, trifft den **jeweils zuständigen örtlichen Träger der öffentlichen Jugendhilfe.** Wer für einen nicht zur Verfügung stehenden Platz letztlich verantwortlich ist, muss nicht personell zugeordnet werden. 448

Bei der Gewährung von Sozialleistungen nach SGB VIII handeln die Träger der öffentlichen Jugendhilfe im Bereich des öffentlich-rechtlichen Sozialverwaltungsrechts (vgl § 1 Abs. 1 SGB X). Bei der Bereitstellung von Betreuungsmöglichkeiten zur Erfüllung der Rechtsansprüche aus § 24 Abs. 2 SGB VIII F. 2013 handelt es sich somit um ein **öffentliches Amt** im Sinne der Amtshaftung. Ein solches wird ausgeübt, wenn öffentliche Aufgaben in den Formen des öffentlichen Rechts wahrgenommen werden.[511] Dies ist bei der Erfüllung von Rechtsansprüchen auf Sozialleistungen nach SGB VIII unproblematisch der Fall. 449

Der Eintritt der Haftung des Staates anstelle der persönlichen „Beamtenhaftung" hängt weiter davon ab, ob der Amtsträger die Amtspflichtverletzung **in Ausübung seines Amtes** begangen hat.[512] Auch dies liegt bei der Gewährung von Sozialleistungen durch einen Sozialleistungsträger stets vor.[513] 450

b) Verletzung der einem Dritten gegenüber obliegenden Amtspflicht

Die Erfüllung der Rechtsansprüche der Bürger/innen ist im Rahmen der Leistungsverwaltung **Amtspflicht.**[514] Die Amtspflicht des örtlich zuständigen Trägers der öffentlichen Jugendhilfe, Förderungsplätze für Kinder ab Vollendung des ersten Lebensjahrs bis zur Vollendung des dritten Lebensjahrs nach dem individuellen Bedarf bereitzustellen, ergibt sich ab 1. August 2013 aus § 24 Abs. 2 iVm Abs. 1 S. 3 SGB VIII F. 2013. 451

Die **Drittbezogenheit der Amtspflicht** ist stets zu bejahen, wenn die nicht erfüllte Amtspflicht zugleich eine Verletzung subjektiv-öffentlicher Rechte des Geschädigten darstellt.[515] Dies ist insbesondere der Fall, wenn der Verstoß in der Nichterfüllung eines öffentlich-rechtlichen – hier sozialleistungsrechtlichen – Anspruchs besteht.[516] Unter dreijährige Kinder haben ab August 2013 einen Anspruch auf Förderung und sind folglich „Dritte" im Sinne der Amtshaftung. 452

507 *Gurlit*, in: von Münch/Kunig, GG, Art. 34 Rn 11; *Wurm*, in: Staudinger, BGB, § 839 Rn 43.
508 *Meysen* JuS 1998, 404; *Grzeszick*, in: Erichsen/Ehlers, Allg. VerwR, § 44 Rn 15.
509 *Sprau*, in: Palandt, BGB, § 839 Rn 17; BGH WM 60, 1305.
510 *Kramarz*, in: Prütting ua, BGB, § 839 Rn 33 mwN.
511 *Gurlit*, in: von Münch/Kunig, GG, Art. 34 Rn 15.
512 *Grzeszick*, in: Erichsen/Ehlers, Allg. VerwR, § 44 Rn 8; *Wurm*, in: Staudinger, BGB, § 839 Rn 84.
513 *Wurm*, in Staudinger, BGB, § 839 Rn 86.
514 *Grzeszick*, in: Erichsen/Ehlers, Allg. VerwR, § 44 Rn 20.
515 *Wolff* ua, Verwaltungsrecht II, § 67 Rn 70.
516 *Wurm*, in: Staudinger, BGB, § 839 Rn 178 m. Verw. auf *Papier*, in: MünchKommBGB, § 839 Rn 225, 228.

453 Aber auch die **Erziehungsberechtigten des anspruchsberechtigten Kindes** können „Dritte“ im Sinne der Amtshaftung und damit Anspruchsberechtigte eines Schadenersatzanspruchs sein. Denn der Anspruch des Kindes ist auch den Interessen von Eltern zu dienen bestimmt.[517] Auch wenn die Erziehungsberechtigten nicht selbst Inhaber des Rechtsanspruchs auf Förderung ihrer Kinder sind (hierzu Rn 374),[518] so enthält die Ausgestaltung des Rechtsanspruchs doch eine starke Orientierung an ihren Interessen, wie sich ua aus den Förderungsgrundsätzen für Tageseinrichtungen und Kindertagespflege ergibt (insbesondere § 22 Abs. 2 Nr 3 SGB VIII) und speziell für den Rechtsanspruch der unter dreijährigen Kinder auch aus der Intention des Gesetzgebers, der mit der verfassungsrechtlich gebotenen Einführung des Rechtsanspruchs eine bessere Vereinbarkeit von Familie und Erwerbstätigkeit herbeiführen und bessere Voraussetzungen für die berufliche Verwirklichung von Eltern schaffen wollte.[519]

454 **Rechtsanspruch U3 auch für Erziehungsberechtigte:** Der Rechtsanspruch U3 ist nach der gesetzlichen Intention auch den Interessen der Erziehungsberechtigten zu dienen bestimmt, sodass ein Schaden, der bei ihnen eintritt, bei Nichterfüllung ebenfalls zu ersetzen ist.

455 Die **Verletzung einer Amtspflicht** liegt vor, wenn ein bestehender Anspruch nicht erfüllt wird. Wird der Anspruch auf frühkindliche Förderung in einer Tageseinrichtung oder in Kindertagespflege nicht erfüllt und eine Betreuungsmöglichkeit nicht rechtzeitig zur Verfügung gestellt, so ist die Verletzung der Amtspflicht zu bejahen.

c) Verschulden

456 Die Schadenersatzpflicht des Staates tritt nur ein, wenn der Amtsträger die **Pflichtverletzung schuldhaft begangen** hat. Hierbei gilt der zivilrechtliche Verschuldensmaßstab des § 276 BGB, wonach für Vorsatz und Fahrlässigkeit gehaftet wird.[520]

457 Die Rechtsprechung hat jedoch die Anforderungen an das Verschuldenserfordernis bei der Amtshaftung im Laufe der Zeit objektiviert und **entindividualisiert**, sodass eine gewisse Annäherung an eine objektive Staatshaftung eingetreten ist.[521] Im Rahmen der richterlichen Rechtsfortbildung wurde die Begründung von **Schuldvermutungen** entwickelt, indem von der Feststellung der Amtspflichtverletzung unmittelbar auf das Verschulden geschlossen wird.[522]

458 Wird der Anspruch des Kindes auf Förderung in einer Tageseinrichtung oder in Kindertagespflege gegenüber dem zuständigen Träger der öffentlichen Jugendhilfe geltend gemacht und daraufhin keine (ausreichende) Betreuungsmöglichkeit zur Verfügung gestellt, so wird in der Rechtsprechung allein schon aufgrund dieser feststehenden Pflichtverletzung – **Nichterfüllung eines Rechtsanspruchs** – auf ein Verschulden der Träger der öffentlichen Jugendhilfe geschlossen.[523]

459 Es stellt sich die Frage, ob hiervon eine **Ausnahme** zu gelten hat, wenn der Träger der öffentlichen Jugendhilfe den nötigen Ausbau nicht geschafft bzw nicht in ausreichendem Maße betrieben hat.

517 *Georgii* NJW 1996, 686, 689 f zu § 24 Abs. 1 SGB VIII aktuelle Fassung; OVG RP 25.10.2012, 7 A 10671/12, das sogar von einem eigenen Anspruch der Sorgeberechtigten ausgeht.
518 AA OVG RP 25.10.2012, 7 A 10671/12.
519 BT-Drucks. 16/9299, 1, 10, 12.
520 *Wurm*, in: Staudinger, BGB, § 839 Rn 195.
521 *Wolff* ua, Verwaltungsrecht II, § 67 Rn 91.
522 So bereits RGZ 125, 85; *Wolff* ua, Verwaltungsrecht II, § 67 Rn 96 f mwN.
523 LG Wiesbaden 19.1.2000, 5 O 182/99; VG Mainz 10.5.2012, 1 K 981/11.MZ.

aa) Zu wenig Betreuungsplätze: keine objektive Unmöglichkeit

Wie bereits oben (Rn 373) dargelegt, scheidet der Einwand objektiver Unmöglichkeit gegenüber Haftungsansprüchen aufgrund von Kapazitätsproblemen grundsätzlich aus. Vor dem Hintergrund der langen fachpolitischen Diskussion, der vom Gesetzgeber mit § 24 a SGB VIII eingeräumten Übergangsfrist sowie der demographischen Entwicklung können die Träger der öffentlichen Jugendhilfe hinsichtlich ihrer Pflicht, ausreichende und bedarfsgerechte Platzkapazitäten bereitzustellen, den Einwand **objektiver Unmöglichkeit** nicht vorbringen.[524] 460

Zudem lässt die ausdrückliche Formulierung in § 24 Abs. 3 SGB VIII F. 2013 als „Anspruch auf" Betreuung **keine Einschränkungen des Anspruchs** zu. Insbesondere ist für die Erfüllung des Rechtsanspruchs ab August 2013 gerade keine (verlängerte) Übergangsfrist wie in § 24 a SGB VIII eingeräumt. 461

Auch die **Einrede leerer Kassen** scheidet bei der Erfüllung gesetzlicher Ansprüche von vornherein aus.[525] Die Verantwortlichen bei den Trägern der öffentlichen Jugendhilfe hatten von der Pflicht zur Umsetzung des § 24 SGB VIII F. 2013 Kenntnis und im Hinblick auf die Vorlaufzeit seit dem Tagesbetreuungsausbaugesetz (TAG) 2005 und dem Kinderförderungsgesetz (KiföG) 2008 frühzeitig Gelegenheit zu erkennen, dass die notwendigen Maßnahmen zur Deckung des Bedarfs einzuleiten sind. 462

> **Verschulden trotz leerer kommunaler Kassen:** Die prekäre Finanzsituation vieler Kommunen schränkt die Pflicht zur Erfüllung des Rechtsanspruchs U3 nicht ein und hindert das Verschulden im Sinne der Amtshaftung daher nicht. 463

bb) Einrede sorgfältiger Bedarfsplanung: Verschulden auch bei unvorhergesehenem Bedarf?

Eine andere Frage ist, wie das Verschulden zu beurteilen ist, wenn der Träger der öffentlichen Jugendhilfe bei der **Bedarfsplanung** die notwendige Sorgfalt hat walten lassen. Es ist denkbar, dass ein Jugendamt nachweisen kann, dass es bei seinen Bemühungen zur Bedarfserhebung die verfügbaren Mittel ausgeschöpft hat, bspw das Angebot des Deutschen Jugendinstituts (DJI) in Kooperation mit dem Institut für Soziale Arbeit (ISA) bzw der Arbeitsstelle Kinder- und Jugendhilfestatistik der Universität Dortmund für eine „jugendamtsspezifische Elternbefragung zum Betreuungsbedarf von unter 3-jährigen Kindern" oder bei einer anderen Stelle eine vergleichbar qualifizierte Bedarfserhebung in Auftrag gegeben hat.[526] 464

Hat ein Träger der öffentlichen Jugendhilfe **bestmögliche Planungsverlässlichkeit** erzielt und Plätze in der nach der Bedarfsermittlung erforderlichen Zahl bereitgestellt, kann gleichwohl der unerwartete Fall eintreten, dass mehr Rechtsansprüche geltend gemacht werden und dass diese dann vom Träger der öffentlichen Jugendhilfe nicht (sofort) erfüllt werden können. Es liegt ein unvorhersehbarer Bedarf vor. 465

Der Träger der öffentlichen Jugendhilfe hat bei der Jugendhilfeplanung aufgrund ausdrücklicher gesetzlicher Anordnung jedoch „Vorsorge zu treffen, dass auch ein unvorhergesehener Bedarf befriedigt werden kann" (§ 80 Abs. 1 Nr 3 SGB VIII). Die Formulierung ist als Aufforderung zu verstehen, Flexibilität und Anpassungsfähigkeit 466

524 *Struck*, in: Wiesner, SGB VIII, § 24 Rn 23.
525 *Georgii* NJW 1996, 686, 688, zum Anspruch § 24 SGB VIII aktuelle Fassung.
526 DJI/ISA, Jugendamtsspezifische Elternbefragung zum Betreuungsbedarf von unter 3-jähri gen Kindern, zu finden unter www.forschungsverbund.tu-dortmund.de/index.php?id=302 oder www.isa-muenster.de ► Frühe Kindheit und Familie ► Jugendamtsspezifische Elternbefragung zum Betreuungsbedarf U3.

der Angebote sicherzustellen.[527] Da die Träger der öffentlichen Jugendhilfe zur Gewährleistung eines ausreichenden Angebots an den im SGB VIII per Rechtsanspruch gesetzlich in Aussicht gestellten Leistungen ausdrücklich verpflichtet sind (§ 79 Abs. 2 SGB VIII), scheidet eine Exkulpation mit der **Einrede unvorhersehbaren Bedarfs** schon aufgrund der gesetzlich entsprechend weit gezogenen Planungsverantwortung des SGB VIII aus.

467 Der Rechtsanspruch U3 auf Förderung von Kindern im Alter zwischen einem und drei Jahren sieht somit **keine Ausnahmen für außerplanmäßigen Bedarf** vor und er kann hierdurch folglich nicht begrenzt werden. Es besteht in Bezug auf den Amtshaftungsanspruch auch keine Exkulpationsmöglichkeit, die Kommune hätte den Bedarf sorgfältig geplant und die vermehrte Inanspruchnahme daher nicht berücksichtigen können. Die Nichterfüllung des Rechtsanspruchs U3 ist auch in diesem Fall schuldhaft.

468 **Bedarfsplanung auch für Unvorhergesehenes:** Wenn die tatsächliche Nachfrage nach Betreuungsplätzen höher liegt als bei sorgfältiger Bedarfsplanung ermittelt, schränkt dies die Pflichten zur Erfüllung des Rechtsanspruchs U3 nicht ein, denn das SGB VIII fordert, Vorbereitungen auch für unvorhergesehenen Bedarf zu treffen.

cc) Einrede fehlenden Personals

469 Aufgrund des **objektiv bestehenden Fachkräftemangels**[528] könnte der Fall eintreten, dass ein Träger der öffentlichen Jugendhilfe zwar von den Räumlichkeiten her noch freie Plätze anbieten könnte, jedoch Fachpersonal für die Förderung der Kinder fehlt. Hat der örtliche Träger trotz Stellenausschreibungen und sonstiger Bemühungen, Fachpersonal zu gewinnen, keine ausreichenden Bewerbungen von geeigneten Personen erhalten und sind bereits beschäftigte Teilzeitkräfte nicht zur Ausweitung ihrer Arbeitszeiten bereit, so sind die Möglichkeiten des örtlichen Trägers hinsichtlich der Förderung in Tageseinrichtungen als erschöpft anzusehen.

470 Der Fachkräftemangel war zwar allgemein vorhersehbar,[529] die Schaffung von zusätzlichen Ausbildungsplätzen und von Anreizen, den Beruf zu ergreifen, lag jedoch nicht im **Verantwortungsbereich der örtlichen Jugendhilfeträger**, sondern vor allem im Bereich der für Bildung zuständigen Landesregierungen und -behörden. Zwar wurden für den Rechtsanspruch auf einen Kindergartenplatz, für den grundsätzlich noch ausreichend Fachkräfte zur Verfügung standen, Schulungen noch als durchführbar und daher im Verantwortungsbereich der örtlichen Träger liegend beschrieben.[530] Die Träger der öffentlichen Jugendhilfe können aber nur äußerst begrenzt die Ausbildung des in beachtlicher Anzahl erforderlichen Personals befördern, etwa durch Gründung von Fachschulen. Grundsätzlich ist die Ausbildung zur/zum Erzieher/in Aufgabe der Länder.

471 Gegen einen Ausschluss der Amtshaftung könnte jedoch zumindest vorgebracht werden, der örtliche Jugendhilfeträger hätte frühzeitig die **Ausweitung von Tagespflegestellen** vorantreiben können und müssen (bspw durch offensives Anwerben von in Betracht kommenden Personen, Schaffung von Anreizen für die Übernahme der Auf-

527 *Wiesner*, in: ders., SGB VIII, § 80 Rn 25.
528 Siehe akjStat, Personalbedarfsberechnung für den Bereich Kindertagesbetreuung für den Zeitraum von März 2011 bis August 2013, Fassung Mai 2012.
529 Näheres bei *Rauschenbach/Schilling*, Der U3-Ausbau und seine personellen Folgen. Empirische Analysen und Modellrechnungen, 2010.
530 *Georgii* NJW 1996, 686, 690.

gabe einer Kindertagespflegeperson, insbesondere durch Verbesserung der wirtschaftlichen Rahmenbedingungen).

Eine **Exkulpationsmöglichkeit** in Bezug auf den Amtshaftungsanspruch dürfte folglich dann anzunehmen sein, wenn der örtliche Jugendhilfeträger nachweisen kann, dass er sämtliche ihm vorhandenen Möglichkeiten zur Gewinnung von Fachkräften für Tageseinrichtungen sowie einer ausreichenden Zahl hinreichend qualifizierter Kindertagespflegepersonen ausgeschöpft hat. 472

Fachkräftemangel ausnahmsweise exkulpierend: Der objektiv bestehende Fachkräftemangel lässt nur dann das Verschulden entfallen, wenn der Träger der öffentlichen Jugendhilfe nachweisen kann, dass er die räumlichen Voraussetzungen für mehr Plätze geschaffen hat, sich nachhaltig erfolglos um Fachkräfte bemüht hat und rückblickend auf längere Sicht alles getan hat, um Kindertagespflegepersonen zu gewinnen und zu schulen. 473

III. Anspruchsumfang

1. Aufwendungsersatz

a) Umfang bei selbst beschafftem Betreuungsplatz

aa) Tatsächlich aufgewendete Kosten und Pflicht zu wirtschaftlichem Handeln

Liegen die Voraussetzungen für eine zulässige Selbstbeschaffung im Sinne eines Systemversagens vor, ist der Träger der öffentlichen Jugendhilfe verpflichtet, diejenigen Aufwendungen der Erziehungsberechtigten zu übernehmen, die diesen erspart geblieben wären, hätte die Kommune rechtzeitig für das Kind einen Platz in einer Tageseinrichtung oder bei einer Kindertagespflegeperson zur Verfügung gestellt (vgl § 36 a Abs. 3 SGB VIII).[531] Bei der Bestimmung des Umfangs können die **Grundsätze für den Aufwendungsersatz bei Geschäftsführung ohne Auftrag**, wie sie in §§ 670, 683 BGB zum Ausdruck kommen, herangezogen werden.[532] 474

Die Höhe des Anspruchs ist nicht begrenzt auf den Betrag, den der örtliche Träger hätte aufwenden müssen, wenn er selbst geleistet hätte.[533] Der Erstattungsanspruch bezieht sich auf Aufwendungen, die im Rahmen anderweitiger Beschaffung der Sozialleistung **tatsächlich entstanden** sind,[534] hier der alternativen Betreuung des Kindes. Bei der Selbstbeschaffung einer Sozialleistung findet der Mehrkostenvorbehalt (§ 5 Abs. 2, § 36 Abs. 1 S. 4 SGB VIII) nach hM grundsätzlich keine Anwendung,[535] wobei eine zu Recht wegen unverhältnismäßiger Mehrkosten abgelehnte Leistung nicht zulässig selbst beschafft werden darf, da kein Anspruch auf dieselbe besteht (vgl § 36 a Abs. 3 S. 1 Nr 2 SGB VIII).[536] Auch in den Ländern, die §§ 78 a ff SGB VIII auf die Förderung in Tageseinrichtungen entsprechend anwendbar erklären, besteht nach mehrheitlicher Auffassung keine Pflicht zur Wahl einer Einrichtung, für die der zu- 475

531 *Meysen*, in: Münder ua, FK-SGB VIII, § 36 a, Rn 55; aA BVerwG 1.3.2012, 5 C 12.11 = JAmt 2012, 329.
532 *Meysen*, in: Münder ua, FK-SGB VIII, § 36 a, Rn 55; *Stähr*, in: Hauck/Noftz, SGB VIII, Stand: 06/2009, § 36 a Rn 46.
533 OVG NW JAmt 2003, 479; JAmt 2004, 203.
534 *Stähr*, in: Hauck/Noftz, SGB VIII, Stand: 06/2009, § 36 a Rn 48.
535 *Wiesner*, in: ders., SGB VIII, § 5 Rn 13; OVG NW ZfJ 2004, 346, 348; grundsätzlich ebenso *Meysen*, in: Münder ua, FK-SGB VIII, § 36 a Rn 55; aA *Kunkel*, in: ders., LPK-SGB VIII, § 36 a Rn 11; *Hinrichs*, Selbstbeschaffung im Jugendhilferecht, S. 331.
536 *Meysen*, in: Münder ua, FK-SGB VIII, § 36 a Rn 55.

ständige Träger der öffentlichen Jugendhilfe mit dem Einrichtungsträger eine Vereinbarung nach § 78 b SGB VIII geschlossen hat.[537]

476 Ein anderes Ergebnis ist auch nicht aus einer jüngeren Entscheidung des **BVerwG** abzuleiten, nach dessen Leitsatz sich der Umfang der bei selbst beschafften Hilfen nach § 36 a Abs. 3 SGB VIII erforderlichen Aufwendungen an den Kosten zu orientieren habe, die bei rechtzeitiger Gewährung der Hilfe vom Jugendhilfeträger zu tragen gewesen wären.[538] Das Urteil bezieht sich auf einen Fall der Verwandtenpflege, in dem zu Unrecht keine Leistungen zum notwendigen Unterhalt (§ 39 SGB VIII) ausgezahlt wurden und deren Höhe nachträglich zu bestimmen ist. Es beinhaltet somit keine Aussagen zur Übernahme tatsächlich angefallener Kosten.

477 Nach überwiegender Ansicht besteht allerdings eine **Pflicht zu wirtschaftlichem Handeln,**[539] wobei zur Begründung ua auf den Rechtsgedanken des zivilrechtlichen Aufwendungsersatzes nach § 670 iVm § 683 BGB zurückgegriffen wird.[540] Vom Leistungsberechtigten kann also uU auch die Erstattung weit höherer Kosten verlangt werden, sofern diese tatsächlich entstanden sind und nicht in zumutbarer Weise vermeidbar waren. Zuzumuten ist dem Berechtigten insofern grundsätzlich, bereits bekannte oder naheliegende Optionen zur Kostenbegrenzung zu nutzen.[541] Der Grundsatz des wirtschaftlichen Handelns kann mithin bei – vorwerfbar verursachten[542] – unverhältnismäßig hohen Kosten im Einzelfall zur Reduzierung des Aufwendungsersatzanspruchs führen.[543] Haben Erziehungsberechtigte für ihr Kind allerdings selbst mehrere Fördereinrichtungen gefunden, die unterschiedlich hohe Kosten verursachen, und kann der Träger der öffentlichen Jugendhilfe dies nachweisen, so können die Erziehungsberechtigten verpflichtet sein, die kostengünstigste Betreuung zu wählen. Da nur die Aufwendungen erstattet werden, die der Geschädigte nach Lage der Dinge für erforderlich halten darf (vgl § 36 a Abs. 3, S. 1 SGB VIII),[544] kommt die Erstattung von Aufwendungen für privat gefundene „Luxusförderstellen“ nicht in Betracht.

478 Sofern eine Kostenübernahme in einem solchen Fall wegen Unwirtschaftlichkeit bzw Unverhältnismäßigkeit ausscheidet, bleiben die (noch) **erforderlichen und verhältnismäßigen Kosten gleichwohl erstattungsfähig.**[545] Im Gegensatz zur Beweislastverteilung bei den anspruchsbegründenden Tatsachen hat der Jugendhilfeträger den Nachweis der Unverhältnismäßigkeit zu führen.[546]

479 Eine Pflicht, die am wenigsten kostenintensive Betreuungsvariante zu wählen, besteht allerdings dann nicht, wenn **sachliche Gründe für die Wahl einer teureren Einrichtung** genannt werden. Sachliche Gründe können jedenfalls solche sein, aus denen das Kind auch im Fall des Angebots eines Platzes durch den örtlichen Träger ein Ablehnungsrecht wegen Unzumutbarkeit hätte (hierzu Rn 303 ff). In Betracht kommen zu-

537 *Stähr*, in: Hauck/Noftz, SGB VIII, Stand: 06/2009, § 36 a Rn 47; aA *Kunkel*, in: LPK-SGB VIII, § 36 a Rn 11.
538 BVerwG JAmt 2012, 329 mit Hinweisen für die Praxis.
539 SFK 1 des DIJuF JAmt 2002, 498, 499.
540 *Stähr*, in: Hauck/Noftz, SGB VIII, Stand: 06/2009, § 36 a Rn 47; *Meysen*, in: Münder ua, FK-SGB VIII, § 36 a Rn 55.
541 *Stähr*, in: Hauck/Noftz, SGB VIII, Stand: 06/2009, § 36 a Rn 47.
542 *Fieseler*, in: GK-SGB VIII, Stand: 10/2008, § 36 a Rn 28; *Werner*, in: Jans ua, KJHR, Stand: 04/2007, § 36 a Rn 45.
543 *Wiesner*, in: ders., SGB VIII, § 36 a Rn 55.
544 *Fischer*, in: Schellhorn ua, SGB VIII, § 36 a Rn 32.
545 *Hinrichs*, Selbstbeschaffung im Jugendhilferecht, S. 342, allerdings in Bezug auf den Mehrkostenvorbehalt nach § 5 Abs. 2 S. 1 SGB VIII.
546 *Hinrichs*, Selbstbeschaffung im Jugendhilferecht, S. 336.

mindest mangelnde Qualität oder unzumutbare Entfernung der Betreuungsmöglichkeit oder auch spezielle Unvereinbarkeiten etwa zwischen einer Tagespflegeperson und dem Kind oder seinen Eltern.

Zum Aufwendungsersatz können auch **Zinskosten** einer Kreditaufnahme für die Finanzierung einer selbstbeschafften Leistung zählen.[547] Allgemeine Verzinsung der Aufwendungen kann bei Selbstbeschaffung indes nicht verlangt werden.[548] 480

Tatsächlicher Aufwand und Pflicht zu wirtschaftlichem Handeln: Bei einer zulässigen Selbstbeschaffung ist der tatsächlich entstandene Aufwand zu ersetzen. Dem können weder der Mehrkostenvorbehalt noch fehlende qualitative Voraussetzungen entgegengehalten werden. Allerdings besteht eine Pflicht zu wirtschaftlichem Handeln, also zur Kostenbegrenzung, wenn dies möglich und zumutbar ist. 481

bb) Betreuung durch Großeltern

Füllen Großeltern die mit der Nichterfüllung des Rechtsanspruchs U3 entstehende Betreuungslücke, so kann möglicherweise für die damit entstehenden Aufwendungen ebenfalls ein Erstattungsanspruch nach Selbstbeschaffung geltend gemacht werden. Als Kindertagespflegepersonen in Betracht kommen neben den Großeltern auch andere **unterhaltspflichtige Verwandte des Kindes**, sofern sie über entsprechende Qualifikation iSd § 23 Abs. 3 S. 2 SGB VIII verfügen, insbesondere qualifizierte Lehrgänge nachweisen können (zu den Anforderungen an die Qualifikation im Einzelnen s. Rn 89 ff). Grundsätzlich kann somit auch die Großelterntagespflege wie alle anderen Tagespflegeverhältnisse eine Leistung iSd § 23 SGB VIII sein.[549] Dass zwischen Verwandten eine generationenübergreifende Solidargemeinschaft bestehen kann und Großeltern ihren Enkeln gegenüber uU unterhaltspflichtig sein können, begründet jedenfalls keine rechtliche Verpflichtung zur unentgeltlichen Betreuung. 482

Auf die Frage, ob bzw wie eine solche Betreuungsleistung in das System Kindertagespflege einzuordnen ist, kann es bei eigeninitiierter Betreuung allerdings generell nicht ankommen. Dass die Grundsätze der Erstattung nach Selbstbeschaffung gem. § 36 a Abs. 3 SGB VIII auch bei der sog. Verwandtenpflege Anwendung finden, ist allgemein anerkannt.[550] Eine eigeninitiierte Betreuungsleistung können daher auch Verwandte ohne eine entsprechende Qualifikation erbringen, sofern sie als dem **Kindeswohl nicht widersprechende Betreuung** anzusehen sind. 483

Voraussetzung dürfte allerdings zum einen eine verbindliche Erklärung sein, die Betreuung nicht unentgeltlich übernehmen zu wollen. Dann muss aber der Aufwendungsersatz, wie bei jeder anderen Art von Ersatzbetreuung, die tatsächlich aufgewendeten, dh die etwa um ersparte Aufwendungen verringerten Mittel bzw Kosten umfassen. Der Aufwendungsersatz kann allerdings **nicht alle Fälle ausufernder Honorarvereinbarungen** umfassen, sondern muss seine Grenzen in der Verhältnismäßigkeit finden. Dies ergibt sich letztlich auch aus der Pflicht zum wirtschaftlichen Handeln (hierzu Rn 477), sodass die Erziehungsberechtigten verpflichtet sind, mit betreuungsbereiten Verwandten ein angemessenes Honorar auszuhandeln. Zur genauen Höhe eines erstattungsfähigen Betrags und zur erwartbaren künftigen Entwicklung in der Rechtsprechung lassen sich aus dem Recht nur begrenzt verlässliche Aussagen ablei- 484

547 *Stähr*, in: Hauck/Noftz, SGB VIII, Stand: 06/2009, § 36 a Rn 49; *Meysen*, in: Münder ua, FK-SGB VIII, § 36 a Rn 55; *Grube* JAmt 2002, 490.
548 *Hinrichs* ZfJ 2003, 449, 455.
549 *Struck*, in: Wiesner, SGB VIII, § 23 Rn 35.
550 Für die Vollzeitpflege nach §§ 27, 33 SGB VIII BVerwG JAmt 2012, 329; VG Würzburg 12.5.2011, W 3 K 11/87.

ten. Angemessen könnte es sein, eine Grenze in Höhe der laufenden Geldleistungen zu ziehen, die in der jeweiligen Kommune für die Kindertagespflege nach § 23 SGB VIII gezahlt wird.[551] Möglich wäre aber auch, vor allem wenn die laufenden Geldleistungen für ein einzelnes Kind in der jeweiligen Kommune sehr niedrig ausfallen, die ortsüblichen Stundensätze für eine private Kinderbetreuungsperson als Grenze festzulegen.

485 **Großeltern- und Verwandtenkindertagespflege zu üblichen Kosten erstattungsfähig:** Übernehmen Großeltern, andere Verwandte oder Bekannte die Betreuung nicht unentgeltlich, können die Kosten erstattet werden, auch wenn sie nicht die für Kindertagespflegepersonen geforderte Qualifikation (§§ 23, 43 SGB VIII) mitbringen. Die Höhe ist beschränkt auf ortsübliche Preise, etwa für öffentlich geförderte Kindertagespflege (§ 23 Abs. 2 SGB VIII) oder private Betreuung.

cc) Verspätetes Platzangebot: Pflicht zur Annahme?

486 Hat ein Elternteil mangels eines vom örtlich zuständigen Träger der öffentlichen Jugendhilfe rechtzeitig zur Verfügung gestellten Platzes selbst eine Betreuungseinrichtung gefunden und werden die Kosten hierfür – unter Abzug der Aufwendungen, die einem staatlich vermittelten Platz anfallen würden – zunächst als Aufwendungsersatz ersetzt, stellt sich die Frage, ob die Erziehungsberechtigten verpflichtet sind, eine **verspätet zur Verfügung gestellte Betreuungsmöglichkeit** in Anspruch zu nehmen oder ob sie ihr Kind weiterhin in der selbst gesuchten Betreuung belassen dürfen und die Kosten wie bisher erstattet bekommen.

487 Die jüngst ins Spiel gebrachte Wertung, dass es sich bei einer **Platz-Zusage** um ein verwaltungsrechtliches Fixgeschäft handele, da sich die gewünschte Kinderbetreuung nicht verschieben lasse,[552] vermag nicht zu überzeugen. Die alleinige Hervorhebung, dass der Anspruch des Kindes nach dem Zeitpunkt, ab dem er von den Eltern geltend gemacht wird, nicht mehr erfüllt werden kann, übersieht, dass der Rechtsanspruch einen fortlaufenden Zeitraum – bis zur Vollendung des dritten Lebensjahrs – umfasst. Freilich lässt sich der Anspruch für einen bereits abgelaufenen Zeitraum nicht mehr erfüllen, jedoch können Kind und Eltern auch noch Interesse an einem verspätet zur Verfügung gestellten Betreuungsplatz haben.

488 Es stellt sich aber insbesondere die Frage, ob der Übergang in eine vom Träger der öffentlichen Jugendhilfe – nunmehr – zur Verfügung gestellte Betreuungsmöglichkeit zumutbar ist. Das **VG Mainz**[553] hat in einer weiteren Entscheidung vom 8. November 2012 hierzu im Rahmen der Prüfung des Folgenbeseitigungsentschädigungsanspruchs ausgeführt, dass die Verpflichtung des Trägers der öffentlichen Jugendhilfe, sich weiter um die Erfüllung des Rechtsanspruch U3 durch **nachträgliche Zurverfügungstellung einer Betreuungsmöglichkeit** zu bemühen, entfällt und daher kein Eingriff in die Rechte des Anspruchsberechtigten vorliegt, wenn den Eltern kommunale Betreuungsplätze angeboten wurden und diese von den Erziehungsberechtigten ausgeschlagen wurden.[554] Finanzielle Ansprüche gegen die Kommune ließen sich ab dann nicht mehr begründen. Zur Begründung hat sich das VG Mainz ausschließlich darauf bezogen, dass die Erziehungsberechtigten keinen Platz in einer vom Träger der

551 Vgl BVerwG JAmt 2012, 329 zur Vollzeitpflege.
552 *Rixen* NJW 2012, 2839, 2841.
553 VG Mainz 16.8.2012, 1 L 921/12; 10.5.2012, 1 K 981/11.MZ.
554 VG Mainz 8.11.2012, 1 K 715/12.MZ.

öffentlichen Jugendhilfe angebotenen Tageseinrichtung mehr begehrten; mögliche Fragen des Kindeswohls wurden bei der Prüfung nicht thematisiert.

Die Ansicht ignoriert die gefestigte Rechtsprechung zur selbstbeschafften Leistung, wonach eine selbst beschaffte Leistung weiter zu gewähren bzw finanzieren ist, wenn aufgrund des Bedürfnisses nach Hilfekontinuität ein **Wechsel nicht zumutbar** ist.[555] Dem Kind und seinen Eltern wird auch bei der Förderung in einer Tageseinrichtung oder bei einer Kindertagespflegeperson häufiger nicht zuzumuten sein, einen Wechsel der Betreuung vorzunehmen und erneut eine Eingewöhnungsphase – womöglich im Abstand von wenigen Monaten – durchmachen zu müssen, denn eine solche ist stets mit hohem Zeitaufwand der Erziehungsberechtigten verbunden,[556] widerspricht regelmäßig den Bedürfnissen des Kindes nach Kontinuität in seinen Betreuungspersonen und ist häufiger mit Belastungen für das Kind verbunden. So stellt nicht nur der Wechsel in eine (neue) außerfamiliale Betreuung eine große Herausforderung dar,[557] sondern bedeutet auch der Abbruch einer gerade geschaffenen Beziehung zur Betreuungsperson meist eine **starke emotionale Belastung für das Kind.**[558] Dies gilt vor allem für jüngere Kinder. Wenn allerdings ohnehin in absehbarer Zeit ein Übergang in eine (andere) Kindertageseinrichtung oder Tagespflegestelle ansteht, kann eher ein vorzeitiger Wechsel zur Schadensminderung erwartet werden, als wenn das Kind gerade erst bei einer Kindertagespflegeperson oder in einer (privat-gewerblichen) Tageseinrichtung angekommen ist. Ebenfalls kann ein **Wechsel zumutbar** sein, wenn ein Kind vorübergehend von seinen Großeltern oder anderen ihm schon vertrauten Personen ohne erforderliche längerdauernde Eingewöhnung betreut wurde. Antworten können regelmäßig nur anhand der Umstände im Einzelfall gegeben werden. 489

Ist der Wechsel zwecks Schadensminderung nicht zumutbar, wenn das Jugendamt nach Verzögerung einen Betreuungsplatz zur Verfügung gestellt hat, darf das Kind bei der selbst gesuchten privaten Betreuung bleiben und die durch die selbst gesuchte Betreuung entstehenden **Mehrkosten sind weiterhin zu erstatten.** 490

> **Pflicht zum Wechsel bei verspätetem Platzangebot?:** Stellt das Jugendamt erst verspätet einen geeigneten Platz zur Verfügung und ist das Kind bereits in einer selbst beschafften Tageseinrichtung oder Tagespflegestelle angekommen, ist zumindest ein sofortiger Wechsel aus Gründen des Kindeswohls und dessen Bedürfnis nach Kontinuität in der Regel unzumutbar. Die Aufwendungen sind solange weiterhin zu erstatten, bis ein Wechsel, etwa im Rahmen eines altersbedingten Übergangs, zumutbar wird. 491

b) Abzug der ersparten Kostenbeteiligung nach § 90 SGB VIII

Die zu erstattenden Aufwendungen für die selbst beschaffte Tagesbetreuung reduzieren sich um den **ersparten Betrag**, den Eltern als zumutbaren Kostenbeitrag gem. § 90 SGB VIII hätten tragen müssen, wenn der Träger der öffentlichen Jugendhilfe einen Platz in der Kindertagesbetreuung zur Verfügung gestellt hätte.[559] Zu prüfen ist daher, wie die Höhe des abzuziehenden fiktiven Kostenbeitrags zu bestimmen ist. 492

555 Zur selbst beschafften Internatsunterbringung bzw Privatschule bspw OVG Nordrhein-Westfalen 10.1.2008, 12 A 2791/07; 25.4.2012, 12 A 659/11 = JAmt 2012, 548; VG Bayreuth 11.9.2007, B 3 K 05.23; VG München 26.9.2007, M 18 K 06.1963; VG Regensburg 16.2.2004, RO 8 E 03.3106 = JAmt 2004, 493.

556 *Ahnert*, Entwicklungspsychologische Aspekte der Erziehung, Bildung und Betreuung von Kleinkindern, S. 22; *Becker-Stoll* FamRZ 2010, 77, 78 f.

557 *Becker-Stoll* FamRZ 2010, 77, 80.

558 *Becker-Stoll* ua, Handbuch Kinder in den ersten drei Lebensjahren, S. 49.

559 *Grube*, in: Hauck/Noftz, SGB VIII, Stand: 04/2009, § 24 Rn 25.

493 Je nach Förderart (Tageseinrichtung oder Kindertagespflege) und Umfang der Förderzeit kann der **Kostenbeitrag nach § 90 SGB VIII** unterschiedlich hoch ausfallen. Auch bestehen starke regionale Unterschiede, insbesondere bei den Tagespflegestellen. Jüngere Forschung hat aufgezeigt, dass sich die kommunalen Satzungen mit ihrer Festsetzung der Höhe der Kostenbeteiligung in einer „dynamischen" Entwicklung befinden, insbesondere was – vor dem Hintergrund der Gleichrangigkeit der Betreuungsformen – die Beseitigung bestehender Defizite (auch) bei der Finanzierung der Kindertagespflege angeht.[560]

494 Die **Bestimmung der Höhe der ersparten Kostenbeteiligung** ist nicht immer eindeutig. Wird ein Kind bspw in einer selbst gesuchten Tagespflegestelle untergebracht, haben die Eltern aber eine Tageseinrichtung in Anspruch nehmen wollen, stellt sich mit Blick auf das Wunsch- und Wahlrecht die Frage, ob der Elternbeitrag für eine Tageseinrichtung oder Kindertagespflege anzusetzen ist. Bestimmt die kommunale Satzung eine höhere Kostenbeteiligung für Kindertagespflege, erscheint es gleichwohl unbillig, den höheren fiktiven Betrag in Abzug zu bringen.[561] Anzusetzen wäre der Betrag für die gewünschte, aber nicht erhaltene Tageseinrichtung. Im Übrigen hat das Gericht im Rahmen der Prüfung des Aufwendungsersatzanspruchs inzident die Rechtmäßigkeit der kommunalen Kostenbeteiligungssatzung zu hinterfragen; sind die Beiträge für Tageseinrichtungen und Kindertagespflege nicht vergleichbar, ist ihre Rechtmäßigkeit in Zweifel zu ziehen (hierzu Rn 269 ff).

495 Als **Berechnungsgrundlage** für den Abzug der ersparten Kostenbeteiligung empfiehlt sich somit, den Beitrag anzusetzen, den die Erziehungsberechtigten hätten zahlen müssen, wenn sie eine Förderstelle entsprechend ihrer angemeldeten Wünsche bekommen hätten. Haben sie keine solchen geäußert, dürfte der niedrigere der Kostenbeiträge für die Tageseinrichtung oder Kindertagespflege anzusetzen sein.

496 Bislang fehlt in Literatur und Rechtsprechung eine Auseinandersetzung mit dieser Frage. Da sich das **Wunsch- und Wahlrecht** nur auf tatsächlich vorhandene Plätze bezieht und der Träger der öffentlichen Jugendhilfe zur Erfüllung stets auch einen Platz in der Betreuungsform hätte anbieten können, für die ein niedrigerer Kostenbeitrag erhoben wird, könnte aus dem vorherigen (System-)Versagen eine generelle Verpflichtung der aufwendungsersatzpflichtigen Kommune resultieren, den niedrigeren Betrag als Kostenbeteiligung in Abzug zu bringen. Bei Einigkeit zwischen den Erziehungsberechtigten und dem Träger der öffentlichen Jugendhilfe, dass für das Kind nur eine Betreuungsform in Betracht gekommen ist oder gezogen wurde, dürfte der Kosten- bzw Teilnahmebeitrag für diese angesetzt werden.

497 Ein Abzug kommt dann nicht in Betracht, wenn die Voraussetzungen für die Übernahme des Kostenbeitrags erfüllt sind (§ 90 Abs. 3 und 4 SGB VIII), also Erziehungsberechtigten wegen Unzumutbarkeit ein **Kostenbeitrag ganz oder teilweise zu erlassen** oder ein Teilnahmebeitrag vom öffentlichen Jugendhilfeträger zu übernehmen wäre.

498 **Abzug des fiktiven Kosten- bzw Teilnahmebeitrags:** Von den Aufwendungen für die selbst beschaffte Tagesbetreuung ist der Betrag abzuziehen, den die Erziehungsberechtigten als Kosten- bzw Teilnahmebeitrag für eine öffentliche Förderung hätten entrichten müssen. Bei unterschiedlicher Höhe der Kostenbeteiligung für die Förderung in Ta-

560 *Sell/Kukula*, Leistungsorientierte Vergütung in der Kindertagespflege, S. 13 f., 29; DIJuF-Gutachten im Auftrag des Deutschen Vereins für öffentliche und private Fürsorge, zu finden unter www.dijuf.de ► Projekte ► Finanzierung von Tagespflege.

561 Vgl OVG SH 16.8.2006, 2 LB 46/05.

geseinrichtungen und Kindertagespflege ist in der Regel der niedrigere Betrag anzusetzen.

c) Abzug des Betreuungsgelds

Beziehen die Erziehungsberechtigten Betreuungsgeld, so ist die Höhe des Betreuungsgelds vom Aufwendungsersatzanspruch abzuziehen. Anspruch auf das Betreuungsgeld hat ab 1. August 2013, wer für das Kind keine dauerhaft durch öffentliche Sach- oder Personenkostenzuschüsse geförderte Kinderbetreuung, insbesondere keine Betreuung in Tageseinrichtungen oder Kindertagespflege in Anspruch nimmt (§ 4 a Abs. 1 Nr 2 BEEG F. 2013). Danach haben auch Erziehungsberechtigte einen Anspruch, die zwar einen Betreuungsplatz beanspruchen, aber noch keinen erhalten haben. Denn auch in dem Fall fließt ihnen gerade keine erhebliche öffentliche Förderung zu, deren Nichtinanspruchnahme der Gesetzgeber als Grund für den Anspruch auf das Betreuungsgeld angenommen hat.[562] Dem Anspruch steht auch nicht entgegen, wenn die Eltern eine private Betreuung beanspruchen. 499

d) Umfang beim Folgenbeseitigungsentschädigungsanspruch

Nicht abschließend geklärt ist die Frage des Umfangs beim Folgenbeseitigungsentschädigungsanspruch – sollte für ihn bei selbst beschaffter Tagesbetreuung überhaupt ein Anwendungsbereich anerkannt werden. Ob die im Schadenersatzrecht geltenden Grundsätze der **haftungsbegründenden sowie haftungsausfüllenden Kausalität** übertragbar sind, wird unterschiedlich beurteilt.[563] Die haftungsbegründende Kausalität wird dann als gegeben angesehen, wenn zwischen der Amtshandlung und den daraus resultierenden (weiteren) Folgen ein adäquater Zurechnungszusammenhang besteht. Der Umfang des Folgenbeseitigungsentschädigungsanspruchs ergibt sich aus den finanziellen Einbußen, die durch die Versagung des Platzes entstanden sind.[564] Als Surrogat für die Folgenbeseitigung richtet sich der Anspruch ebenfalls auf den Ersatz des Aufwands für eine anderweitig selbst organisierte Kinderbetreuung, denn diese entspricht der Beseitigung des rechtswidrigen Zustands durch die Nichterfüllung des Rechtsanspruchs U3.[565] 500

Der Umfang des Folgenbeseitigungsentschädigungsanspruchs bemisst sich somit **identisch wie beim Aufwendungsersatz** für eine zulässig selbst beschaffte Leistung. 501

2. Schadenersatz

a) Grundsätze zum Schadensumfang bei Amtshaftung

Ersatz des Schadens, der wegen Nichterfüllung eines Rechtsanspruchs U3 entsteht, kann vor allem über die Amtshaftung geltend gemacht werden. Der Ersatzanspruch aus Amtspflichtverletzung richtet sich nicht auf Naturalrestitution, sondern ausschließlich auf **Geldersatz.**[566] 502

Art und Umfang des Schadenersatzanspruchs ergeben sich hierbei aus den allgemeinen Vorschriften der §§ 249 ff BGB. Jeder durch die Amtspflichtverletzung adäquat verursachte Vermögensschaden ist zu ersetzen.[567] Es werden allerdings nur die Auf- 503

562 BT-Drucks. 17/9917, 10.
563 *Grzeszick*, in: Erichsen/Ehlers, Allg. VerwR, § 44 Rn 127 f.
564 VG Mainz 10.5.2012, 1 K 981/11.MZ.
565 VG Mainz 10.5.2012, 1 K 981/11.MZ; *Rixen* NJW 2012, 2839, 2842.
566 *Sprau*, in : Palandt, BGB, § 839 Rn 78.
567 *Wurm*, in: Staudinger, BGB, § 839 Rn 245.

wendungen erstattet, die der/die Geschädigte nach Lage der Dinge für erforderlich halten durfte und er/sie unterliegt der Schadensminderungspflicht (§ 254 BGB).

504 Wird darüber gestritten, ob ein Schaden entstanden sei und wie hoch sich der Schaden oder ein zu ersetzendes Interesse belaufe, so entscheidet hierüber das Gericht unter Würdigung aller Umstände nach freier Überzeugung. Ob und inwieweit von Amts wegen eine Beweisaufnahme oder Begutachtung durch Sachverständige erforderlich wird, bleibt dem Ermessen des Gerichts überlassen.

b) Ersatz des Aufwands für selbst organisierte Betreuungsmöglichkeit

aa) Erstattungsfähiger Aufwand

505 Die Kosten für eine wegen nicht (rechtzeitig) erfülltem Rechtsanspruch U3 zulässig selbst organisierte Tagesbetreuung stellen einen Schaden dar, der über den Amtshaftungsanspruch ersetzt verlangt werden kann. Der **Umfang** bemisst sich in gleicher Weise wie beim Anspruch auf Aufwendungsersatz bei selbst beschaffter Sozialleistung (hierzu Rn 474 ff).

bb) Kosten für vorsorglich selbst organisierte, aber nicht benötigte Betreuung

506 Der Anspruch auf Förderung gem. § 24 Abs. 2 SGB VIII F. 2013 besteht ab Vollendung des ersten Lebensjahrs. Es finden sich allerdings keine Aussagen im Gesetz oder den Gesetzesbegründungen zur Frage, mit welcher **Vorlaufzeit** den Erziehungsberechtigten (die verschiedenen) für ihr Kind zur Verfügung stehenden Fördermöglichkeiten in Tageseinrichtungen oder in Kindertagespflege benannt bzw bekannt sein müssen, um noch Zeit zur Auswahl und zur Planung der Eingewöhnungszeit einzuräumen.

507 Derzeit können sich Eltern jedenfalls nicht allgemein und vor allem nicht in jedem Jugendamtsbezirk darauf verlassen, dass ihr Kind zum gewünschten Termin nach August 2013 einen Platz zur Verfügung gestellt bekommt. Brauchen Eltern Gewissheit, bspw ob sie verlässlich ihren Arbeitsplatz (wieder) antreten können, müssen sie sich frühzeitig um **verbindliche Zusagen der Jugendhilfeträger** bemühen. Bleiben solche aus, kümmern sich Eltern vorsorglich zur Sicherstellung der Betreuung ab dem gewünschten Zeitpunkt ergänzend selbst um eine Förderung und gehen bereits Verpflichtungen bei privaten Trägern ein, kann der Fall eintreten, dass der Träger der öffentlichen Jugendhilfe erst kurzfristig vor dem Zeitpunkt, zu welchem die Betreuung benötigt wird, einen Platz zur Verfügung stellt. In diesem Fall können die Eltern verpflichtet sein, bis zum Ablauf der Kündigungsfrist bei der selbst gesuchten privat-gewerblichen Tageseinrichtung die vereinbarten Beiträge zu zahlen. Hinsichtlich der Honorierung einer selbst gesuchten, privaten Betreuungsperson sind die Kündigungsfristen der Verträge zu beachten, die mit dieser bereits geschlossen wurden.

508 Es stellt sich die Frage, ob diese **„Vorsorgeaufwendungen"** für den selbst beschafften, aber letztlich nicht benötigten Platz als Schaden im Rahmen der Amtshaftung ebenfalls erstattungsfähig sind. Ein Schaden ist nach allgemeinem Schadenersatzrecht grundsätzlich auch dann zu ersetzen, wenn der Geschädigte zum Ausgleich möglicher Schäden Vorsorgemaßnahmen getroffen hat.[568] Hier hat sich jedoch herausgestellt, dass die Betreuungskosten bis zum Ablauf der Kündigungsfristen unnötig aufgewendet wurden, da der Träger der öffentlichen Jugendhilfe doch noch den beanspruchten Betreuungsplatz zur Verfügung gestellt hat.

568 *Grüneberg*, in: Palandt, BGB, § 249 Rn 62.

Die Grundsätze über den **Ersatz fehlgeschlagener Aufwendungen** sind nur anwendbar, wenn es um den Ersatz von Aufwendungen geht, die infolge eines schädigenden Ereignisses nutzlos geworden sind.[569] Ein Schadenersatzanspruch knüpft immer an ein schädigendes Ereignis an, für den Amtshaftungsanspruch muss eine Verletzung der Amtspflicht, Förderplätze bereitzustellen, vorliegen. Eine solche kommt jedoch unter Umständen auch dann in Betracht, wenn ein Platz erst kurz vor dem benötigten Betreuungsbeginn bereitgestellt bzw angeboten wird. Den Erziehungsberechtigten kann dann je nach den Umständen des Einzelfalls ein weiteres Abwarten mit der Beschaffung einer alternativen Betreuung nicht mehr zuzumuten sein. 509

Dabei kann je nach dem **Umständen des Einzelfalls** Berücksichtigung finden, ob der Träger der öffentlichen Jugendhilfe zB bereits angekündigt hat, dass die Zurverfügungstellung eines Platzes zum gewünschten Zeitraum unwahrscheinlich ist, oder die Erziehungsberechtigten aus anderen Gründen hiervon ausgehen durften. Gibt es hingegen vor Ort an sich ein bedarfsgerechtes Betreuungsangebot und hat der Träger der öffentlichen Jugendhilfe verlässlich und vertrauenswürdig zugesagt, einen Platz rechtzeitig zur Verfügung stellen zu können, so könnte dies dafür sprechen, dass ein längeres Abwarten zuzumuten ist. Berücksichtigung finden könnte auch das Vorhandensein möglicher privater Betreuungsmöglichkeiten vor Ort, dh, in welchem Maß sich für die Erziehungsberechtigten die Wahrscheinlichkeit verringert hätte, überhaupt noch eine private Betreuungsmöglichkeit zu finden, wenn sie den Vertrag für die privat organisierte Betreuung nicht unterzeichnet hätten. 510

Der Ersatz der Kosten kommt folglich dann in Betracht, wenn diese Kosten für Zeiträume entstehen, die nach Vollendung des ersten Lebensjahrs liegen, und rechtzeitig kein Platz trotz rechtzeitiger Bedarfsanmeldung angeboten wurde. Melden bspw Eltern den Bedarf für ihr Kind ab dem ersten Lebensjahr an und erhalten innerhalb einer bestimmten Vorfrist keinen Platz, weshalb sie ihr Kind für die Zeit ab dem ersten Geburtstag in einer anderen privaten Einrichtung oder bei einer privat organisierten Kindertagespflegeperson unterbringen, so sind die **Kosten bis zum Ablauf der Kündigungsfrist** für die private Einrichtung bzw Kindertagespflegeperson zu ersetzen, da die Eltern diese Kosten aufgrund des rechtswidrigen Verhaltens des Jugendhilfeträgers für erforderlich halten durften. 511

In keinem Fall wird der Zeitpunkt für den Beginn des Rechtsanspruchs U3 durch die – aus entwicklungspsychologischer Sicht – unbedingt sinnvollen **Eingewöhnungszeiten** nach vorne verlagert. Ein Anspruch auf Durchführung der Eingewöhnungszeit bereits vor Vollendung des ersten Lebensjahrs ist in § 24 Abs. 2 SGB VIII F. 2013 nicht vorgesehen, es besteht höchstens eine objektiv-rechtliche, nicht rechtsanspruchsgesicherte Förderungsverpflichtung gem. § 24 Abs. 1 SGB VIII F. 2013. 512

> **Kosten für vorsorgliche Anmeldung in selbst beschaffter Betreuung:** Wird ein Platz nicht in angemessener Vorlaufzeit in Aussicht gestellt oder die nicht rechtzeitige Erfüllung des Rechtsanspruchs U3 angekündigt, so können – unter den Voraussetzungen zulässiger Selbstbeschaffung im Übrigen – auch fehlgeschlagene Aufwendungen für Verpflichtungen aufgrund vorsorglich selbst beschaffter Betreuung ersetzt verlangt werden, zB wegen bestehender Kündigungsfristen bei privater Kita. 513

569 *Grüneberg*, in: Palandt, BGB, § 249 Rn 60.

c) Verdienstausfall

514 Der Gesetzgeber will mit der Einführung des Rechtsanspruchs gerade auch die Möglichkeiten verbessern, **Familie und Erwerbstätigkeit miteinander zu vereinbaren** und sich beruflich zu verwirklichen. Die Pflicht aus § 24 Abs. 2 SGB VIII F. 2013 bezieht sich somit auch auf die Ermöglichung von Berufstätigkeit (§ 22 Abs. 2 Nr 3 SGB VIII). Ist der fehlende Betreuungsplatz daher ursächlich für einen Verdienstausfall eines Elternteils, so kommt im Rahmen eines Schadenersatzanspruchs dieses Elternteils die Erstattung des Verdienstausfalls als zu ersetzender Schaden in Betracht. Beim Schadenersatz wegen Verdienstausfall sind folgende Konstellationen denkbar:

515 Will der betreuende Elternteil nach einer Elternzeit **auf seinen Arbeitsplatz zurückkehren** und ist dies mangels Betreuungsmöglichkeit des Kindes nicht möglich, so ist der Verdienstausfall konkret berechenbar und den Erziehungsberechtigten grundsätzlich in voller Höhe zu ersetzen.[570]

516 Kann ein Elternteil – bspw durch ein Schreiben seines Arbeitgebers – nachweisen, dass er mit einer **(früheren) Einstellung** hätte rechnen können, wenn die Betreuung sichergestellt gewesen wäre, so ist dem Elternteil der entgangene Verdienst als Verzögerungsschaden zuzusprechen. Werden von dem Elternteil aktuell SGB-II-Leistungen bezogen, so besteht der Schadenersatzanspruch nicht in voller Höhe des Verdienstausfalls, sondern ist um die SGB-II-Leistungen zu reduzieren.[571]

517 Hat der betreuende Elternteil eine Arbeitsstelle gefunden und kann diese mangels eines vom öffentlichen Träger zur Verfügung gestellten Betreuungsplatzes nicht angetreten werden und wird die Stelle dann anderweitig vergeben, ist der Verdienstausfall wegen eines **entgangenen Arbeitsplatzes** grundsätzlich so lange zu ersetzen, wie der Elternteil sich ernsthaft weiterhin um eine Arbeitsstelle bemüht und ohne bezahlte Beschäftigung bleibt. Zu prüfen ist jedoch, für welchen Zeitraum der Anspruch auf Verdienstausfall besteht, wenn keine neue Anstellung gefunden wird. Bemüht sich der Elternteil nicht ausreichend aktiv um eine neue Arbeitsstelle, so erscheint gut vertretbar, den Verdienstausfall auf einen Zeitraum von drei bis sechs Monaten zu begrenzen. Maßgeblich sind insoweit die Umstände des Einzelfalls (zB bisheriger beruflicher Werdegang, Situation am Arbeitsmarkt in der konkreten Branche).

518 Finden Erziehungsberechtigte nach der entgangenen Stelle später nur einen Arbeitsplatz, der **geringer entlohnt** wird, ist die Differenz grundsätzlich zu bezahlen.[572] Aber auch hier stellt sich die Frage, wie lange ein Anspruch auf Zahlung der Differenz besteht. Grundsätzlich ist vom Elternteil zu fordern, dass er sich weiterhin um eine besser entlohnte Tätigkeit bemüht. Als grobe Richtlinie könnte auch hier angemessen sein, den Gehaltsunterschied mindestens für drei bis sechs Monate als Schaden anzuerkennen.

519 Theoretisch denkbar ist auch die Konstellation, dass sich ein betreuender Elternteil, wenn für das Kind keine Betreuungsmöglichkeit besteht, nicht erfolgreich **um einen Arbeitsplatz bewerben** kann und deshalb keine Arbeitsstelle findet oder erst zeitlich verzögert finden konnte. Allerdings muss der Schaden durch das amtspflichtwidrige Verhalten verursacht worden sein, um einen Schadenersatzanspruch zu begründen.

570 *Schulze*, in: HK-BGB, § 253 Rn 11; *Grüneberg*, in: Palandt, BGB, § 252 Rn 1, 7; vgl auch LG Wiesbaden 19.1.2000, 5 O 182/99.

571 OLG Celle 27.6.2012, 14 U 193/10 (zur Zahlung des Differenzbetrags, aber insbesondere auch zum Anspruchsübergang auf den Sozialleistungsträger bei Kongruenz von Sozialleistung und Ersatzanspruch).

572 OLG Celle 27.6.2002, 14 U 233/01 insb. zur Beweislastverteilung/-erleichterung gem. § 252 BGB, § 287 ZPO und Differenzzahlung bei Arbeitsplatz mit geringerer Entlohnung.

Die Ursächlichkeit der Amtspflichtverletzung wird danach bestimmt, welchen Verlauf die Dinge bei pflichtgemäßem Verhalten des Amtsträgers genommen hätten und wie sich dann die Vermögenslage bei dem betroffenen Bürger dargestellt hätte.[573] Sind Überlegungen zu mutmaßlichen Entwicklungen anzustellen, so ist auf die zu schätzende wahrscheinliche Entwicklung abzustellen (§ 252 BGB, § 287 ZPO).[574]

Der Schadenersatz begehrende Erziehungsberechtigte ist insoweit **beweispflichtig.** 520
Insbesondere wird er darlegen müssen, dass er sich beim Träger der öffentlichen Jugendhilfe zuvor vergeblich um einen Betreuungsplatz bemüht hatte und im Rahmen zumutbarer Bemühungen zur Abwendung des Schadens für den Zeitraum des Bewerbungsgesprächs keine anderweitige Möglichkeit für die Betreuung des Kindes hat organisieren können.

Verdienstausfall als Schaden: Kann aufgrund einer Nichterfüllung des Rechtsanspruchs 521
U3 eine Arbeitsstelle nicht angetreten werden, etwa nach der Elternzeit, so ist der Verdienstausfall zu ersetzen. Die Erziehungsberechtigten haben die Beweislast für den Nachweis, dass sie eine Stelle tatsächlich hätten antreten können.

d) Rechtsanwaltskosten

Kosten, die durch die **Beauftragung von Rechtsanwält/inn/en** entstehen, sind nach 522
allgemeinem Schadenersatzrecht nach § 249 BGB nur dann zu ersetzen, soweit sie erforderlich waren.[575] Dies trifft in einfach gelagerten Fällen nur zu, wenn der/die Geschädigte geschäftlich ungewandt ist.[576] Nach höchstrichterlicher Rechtsprechung kann ein/e Geschädigte/r eine/n Rechtsanwalt/-anwältin beauftragen bzw dessen Kosten ersetzt verlangen, wenn er/sie selbst zunächst den Schaden angemeldet hat und dies nicht zu einer unverzüglichen Regulierung des Schadens führte.[577] Es wird vertreten, dass Kosten eines/einer Rechtsanwalts/-anwältin auch dann als angemessen verursacht gelten, wenn seine Hinzuziehung im Vorverfahren nicht durch die Behörde oder das Gericht für erforderlich erklärt worden ist, es sei denn, die Hinzuziehung erschien vollkommen abwegig.[578]

Die Kosten von Rechtsanwält/inn/en, die im Zusammenhang mit der Geltendma- 523
chung des Anspruchs auf Betreuungsmöglichkeiten entstehen, sind grundsätzlich dann vom Schadenersatzanspruch umfasst, wenn ein **Platz dem Kind nicht rechtzeitig zur Verfügung gestellt** wurde und Unterstützung bei der Durchsetzung des Anspruchs auf die Sozialleistung geleistet wurde.[579] Hieraus ist abzuleiten, dass ein Anspruch auf Ersatz der Rechtsanwaltskosten erst in Betracht kommt, wenn der Anspruch auf Förderung fällig ist, das Kind also bereits das erste Lebensjahr vollendet hat. Zur Erreichung einer verbindlichen Aussage des Jugendhilfeträgers, ob bei Fälligkeit des Anspruchs dieser auch erfüllt wird, sind die Kosten eines Rechtsanwalts/einer Rechtsanwältin demnach nicht erstattungsfähig.

Erstattungsfähig können nicht nur die gesetzlichen Gebühren des Rechtsanwalts/der Rechtsanwältin sein, sondern ggf auch ein darüber hinausgehendes Honorar, wenn

573 *Ahrens*, Staatshaftungsrecht, Rn 76 mwN.
574 *Grüneberg*, in: Palandt, BGB, Vorb § 249 BGB Rn 53.
575 *Grüneberg*, in: Palandt, BGB, § 249 Rn 57; *Schulze*, in: HK-BGB, § 249 Rn 6.
576 BGH NJW 1995, 446 f.
577 BGH NJW 1995, 446 f.
578 *Baldus* ua, Staatshaftungsrecht, Rn 177.
579 LG Wiesbaden 19.1.2000, 5 O 182/99, Rn 31.

und soweit es in Anbetracht des Falls als angemessene Vergütung angesehen werden kann.[580]

524 **Erstattungsfähigkeit von Rechtsanwaltskosten:** Rechtsanwaltskosten sind jedenfalls dann erstattungsfähig, wenn der Rechtsanspruch U3 nicht rechtzeitig erfüllt wurde.

e) Einbuße an Freizeit

525 Erhalten die Eltern trotz rechtzeitiger Anmeldung keinen Betreuungsplatz für ihr Kind, so müssen sie Zeit dafür aufbringen, ihren Rechtsanspruch auf Kinderbetreuung durchzusetzen (Schreiben an öffentlichen Träger, Besprechungen mit Rechtsanwalt/Rechtsanwältin, Wahrnehmung von Gerichtsterminen); ebenso erfordert es Zeit, um später den Amtshaftungsanspruch durchzusetzen. Einbuße an Freizeit stellt nach herrschender Meinung jedoch **keinen zu ersetzenden Vermögensschaden** dar.[581] Das gilt auch für die Zeit, die der Geschädigte zur Abwicklung des Schadensfalls aufwendet.[582]

526 **Entgangene Freizeit kein Schaden:** Ein ideeller Ausgleich auf „Freizeit“ kann als Schaden nicht geltend gemacht werden.

f) Entgangenes Arbeitslosengeld I

527 Zwar müssen Erziehende dem Arbeitsmarkt nicht zur Verfügung stehen und es besteht keine Pflicht, ein Kind vor Vollendung des dritten Lebensjahrs betreuen zu lassen, um Leistungen nach SGB II zu erhalten (hierzu Rn 337 ff). Aber im **Bereich des Arbeitslosengeldes I** besteht ein Anspruch auf Arbeitslosengeld gem. § 137 SGB III als Versicherungsleistung der Arbeitslosenversicherung nur unter der Voraussetzung, dass der/die Antragsteller/in den Vermittlungsbemühungen der Agentur für Arbeit zur Verfügung steht (§ 138 Abs. 1 Nr 3 SGB III).

528 Den **Vermittlungsbemühungen zur Verfügung steht**, wer eine versicherungspflichtige, mindestens 15 Stunden umfassende zumutbare Beschäftigung unter den üblichen Bedingungen des in Betracht kommenden Arbeitsmarkts ausüben kann und darf (§ 138 Abs. 5 SGB III). Die Bundesagentur für Arbeit kann verlangen, dass die Betreuungsmöglichkeit und damit die Verfügbarkeit als anspruchsbegründendes Tatbestandsmerkmal vom Elternteil nachgewiesen wird.[583] Eine solche (erweiterte) Darlegungspflicht besteht gerade dann, wenn die vorherige Beschäftigung wegen mangelnder Vereinbarkeit von Berufstätigkeit und Kinderbetreuung aufgegeben werden musste und deshalb begründete Zweifel an der Verfügbarkeit bestehen.[584] Die Versicherungsleistung des Arbeitslosengelds I wird nur ausgezahlt, wenn die Tagesbetreuung für das Kind des/der Versicherten sichergestellt ist und er/sie damit für den Arbeitsmarkt zur Verfügung steht.

529 Kann ein Elternteil mangels eines zur Verfügung gestellten Förderungsplatzes den Nachweis nicht erbringen, so besteht für die Zeit, in der die Betreuung nicht gewährleistet ist, kein Anspruch auf Arbeitslosengeld I. Ein Schaden wegen entgangenen Arbeitslosengelds I entsteht dann, wenn dem Erziehungsberechtigten als Versichertem dadurch die **Auszahlung seiner Versicherungsleistung entgeht.** Dies ist nur dann der Fall, wenn er seinen Versicherungsanspruch nach SGB III auch nicht zu einem späte-

580 *Baldus* ua, Staatshaftungsrecht, Rn 177; BGH MDR 1962, 641.
581 *Grüneberg*, in: Palandt, BGB, § 249 Rn 68 mwN.
582 *Grüneberg*, in: Palandt, BGB, § 249 Rn 59.
583 Geschäftsanweisung der Bundesagentur (138.122; 138.123; 138.125; 138.185).
584 Geschäftsanweisung der Bundesagentur (138.125).

ren Zeitpunkt voll ausschöpft. Die Anspruchsdauer variiert, beträgt jedoch mindestens zwölf Monate und kann innerhalb von vier Jahren gem. § 161 Abs. 2 SGB III geltend gemacht werden.

Nicht bezogene Leistungen nach SGB III stellen jedenfalls dann einen **Schaden** dar, wenn der Anspruch nach § 137 SGB III, der auf ein vorheriges versicherungspflichtiges Arbeitsverhältnis gründet, deshalb untergeht, weil der Anspruchsberechtigte eine versicherungspflichtige Tätigkeit aufnimmt und ihm damit die Versicherungsleistung endgültig verloren geht, die er bei Zurverfügungstellung eines Platzes in Tagesbetreuung erhalten hätte und jetzt auch in Zukunft nicht mehr ausgezahlt bekommen kann. Im Übrigen kann der Schadenseintritt erst nach Ablauf der Fristen für die Leistungsgewährung nach SGB III festgestellt werden, weil erst dann beurteilt werden kann, ob der Anspruch auf die Versicherungsleistung wegen der fehlenden Betreuungsmöglichkeit (teilweise) untergegangen ist. 530

Bei der Bemessung der Schadenshöhe ist zu unterscheiden, je nachdem, ob der/die Versicherte im Zeitraum der entgangenen Leistung nach SGB III Anspruch auf SGB II-Leistungen hatte oder nicht. In ersterem Fall müsste der öffentliche Jugendhilfeträger die **Differenz zum Arbeitslosengeld I als Schadensposition** übernehmen. Hat der/die Versicherte bspw mangels Hilfebedürftigkeit (§ 9 SGB II) kein Arbeitslosengeld II bezogen, so ist das entgangene Arbeitslosengeld I grundsätzlich in voller Höhe zu erstatten.

Entgangene Versicherungsleistungen wegen Arbeitslosigkeit: Ein Schaden wegen entgangenem Arbeitslosengeld I ist dann anzunehmen, wenn ein/e Arbeitslose/r wegen fehlender Betreuung nicht für Vermittlungsbemühungen zur Verfügung stand und der Versicherungsanspruch wegen späterer Arbeitsaufnahme untergeht. Der Schaden umfasst den Zeitraum, in dem die Versicherungsleistung bei bestehender Betreuung bis zur Arbeitsaufnahme hätte zusätzlich gezahlt werden können. 531

g) Abzuziehende Beträge für Einsparungen

aa) Kostenbeteiligung für fiktive Tageseinrichtung oder Kindertagespflege

Vom Schaden ist der Betrag abzuziehen, den die Erziehungsberechtigten als **Kostenbeteiligung gem. § 90 SGB VIII** hätten aufwenden müssen, wenn der Träger der öffentlichen Jugendhilfe einen Platz in Kindertagesbetreuung zur Verfügung gestellt hätte. Zur Bestimmung der Höhe des abzuziehenden fiktiven Kosten- bzw Teilnahmebeitrags gilt beim Schadenersatz bei Amtshaftung das Gleiche wie beim Aufwendungsersatz bei selbst beschaffter Leistung (hierzu Rn 492 ff). 532

bb) Ersparte Verpflegungskosten

Die Verpflegung des Kindes gehört zum regulären Umfang einer Leistung nach §§ 22 ff SGB VIII, also einer Betreuung in einer Tageseinrichtung oder in Kindertagespflege.[585] Verpflegungskosten werden zwar oftmals separat neben einem Elternbeitrag ausgewiesen, die Verpflegungskosten sind jedoch **Teil des Kosten- bzw Teilnahmebeitrags nach § 90 SGB VIII**; wenn sie ausgewiesen werden, dann ist dies nur als integrativer Bestandteil desselben zulässig. Teilweise anzutreffende anderweitige Praxis einer gesonderten Rechnungstellung bspw der kostenpflichtigen Mittagessensverpflegung ist rechtswidrig, wenn nicht Landesrecht es ausdrücklich zulässt, dass ein 533

585 DIJuF-Rechtsgutachten JAmt 2009, 372 f.

Einrichtungsträger einen separaten Betrag für bspw das Mittagessen ausweist, um die Eltern allein an diesem zu beteiligen.[586]

Wird das Kind während der selbst beschafften Betreuung also auch verpflegt, so sind die anfallenden Verpflegungskosten nur insoweit zu ersetzen, als sie im Rahmen der Tagesbetreuung auf einem vom Träger der öffentlichen Jugendhilfe vermittelten bzw geförderten Platz nicht angefallen wären.

534 **Abzug von Kosten für Essensverpflegung:** Vom Schaden abzuziehen sind Kosten für eine Essensverpflegung, wenn diese bei öffentlich geförderter Tagesbetreuung rechtmäßig hätten erhoben werden können.

h) Anrechnung des Betreuungsgelds

535 Erhalten die Erziehungsberechtigten aufgrund des nicht erfüllten Rechtsanspruchs U3 und damit der nicht stattfindenden Betreuung ihres Kindes Betreuungsgeld, so ist dieses vom Schadenersatzanspruch abzuziehen (hierzu Rn 499).

i) Mitverschulden (§ 254 BGB)

aa) Allgemein

536 Hat bei der Entstehung des Schadens ein **Verschulden des Beschädigten** mitgewirkt, so hängt gem. § 254 Abs. 1 BGB die Verpflichtung zum Ersatz sowie der Umfang des zu leistenden Ersatzes von den Umständen, insbesondere davon ab, inwieweit der Schaden vorwiegend von dem einen oder dem anderen Teil verursacht wird.

537 Ein Mitverschulden kann sich sowohl auf die **Schadensentstehung** (§ 254 Abs. 1 BGB) als auch auf die **Schadensminderung** (§ 254 Abs. 2) beziehen. Wann ein Mitverschulden anzunehmen ist, hängt vom **Sorgfaltsmaßstab** ab.[587] Es gilt der allgemeine Grundsatz, dass der durch die Amtspflichtverletzung Geschädigte diejenige Sorgfalt zu wahren hat, die ein ordentlicher und verständiger Mensch anzuwenden pflegt, um einen Schaden zu vermeiden.[588] Trifft den Geschädigten Mitverschulden, hängt der Umfang der Ersatzpflicht von einer Würdigung und Abwägung aller Umstände des Einzelfalls ab.[589]

538 Die **Beweislast** für die fehlende Schadensminderung (Verschulden und Ursächlichkeit für die Schadenshöhe) trägt der Ersatzpflichtige. Der Geschädigte muss aber, soweit es um Umstände aus seiner Sphäre geht, an der Sachaufklärung mitwirken und erforderlichenfalls darlegen, was er zur Schadensminderung unternommen hat.[590]

bb) „Kostenlose" Betreuung durch Verwandte

539 Einzelfälle sind denkbar, in denen Verwandte die Betreuung übernehmen, und dieser Umstand dem örtlichen Träger der Jugendhilfe auch bekannt ist. Einem Schadenersatzverlangen der Eltern kann jedoch nicht entgegengesetzt werden, diese hätten im Rahmen ihrer **Schadensminderungspflicht** bspw die Großeltern in die Betreuung einbinden müssen. Da Großeltern oder andere Verwandte als die Eltern keine rechtliche Pflicht zur Betreuung des (Enkel-)Kindes trifft und damit korrelierend das Kind keinen Anspruch gegen Großeltern oder andere Verwandte hat, seine Betreuung zu übernehmen, können die Eltern auch nicht im Rahmen ihrer Schadensminderungs-

586 ZB § 13 Abs. 1 iVm Abs. 11 S. 2 KiTaG RP; hierzu VG Mainz 10.5.2012, 1 K 981/11.MZ.
587 *Ahrens*, Staatshaftungsrecht, Rn 97.
588 BGH NJW 1987, 2664.
589 *Grüneberg*, in: Palandt, BGB, § 254 Rn 57.
590 *Grüneberg*, in: Palandt, BGB, § 254 Rn 72.

pflicht auf eine solche möglicherweise zumindest theoretisch bestehende Betreuungsmöglichkeit verwiesen werden.

Kein Vorrang von Großelternbetreuung: Dem Schaden kann nicht entgegengehalten werden, die Kinder hätten von zeitlich nicht anderweitig verpflichteten Großeltern oder anderen Verwandten betreut werden können. 540

cc) Kosten für selbst organisierte Fremdbetreuung statt Verdienstausfall

Macht ein Elternteil seinen Verdienstausfall als Schadenersatz geltend, so ist zu prüfen, ob der Elternteil den Verdienstausfall tatsächlich hat hinnehmen dürfen oder ob er verpflichtet war, eine **private Betreuung zu organisieren.** Dies wird dann relevant, wenn der eigene Verdienstausfall höher ist als die Kosten für eine entsprechend der Arbeitszeit erforderliche, selbst gesuchte private Fremdbetreuung. 541

Im Schrifttum wurde bei **Einführung des Rechtsanspruchs auf einen Kindergartenplatz** vereinzelt vertreten, dass nur dann ein Anspruch auf Schadenersatz in Höhe des konkreten Verdienstausfalls besteht, wenn die Verpflichtung einer privat gesuchten Kindertagespflegeperson nicht möglich war.[591] Folge dieser Ansicht wäre, dass sich der örtliche Träger der öffentlichen Jugendhilfe seiner Pflichtaufgabe erfolgreich auf der Ebene der Schadensminderungspflicht der Eltern „freizeichnen" könnte. Der Rechtsanspruch des Kindes auf Förderung wäre über die Hintertür einer vermeintlichen privaten Verantwortung zur Organisation der Betreuung ausgehöhlt. 542

Die singulär gebliebene Rechtsmeinung ist nur historisch zu verstehen. Bei Schaffung des Rechtsanspruchs auf einen Kindergartenplatz bestand die Vorstellung, dass eine privat gesuchte „Tagesmutter" als Alternative zum Kindergarten nur bedingt mit Leistungen der Kindertagesbetreuung nach SGB VIII zu assoziieren ist; für Kinder im Alter von über drei Jahren bis zum Schuleintritt bestand (und besteht bis heute) ein Anspruch nur auf institutionelle Förderung in einer Tageseinrichtung. Seit dem Tagesbetreuungsausbaugesetz (TAG) 2005 ist jedoch die **Kindertagespflege gleichwertige öffentlich zu gewährleistende Förderung.** Wenn es dem Träger der öffentlichen Jugendhilfe schon nicht gelungen ist, geeignete und entsprechend den gesetzlichen Anforderungen qualifizierte Kindertagespflegepersonen zu akquirieren und zu vermitteln, kann nicht den Erziehungsberechtigten vorgehalten werden, diese hätten ihrerseits – wenn sie sich nur ausreichend bemüht hätten – eine solche finden können. 543

Kein Vorrang privat gesuchter Betreuung: Dem Schaden kann nicht entgegengehalten werden, die Erziehungsberechtigten hätten sich eine Betreuung selbst beschaffen können. 544

dd) Pflicht zur frühzeitigen Anmeldung des Bedarfs

Der Anspruch des Kindes auf Förderung gem. § 24 Abs. 2 SGB VIII F. 2013 entsteht mit **Vollendung des ersten Lebensjahrs.** Der Anspruch setzt nicht voraus, dass der Bedarf bereits vor Vollendung des ersten Lebensjahrs anzumelden ist. Auch Bedarf, der für den Träger der öffentlichen Jugendhilfe nicht vorhersehbar war (§ 80 Abs. 1 Nr 3 Halbs. 2 SGB VIII) ist grundsätzlich zu befriedigen (hierzu Rn 464 ff). Es sind jedoch Fallkonstellationen denkbar, in denen der Träger der öffentlichen Jugendhilfe einem Kind eine Betreuung, wie gewünscht, hätte zur Verfügung stellen können, wenn er vom Bedarf früher gewusst hätte. Hätten die Eltern sich also nicht kurzfristig, sondern frühzeitig gemeldet, so wäre den Eltern kein Schaden entstanden. 545

591 *Georgii* NJW 1996, 686, 690.

546 Bestehen keine landesrechtlich geregelten **Fristen zur Anmeldung des Bedarfs** hinsichtlich einer Förderungsstelle (hierzu Rn 430 ff), könnten Eltern im Extremfall auch bei einem bereits länger planbaren Bedarf einen Platz für ihr Kind ab dem folgenden Tag beanspruchen. Davon zu unterscheiden ist allerdings die Pflicht des örtlichen Trägers der öffentlichen Jugendhilfe, Schadenersatz zu leisten, wenn nicht ab dem nächsten Tag ein Platz zur Verfügung steht.

547 Von Erziehungsberechtigten ist zumutbar abzuverlangen, dass sie den Bedarf ihres Kindes so früh wie möglich anmelden. Eine zu kurzfristige Mitteilung des Bedarfs kann den Amtshaftungsanspruch entfallen lassen, da sie ihrer **Schadenersatzminderungspflicht** nicht nachgekommen sind. Welche Frist im Einzelfall zumutbar ist, ist je nach persönlichen und regionalen Umständen unterschiedlich. In der Regel wird eine Frist von wenigen Monaten als ausreichend anzunehmen sein, da die Jugendhilfeträger grundsätzlich verpflichtet sind, auch unvorhergesehenen Bedarf zu decken und entsprechenden Spielraum einzuplanen und vorzuhalten. Kürzere Fristen sind in Fällen denkbar, in denen auch für die Erziehungsberechtigten selbst, zB aufgrund eines Arbeitsstellenwechsels, der Bedarf an einem (neuen) Ort nur kurzfristig erkennbar war.

548 **Frühzeitige Anmeldung des Bedarfs als Schadensminderungspflicht:** Auch wenn der Rechtsanspruch U3 selbst keine Frist zur Anmeldung des Wunschs nach Inanspruchnahme kennt, besteht die Pflicht zur Schadensminderung und damit zur möglichst frühzeitigen Anmeldung des Bedarfs.

ee) Fehlender Betreuungsgeldantrag

549 In Betracht kommt auch ein Mitverschulden der Erziehungsberechtigten, wenn diese trotz Kenntnis über die Nichtzurverfügungstellung eines Platzes schuldhaft versäumen, einen Antrag auf Betreuungsgeld zu stellen (zu den Voraussetzungen des Betreuungsgelds s. Rn 499). Dabei ist zu beachten, dass das Betreuungsgeld auch rückwirkend für die letzten drei Monate vor Beginn des Monats geleistet wird, in dem der Antrag auf Elterngeld eingegangen ist (§ 7 Abs. 1 S. 2 BEEG F. 2013). Die Erziehungsberechtigten müssen daher nicht unverzüglich nach Kenntnis, dass sie für ihr Kind keinen Platzes zur Verfügung gestellt bekommen, den Antrag auf das Betreuungsgeld stellen, sondern haben dafür ausreichend Zeit. Unterlassen sie es dennoch, so wird ein Betrag in Höhe des Betreuungsgelds grundsätzlich gleichwohl vom Schadenersatzanspruch abzuziehen sein.

j) Haftungsausschluss nach § 839 Abs. 3 BGB

550 Nach § 839 Abs. 3 BGB tritt die Schadenersatzpflicht aus Amtshaftung nicht ein, wenn der/die Verletzte vorsätzlich oder fahrlässig unterlassen hat, den Schaden durch Gebrauch eines Rechtsmittels abzuwenden. Grundsätzlich gilt, dass ein Wahlrecht zwischen einem eröffneten Primärrechtsschutz und einem Schadenersatzanspruch mittels Amtshaftungsklage nicht besteht.[592] Nach einer Entscheidung des LG Wiesbaden[593] kann zwar direkt Klage auf Schadenersatz erhoben werden, wenn trotz ausdrücklicher Bitte der Eltern kein Bescheid vom öffentlichen Träger erteilt wurde, gegen den die Erziehungsberechtigten Widerspruch einlegen könnten. Dies passt aber nicht zur Konstellation eines nicht zur Verfügung stehenden Platzes in Tagesbetreuung, da der Förderungsanspruch nicht erst durch die Ablehnung konkretisiert wird

592 Vgl BGH NJW 1991, 1168, 1170; NJW 1992, 1884, 1885; LG Wiesbaden 19.1.2000, 5 O 182/99.
593 LG Wiesbaden 19.1.2000, 5 O 182/99.

und die Ablehnung oder fehlende Zurverfügungstellung eines Platzes in der Regel gerade nicht mit einem Bescheid verbunden ist und sein muss. Der **Vorbehalt der vorherigen Inanspruchnahme von Primärrechtsschutz** setzt jedenfalls voraus, dass das Rechtsmittel geeignet sein muss, die Vornahme der betreffenden Amtshandlung zu erwirken.[594] Hätte der Rechtsbehelf den Schaden nur teilweise abwenden können, entfällt bei Nichteinlegung der Schadenersatzanspruch zum entsprechenden Teil.[595]

Steht kein Betreuungsplatz zur Verfügung, wäre grundsätzlich an die Erhebung einer **Leistungsklage vor dem Verwaltungsgericht** zu denken, ggf als Eilrechtsschutz in Gestalt eines Antrags auf einstweilige Anordnung gem. § 123 VwGO.[596] Der gerichtliche Rechtsschutz müsste allerdings für den/die Anspruchsberechtigte/n tatsächlich einen Betreuungsplatz sicherstellen können. Dies ist nur in dem Fall unproblematisch zu bejahen, in dem in einer vom örtlichen Träger der öffentlichen Jugendhilfe selbst betriebenen Einrichtung oder Tagespflegestelle ein Platz tatsächlich frei ist (hierzu Rn 385 ff). Ist dies nicht der Fall, ist also nur eine Klage auf Schaffung eines neuen Platzes oder auf Einwirkung auf die freien Träger möglich (hierzu Rn 390 ff), so ist der Ausgang eines Klageverfahrens aufgrund der Abhängigkeit von unterschiedlichen Umständen und damit auch die Geeignetheit zumindest ungewiss (hierzu Rn 443 ff). 551

Eine **Verpflichtung zur Klageerhebung** zumindest auf Schaffung eines Platzes in einer Tageseinrichtung oder auf ein Hinwirken bei den Trägern auf Erhöhung der Gruppengrößen ist als Voraussetzung zur Begründung der Dringlichkeit daher abzulehnen.[597] Die Rechtsposition des Kindes und Gewährleistungspflicht des örtlichen Trägers der öffentlichen Jugendhilfe ist – zumindest bezogen auf das Regelangebot jenseits des individuellen Bedarfs – eine unbedingte. Diese würde durch eine Klageverpflichtung einschränkt, da der Träger „stückchenweise" nachbessern dürfte.[598] 552

Kein Vorrang des Primärrechtsschutzes: Aufgrund der bedingten gerichtlichen Einklagbarkeit eines nicht vorhandenen Platzes in Tagesbetreuung schließt fehlende Inanspruchnahme von Primärrechtsschutz die Amtshaftung nicht aus. 553

IV. Rechtsweg

Der Anspruch auf **Aufwendungsersatz bei zulässig selbst beschaffter Leistung** hat für die Kläger/innen erhebliche Vorteile. In prozessualer Hinsicht kann er – anders als der Amtshaftungsanspruch – vor den Verwaltungsgerichten geltend gemacht werden (§ 40 Abs. 1 VwGO). Er kann daher in einem Verfahren und Rechtsweg verbunden werden mit der Klage auf Zuweisung oder Vermittlung eines Betreuungsplatzes. Gleiches gilt für den Folgenbeseitigungsentschädigungsanspruch und den sozialrechtlichen Herstellungsanspruch, vorausgesetzt sie sollten als Anspruchsgrundlage rechtsdogmatische Anerkennung finden. 554

Für den **Amtshaftungsanspruch** ist qua grundgesetzlicher Anordnung hingegen ausschließlich der Rechtsweg zu den Zivilgerichten gegeben (Art. 34 S. 3 GG iVm § 17 Abs. 2 S. 2 GVG). Die Klage vor den ordentlichen Gerichten kann sich daher kumulativ auch auf Ansprüche beziehen, die auf öffentlich-rechtlicher Anspruchsgrundlage beruhen. Das Gericht hat die Klage auf Schaden- bzw Aufwendungsersatz bzw Ent- 555

594 *Wurm*, in: Staudinger, BGB, § 839 Rn 347.
595 *Sprau*, in: Palandt, BGB, § 839 Rn 73.
596 *Tillmanns*, in: MünchKommBGB, § 24 SGB VIII Rn 6 mwN; *Georgii* NJW 1996, 686, 689.
597 *Rixen* NJW 2012, 2839, 2841.
598 *Rixen* NJW 2012, 2839, 2841.

schädigung unter allen in Betracht kommenden Gesichtspunkten zu entscheiden (§ 17 Abs. 2 S. 1 GVG). Nicht erfasst von der Haftungsklage ist hingegen der Primäranspruch, über den daher nicht zusammen mit dem Amtshaftungsanspruch vor den Zivilgerichten entschieden werden kann.

556 **Rechtsweg:** Aufwendungsersatz bei selbst beschaffter Betreuung ist im Verwaltungsrechtsweg (ggf gemeinsam mit dem Primärrechtsschutz), Schadenersatz aus Amtshaftung im Zivilrechtsweg geltend zu machen.

Stichwortverzeichnis

Die Zahlen verweisen auf die Randnummern im Buch.

Zeitfracht Medien GmbH
Ferdinand-Jühlke-Straße 7
99095 Erfurt, Deutschland
produktsicherheit@kolibri360.de